创客系列丛书之搭建篇

机器人教育案例设计与教学实践

主编■邱 明 李 行 黄 尧

西南交通大学出版社
·成 都·

图书在版编目（CIP）数据

机器人教育案例设计与教学实践 / 邱明，李行，黄尧主编. —成都：西南交通大学出版社，2022.6
ISBN 978-7-5643-8705-1

Ⅰ. ①机… Ⅱ. ①邱… ②李… ③黄… Ⅲ. ①机器人技术－教学设计－小学 Ⅳ. ①G623.582

中国版本图书馆 CIP 数据核字（2022）第 089571 号

Jiqiren Jiaoyu Anli Sheji yu Jiaoxue Shijian
机器人教育案例设计与教学实践

主　编 / 邱明　李行　黄尧
责任编辑 / 李华宇
封面设计 / 原谋书装

西南交通大学出版社出版发行
（四川省成都市金牛区二环路北一段 111 号西南交通大学创新大厦 21 楼　610031）
发行部电话：028-87600564　028-87600533
网址：http://www.xnjdcbs.com
印刷：四川煤田地质制图印刷厂

成品尺寸　185 mm × 260 mm
印张　14.75　　字数　263 千
版次　2022 年 6 月第 1 版　　印次　2022 年 6 月第 1 次

书号　ISBN 978-7-5643-8705-1
定价　58.00 元

编委会

前言

2017年7月，国务院印发《新一代人工智能发展规划》，明确指出支持开展形式多样的人工智能科普活动，实施全民智能教育项目，在中小学阶段设置人工智能相关课程，逐步推广编程教育，鼓励社会力量参与寓教于乐的编程教育软件、游戏的开发和推广。各地积极响应国家政策，在中小学设置创客教育课程和创客教育空间。少儿编程、机器人搭建等人工智能教育相关课程的地位逐渐从兴趣课变为学科教育。在教育培训市场上，根据多鲸教育研究院《2021少儿编程教育行业报告》预测，到2025年，创客教育及人工智能教育类市场规模有望突破500亿元。在“双减”政策下，学科类培训逐渐退出，侧重科学知识素养提高及创新能力培养的创客教育、人工智能教育飞速发展，但其行业痛点也随之出现：一是师资力量相对不足；二是课程内容的设计缺乏“技术”+“教育”的高度融合。

针对这些痛点，编者们通过总结教学经验，精选并设计了机器人搭建的典型案例，系统地构建了机器人相关知识和技能的教学课例。每个教学课例配套效果图、搭建步骤、教学教案、教学视频，实现了每一堂课教学材料的立体化。

本书为校企合作成果，由一群多年致力于创客教育和人工智能教学的教师编写，同时，本书还联合了广西人工智能学会智慧教育领域分会、广西教育学院八桂学者创新团队、南宁智友乐学机器人俱乐部、广西医科大学附属小学等机构、中小学的专家以及学科教师一起打造，在此表示衷心的感谢。本书主要面向将要从事创客教育的师范生及其他对机器人教育感兴趣的非教师教育专业的大学生，可作为课程设计或教学的重要资料，也可作为家长、一至三年级儿童学习创客和人工智能的参考资料。

编者

2022 年 3 月

数字资源索引

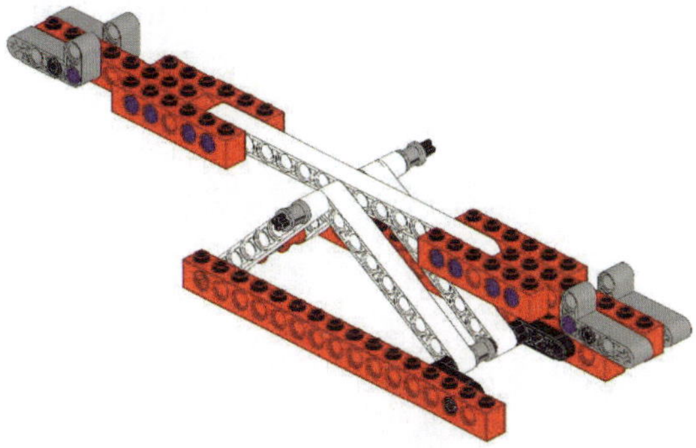

目录

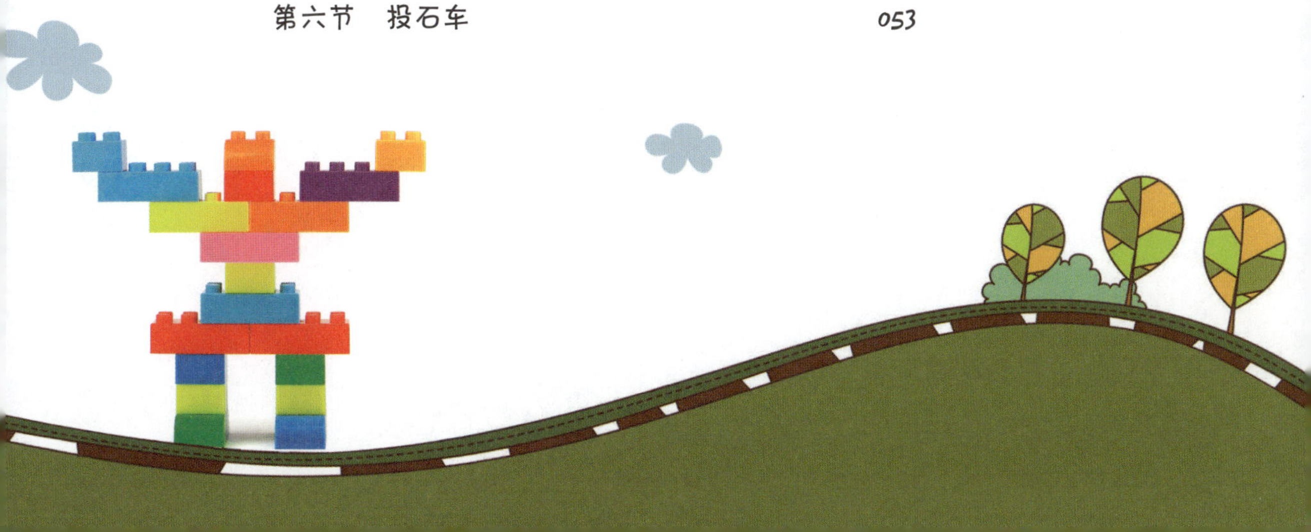

第一章

机器人教育基本知识

第一节 机器人教育概述

一、机器人教育的概念

机器人教育是指通过设计、组装、编程、运行机器人，从而激发学生学习兴趣、培养学生综合能力的一种教育模式。一般来说，模块化机器人和机器人套件是机器人教育中常见的辅助产品。这些机器人的技术融合了机械原理、电子传感器、计算机软硬件及人工智能等众多先进技术，承载着培养学生能力、素质的新使命。

机器人的发明、研究及应用实践是以科学研究和社会生产需求为前提的。机器人技术综合了多学科的发展成果，代表了高技术的发展方向，涉及信息技术的多个领域，融合了多种先进技术，进入教育领域是其领域的扩大与发展。由于它所涉及知识的广泛性和所涉及技术的综合性，机器人对教育而言具有更多的价值。引入教育机器人的教学将给中小学的信息技术课程增添新的活力，成为培养中小学生综合能力、信息素养的创新型平台。

本书所研究的对象是特指在中小学阶段进行的机器人学科教学，是指把机器人学科看成是一门科学，在中小学阶段，以专门课程的方式，使所有学生普遍掌握关于机器人学科的基本知识与基本技能。其教学目标如下：

（1）知识目标：了解机器人软件工程、硬件结构、功能与应用等方面的基本知识。

（2）技能目标：能进行机器人机械电气装置的搭建与组装，能对机器人控制程序进行设计与编写，能拼装多种具有实用功能的机器人，能进行机器人及智能家电的使用维护。

（3）情感目标：培养对人工智能技术的兴趣，真正认识到智能机器人对社会进步与经济发展的作用。

机器人教育成为学科课程，尤其对中小学而言，师资、器材、场地及活动经费都具有很大挑战性。特别是对于师资的培养，需要一个比较长期的培养过程及经验积累过程。机器人教育的教学模式需要进行更深入、更符合教学需求的研究，以求探究出行之有效的教学模式。

二、STEAM 教育

STEAM 由科学（Science）、技术（Technology）、工程（Engineering）、艺术（Arts）、数学（Mathematics）英文首字母构词而来，STEAM 教育是集

科学、技术、工程、艺术、数学多领域融合的综合教育。它强调知识跨界、场景多元、问题生成、批判建构、创新驱动，既体现出教育课程综合化、实践化、活动化的诸多特征，又反映了教育回归生活、回归社会、回归自然的本质诉求。

STEAM 是一种教育理念，有别于传统的单学科、重书本知识的教育方式。STEAM 是一种重实践的超学科教育概念。任何事情的成功都不仅仅依靠某一种能力的实现，而是需要多种能力，比如高科技电子产品的建造过程中，不但需要科学技术，运用高科技手段创新产品功能，还需要漂亮的外观，也就是艺术等方面的综合才能。因此，单一技能的运用已经无法支撑未来人才的发展，未来社会需要的是多方面的综合型人才。

STEAM 教育理念最早是美国政府提出的教育倡议，旨在为加强美国 K12 关于科学、技术、工程、艺术及数学的教育，培养孩子的综合素养，从而提升其全球竞争力。K12 教育是指从幼儿园开始到 12 年级共计 3 个阶段 12 年的基础教育，涵盖了课外培训、兴趣班及课程辅导等多个教育领域。

与此同时，我国的基础教育课程改革也正在向纵深推进，旨在通过改革来重建课程文化结构、知识体系和教学模式，以全面提升教育质量，加快创新型人才培养步伐。在此背景下，如何站在世界课程改革的版图中审视我国的课程改革，又如何让我国的课程改革成为全球课程变革中的一道亮丽风景线，不断引领全球课程变革的方向，这既是摆在我国课程改革面前的时代命题，更是突破我国教育发展瓶颈的必由之路。

2020 年，教育部印发《普通高中课程方案和语文等学科课程标准（2017 年版 2020 年修订）》，已颁布的课程方案和课程标准以及义务教育课程改革的实践进展，体现出育人为本、素养为核、情境为场、问题为纲、技术为翼等价值取向和发展趋势。作为跨学科课程的典型代表，STEAM 课程以其开放性、主体性、情境性、关联性、发展性，从一开始产生就顺应了我国课程改革的发展态势，并受到全国各中小学和幼儿园的普遍欢迎。

STEAM 教育课程的主要课程有机器人教育、编程教育、科普教育等。本书的机器人教育课程正是运用了 STEAM 教学理念进行教学设计。

三、相关政策支持

近几年，国家先后发布了数个与机器人教育相关的政策性文件。2017 年 1 月，教育部印发《义务教育小学科学课程标准》，规定将小学科学课提前到一年级，每周课时不少于一节。2017 年 7 月，国务院印发《新一代人工智能发展规划》，明确指出在中小学阶段设置人工智能相关课程，逐步推广编程教育。2018 年 1 月，

教育部印发《普通高中课程方案和语文等学科课程标准（2017 年版）》，提出将人工智能纳入选择性必修课。2018 年 4 月，教育部印发《教育信息化 2.0 行动计划》，提出完善课程方案和课程标准，充分适应信息时代、智能时代发展需要的人工智能和编程课程内容。2019 年 2 月，教育部办公厅印发《2019 年教育信息化和网络安全工作要点》，通知中提到，将启动中小学生信息素养测评，推动在中小学阶段设置人工智能相关课程，逐步推广编程教育。

此外，浙江、福建、湖南、新疆等省、自治区都先后出台了相关政策，对机器人教育起到了极大的推动作用。

四、机器人教育发展前景

2021 年是我国教育行业大变革的一年，“双减”政策的出台将推进素质教育、文体教育、新职业教育，叠加政策大力扶持人工智能中小学落地化，大力推广建立人工智能实验室、编程实验室及推广比赛，使教育机器人需求快速增长。与传统教育相比，教育机器人是多学科、重实践的教育方式，能够培养孩子综合素质。在信息化时代背景下，科技进步迅速，将来将涌现大量与信息技术相关的新职业、新领域，教育机器人可以帮助孩子提升未来竞争力，将会拥有非常广阔的前景。

五、机器人教育目前的不足

机器人教育行业发展迅猛，但暴露出很多不足。本书将从高校教育与职业能力培养的角度出发，针对以下两个方面予以分析和研究：一是高质量师资匮乏，行业供给严重不足；二是教学内容设计缺乏“技术”+“教育”的高度融合，不符合综合能力培养的需求。

本书将解决以上两个痛点，围绕综合能力培养这一本质需求，为需要从事机器人教育的师范类高校师生提供教学理念、教学案例、教学设计等方面的参考与支持。

第二节　机器人教育相关理论（一）

一、建构主义学习理论

建构主义学习理论最初是由瑞典心理学家皮亚杰提出的，他认为，儿童是

在与周围环境相互作用的过程中，构建起与外部事件的认识与联系，从而完成学习的。建构主义学习理论的内容很丰富，但其核心主要在于以学生为中心，强调学生在学习过程中对知识的主动探索、主动发现和主动思考，并将所学知识与原有认知结构进行主动建构，而并非被动地接受知识。从学生的角度来看，学习者获得知识不单单是通过教师的传授，而是在一定的情境下借助他人的帮助，通过意义建构的方式而获得的。皮亚杰认为，儿童的认知结构正是通过同化与顺应逐步建构起来的，并在“平衡——不平衡——新的平衡”的循环中得到丰富、提高和发展。从任课教师的角度来看，教师不再仅仅进行知识的单向传输，更重要的是需要教师在教学过程中扮演好教学的引导者、促进者和课堂的调控者、监督者等重要角色，让学生达到预期的教学目标和良好的教学效果。

机器人教育课程教学设计应遵循建构主义学习理论，教师可以通过创设或模拟与学生身边相近的情境或提出相关的问题，让学生更容易理解问题，并快速明确课程的学习主题，在整个过程中以学生为主体，可以通过分组学习，让学生在合作探究的过程中积极思考，在协作学习的过程中更好地建构知识体系。

二、多元智能理论

加德纳提出的多元智能理论认为我们每个人都拥有八种主要智能：内省智能、空间智能、音乐智能、语言智能、数理智能、人际交往智能、运动智能、自然观察智能。多元智能理论对机器人教学设计的启示是：在进行教学设计的过程中，应该培养学生的个性化发展，应该看到学生的擅长之处并且鼓励学生发展自己的特长。对机器人教育而言，在教学的过程中，不应该仅仅局限于学生的一个方面，在教学设计时应关注到学生的各个方面，鼓励学生充分发挥自己的特长。在教学实施过程中采用合作学习，鼓励学生交流分享，培养学生的人际交往智能；在教学环节中重视反思环节，不断启发学生反思，培养学生的内省智能；在教学评价环节中引导学生清晰、合理、有逻辑地表达出自己的想法，培养学生的语言智能等。

三、认知-发现学习理论

认知心理学家布鲁纳认为，学生不是被动的知识接受者，而是积极的信息加工者。布鲁纳的“发现学习”教学模式强调内部学习动机的作用。它的四个阶段如下：带着问题观察具体事实，提出假设，上升到概念，转化为活的能力。该理论对机器人教育的意义在于：合理的机器人课程教学设计，应该允许学生边做边想；教师应该为学生提供可以独立思考的条件，而不是传授现成的知识、

技能，应该让学生做知识、技能的主动吸收者。在培养学生设计思维能力时也是一样，教师应该引导学生去发现知识，鼓励学生开放性的积极思考和探究，而不是单纯的知识灌输和单一的能力培养。

四、“做中学”理论

“做中学”是由美国著名实用主义教育学家杜威提出的。他针对美国传统教育中的“僵硬和无效，尤其是对学生的本性的忽视”现象，提出了实用主义教育思想，经过对传统教育不断地反思与研究，结合自身的教育实践经验，相继提出“教育即生活”“教育即生长”“教育即经验改造”“学校即社会”“教育无目的论”“儿童中心论”“做中学”等教育理念。他主张用“做中学”取代“听中学”，明确表达了学与做的结合、知与行的结合。“做中学”教育理论主张教学过程中以学生为主体，反对教师灌输式教学，在教学过程中教师以现实生活的场景为灵感，进行教学活动的设计，让学生在实践当中获取知识，并将所学知识应用于解决实际生活中的问题。“做中学”教育理念更适用于对实践操作类课程内容的指导，而非教材中客观存在的理论知识和科学定理。教师为学生创建一个“做中学”的环境，激发学生的好奇心和积极性去完成某项活动，学生在活动中能够找到问题并且能够主动探究问题，从而较好地提高学生的动手能力、问题解决能力，以及增强学生的自信心。在小学机器人教学中，知识与技能的学习通常以任务为载体，让学生通过完成教师布置的相关任务，感受合作、操作、创造、分享的乐趣。

五、游戏化学习理论

游戏化学习理论主要是指教师采用游戏化的教学方式，让学生在游戏中学习到新知识。强调学习材料对学生主动学习的影响作用，认为既然游戏能够使人专注，那么也能够应用于学习。在小学阶段，学生好动爱玩，对于游戏活动的热情一向都非常高，采用游戏化的方式来教课，定然会最大限度地上调学生的积极性和主动性。在机器人学习过程中，教师可以通过小游戏来组织学生学习。乐高机器人其本质就是一种游戏性教具，学生的摆弄、想象和搭建，就是学生在游戏中学习的过程，在该过程中，学生的各项思维能力、设计能力、动手能力以及问题解决能力都得到了发展，但在运用游戏化学习时，需要注意把握游戏时间的长度以及选择具有教学意义的游戏，防止学生过于沉迷游戏之中。

六、混合式学习理论

混合式学习是指，在“适当的”时间，通过应用“适当的”学习技术与“适当的”

学习风格相契合，对“适当的”学习者传递“适当的”能力，从而取得最优化的学习效果的学习方式。把传统学习方式的优势和网络化学习的优势结合起来，也就是说，既要发挥教师引导、启发、监控教学过程的主导作用，又要充分体现学生作为学习过程主体的主动性、积极性与创造性，这样便创造出一种新的混合式学习理论。混合式学习理论要求的不仅仅是在教室里增加计算机等互联网设备，更代表着教师和学生在新技术的参与下学习体验方式发生本质改变。例如：翻转课堂就是一个具有代表性的混合式学习教学案例。

在机器人教育中，“技术”与“教学”融合的各个环节均需要混合式学习理论的指导，为技术与教育的融合提供更加全面的保障。

第三节 机器人教育相关理论（二）

相对于前面的几种教育理论，有三种教学模式更常用、更系统，更具备操作性及针对性。这三种教学模式分别是 PBL 教学法、4C 教学法和 5E 教学法。

一、PBL 教学法

1. PBL 教学法的定义

基于项目的学习（PBL）教学法是一种动态学习方法，通过项目式学习，学生们主动探索现实世界的问题和迎接挑战，在这个过程中领会到更深刻的知识和技能。学生在项目式学习的过程中，通过自己的思考和推理来获得知识。但是，这对教师提出了比较高的要求，教师的角色是通过鼓励学生挑战困难、支持学生进行探究、指导学习过程中所遇到的问题并给出学生合适的建议来帮助学生更好的学习。在这个过程中，学生是学习的主体。教师需要让学生团队通过自己的努力去解决问题。

PBL 教学法对机器人教育的启示是：在教学过程中，学习以小组为单位，以综合运用 STEAM 各科知识并完成项目为方式，培养和锻炼学生综合运用知识解决问题的能力。学生是学习活动中的主体，教师应进行以学生为中心的教学设计，教师的角色是指导者、组织者、协助者。机器人教育采用的项目式学习是指基于“做中学”理论的五步教学法，结合机器人的特点以及学生的学情分析、学习者特征分析和学生的学习需要，在此基础上将 STEAM 教育理念融入项目式学习的过程。

项目的设计对于项目式学习的开展是至关重要的。设计的项目应该尽量靠近真实情景，让学生面对一个真实的情景。合理的分组及分工是保证项目顺利进行的前提条件，在初期教师需要更多的引导，通过教师引导学生组织学习，逐渐达到让学生自己组织学习。

2. PBL 的特点

PBL 符合机器人教学的实际需要，是一种设计学习场景的完整方法和基于“做中学”的学习方式。它有六个特点：

一是驱动问题，基于项目的学习始于与课程学习密切相关的现实问题。在机器人教学中，这是学生感兴趣的现实问题。

二是项目需要关注特定的学习目标，学生需要展示对关键知识的掌握情况。在机器人教学中，它表现为对机械结构的搭建与掌握。

三是学生参与科学实践，探索问题并在探索问题的过程中学习和应用重要的学科知识。在机器人教学中，它表现为构思解决方案的过程。

四是协作学习。教师、学生和家长组成学习社区，开展相应的合作学习活动，共同寻找问题的解决方案。在机器人设计过程中，它体现了多方的合作关系。

五是技术工具支持学习。现代信息技术为学生提供“脚手架”，帮助学生更好地参与相应的活动。在机器人构建过程中，它表现为利用传感器组件、主控制器等工具支持学生顺利完成项目。

六是创作作品。PBL 的最后阶段要求学生创造一种可以解决实际问题的作品。它是基于项目的课堂学习的结果，可以与他人分享。在机器人设计中，它指的是设计实际作品并执行完成任务的过程。

二、4C 教学法

1. 4C 教学法的定义

4C 教学法是机器人教学模式当中比较成熟的一种教学模式。4C 教学法中的“4C”指的是：联系（Connect）——通过创设情境，提出问题，激发学生学习的兴趣；建构 (Construct) ——利用所学知识，自主搭建与之有关的作品；反思 (Contemplate) ——通过团队交流，思考并分享搭建中的相关知识，积累经验；延续 (Continue) ——扩展思路，加入新的元素，培养孩子的创新能力。

4C 教学法是开展机器人教育学习活动的基础教学流程，是开展乐高教育学习活动的基础。它利用了学生动手搭建、探索因果的天生能力，以及他们在问题解决中进行探索的天资，以此作为认知世界的理想途径。这种教学模式建立在建构论的基础上，将学生创造与有效学习紧密联系起来。4C 教学其实是教学过程中的四个环节，也是学生螺旋式的学习过程。

2. 4C 教学流程

（1）教师将学生已有的知识、兴趣与课程标准、知识点进行联系，让学生面临一个开放式的挑战或任务，置身于问题解决方案寻找者的角色。在联系阶段，教师鼓励学生提出自己的问题，并且在他们开始动手之前探索各种想法。他们的好奇心将被唤醒，然后去挑战在他们可解决范围内的任务。

（2）每一个挑战任务都包含一个建构活动。在学生建构现实或虚拟世界中的物体时，他们同时在脑海中建构知识。在这个环节中，学生在教师的引导下进行探究实践，利用教师传授或自身具备的理论知识，充分地联系到实践中，在实践中的反复试错中破解难题，达成构建的目标。

（3）在反思阶段，让学生拥有回顾与反思知识建构过程的机会。学生在教师引导下进行反思，思考他们建构了什么，以及他们在建构和探索中发现了什么。教师应该对反思过程提供帮助，鼓励学生有意识地思考在建构阶段完成的成果、遇到的困难、解决的办法、获得的领悟。因此，反思阶段是一个思考的过程，它常常发生在学生小组一起回顾、描述建构阶段经历的时候。教师在这里扮演的角色非常关键，他们要帮助和确保提出的问题（教师或学生提出的问题）是能够促进学生思考和表达的，进而促进学生对知识的吸收。

（4）每一个机器人教育课堂都以一个新任务的提出与解决为结点，这个新任务必须建立在这堂课新授知识的基础上。延续阶段给学生呈现一个挑战活动，需要学生用到在建构—反思阶段所学到的知识和技能。延续活动应给学生机会去应用所学到的技能，以及用所获得的知识进行尝试，在这个过程中，他们应该能够进入流畅状态。同时，学生经历更深层次的新任务的自主探究与解决过程后，能为下一课堂的新知导入做好铺垫。

3. 4C 教学中的两个要点——畅流与合作

畅流：要想在机器人教学过程中到达畅流的状态，必须找到学习任务和已有技能的平衡。如果任务太简单，会导致厌倦；但如果任务太困难，只会带来焦虑，无法进入畅流状态。一个教育者最大的责任就是以一种能够使学生处于这种平衡状态的方式来促进学习过程。在这种方式下，学生的创造力和专注力会自然地产生，如此一来就可以达到畅流。4C 教学模式就是让教师帮助学生达到畅流状态。

合作：认可合作就是认可当个人学习时，我们需要他人的帮助来推动个体对知识的理解。合作是关乎领导力、表达力、合作力的工作。帮助学生学会有

效地参与同伴的对话，分享想法，在尊重原创者的基础上、在他人的贡献上进一步思考，是整个机器人教学过程中教师的重要工作内容。合作需要学生建立信任和同理心，在保持个人特色的基础上与他人建立较强的联系纽带。合作促使大家通过对话分享想法和感受，并且学会协商不同的观点。

三、5E 教学法

1. 5E 教学法的定义

5E 教学法最早起源于生物学科的教学，是由美国生物学课程研究会（BSCS）开发出的一种建构主义教学模式，后因其完备的实用性受到了教育界的高度关注，是美国科学课堂的主流教学方法。

5 个“E”具体为参与（Engagement）、探究（Exploration）、解释（Explanation）、详细说明（Elaboration）、评价（Evaluation）。因为 5 个学习阶段都以“E”开头，所以又被称为“5E”教学模式。

“5E”教学模式的每个教学环节充分挖掘了学生的主体地位，激发学生的认知兴趣和思维，强调学习的过程，突出知识的创新和应用，与深度学习的理念有着异曲同工之妙，不仅能够给予国内科学教育提供启发和借鉴，而且能够促进深度学习的落实和实践，促进机器人教育的变革和学生科学素养的培养。

2. 参与（Engagement）：激发学生参与和探究兴趣

这个环节是“5E”教学模式的起始环节，类似于教学导入或者暖场铺垫。目的在于激发学生对学习任务产生兴趣，驱动学生主动进行学习和探究，并提出所要学习的关键知识，与已有的知识和经验发生联系，为探究做好准备。

教师的主要任务是创设问题情境来激发学生的学习兴趣。这里的问题情境要坚持三个联系：与学生的现实生活联系起来，与课程内容和教学任务联系起来，与原有的知识和概念联系起来。情境中的问题能够吸引学生，引起认知冲突，从而激发学生主动探究和认知思维，主动建构知识的兴趣。这样的问题通常是基于现实世界的问题、复杂的问题或者开放型的问题。

学生的任务是专注倾听，并对新知提出问题和自己所感兴趣的地方，并通过对教师问题的回应和对自己问题的确证找到自己的理解切入点。

3. 探究（Exploration）：深入持续开展探究

这一阶段是该模式的中心环节，知识的获得、技能技巧的掌握都在本阶段完成。在探究的过程中，学生是主体，教师的作用是引导和帮助。此环节的主要目的是使得学生开展真实和有效的探究，经历和学习关键概念，习得新的技

能，并获得研究、探寻和提问的体验，同时在反馈和检查中掌握知识内在的关系，获得理解性发展。实验研究、场景研究、动手操作是此环节中经常出现的教学任务。

教师的角色是学生学习的促进者和观察者，教师要能够倾听学生的声音，分析学生的行为，并及时提出针对性的问题反馈、跟踪和调适，确保学生能够有效、正确地开展探究。教师要为学生提供思考和反馈的时间，促进学生思考和学习真实、高质量地完成。教师还要设计和鼓励学生开展合作式学习。学生只有把自己的经验拿来不断与他人的经验相互印证，观点才能不断丰富，判断才能延伸，思维才能逐渐清晰。

在此环节中，学生要针对特定的内容进行探究活动，要观察和分析现象、建立事物之间的联系、概括规律、识别变量，这是引入新概念或术语的重要前提。他们首先要成为一个好的倾听者，能够分享彼此的观点，但不是贸然地评判。

学生要像科学家一样，记录活动过程和数据，并不时归纳总结。学生还要测验预言和假设，并在学习过程中不断形成新的预言和假设。一旦活动出现偏差，要调整修改，提出替代方案。由于学生进行了具体的探究活动，学生的原有概念、技能、方法等逐渐被暴露出来，为之后的学习创造了便利的条件。

4. 解释（Explanation）：检验是否真正理解所学内容

此环节是此模式的关键环节，主要目的是进一步帮助学生在新的学习场景下理解关键知识和概念，巩固新旧知识和概念间的联系、理解，进一步将学习的知识转化为学生个体内化的经验和认知。这是使新概念、过程或方法明确化和可理解化的过程。此环节通常体现为小组内个体交流发言和小组代表交流汇报。

教师要提供充分的机会让学生描述和解释他们观察到的东西，并解释为什么会这样。学生要知其然，还要知其所以然。在此之前，教师通过各种指导，向学生说明如何对观察到的现象进行科学解释。

教师要引导学生在解释时将这些科学解释与学生从参与的探索活动中获得的证据联系起来，并且还要与学生已经形成的解释联系起来，形成充分的证据链和逻辑关系。教师还要引导学生用科学术语来解释说明探究过程和结果，从而促使学生深刻理解科学概念。

解释是促进或者检验学生理解的重要方式。《追求理解的教学设计》一书提出了六个“理解侧面”，解释是检验学生是否理解所学的侧面之一。该书说到：解释是恰如其分地运用理论和图示，有见地、合理地说明事件、行为和观点。换句话说，学生能够解释事物是如何运作的，它们反映了什么，在什么地方相

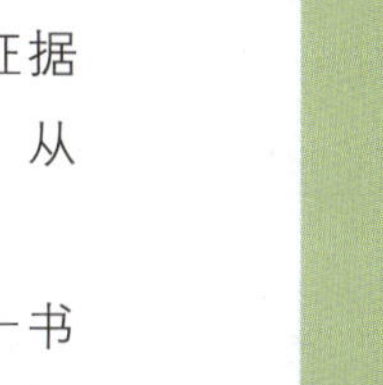

互联系，为什么会发生。也就是说，在教学时要求学生对一些问题给出自己的理解和解释，基于问题进行探究性的学习。

无论是组内交流还是小组汇报，学生能够学习到他人思想中正确且精华的部分并内化到自己的思维中，尽可能地尝试根据自己的理解表达原理或概念；运用探究过程和结果，解释问题现象，分析结果原因；对探究的问题作出结论。教师能够从解释中了解学生对于概念和知识的掌握程度，并帮助解决问题，引导学生不断深入和正确理解概念。

5. 拓展延伸（Elaboration）：学以致用促进知识和概念转化

此环节是新概念学习的延伸环节，主要目的是促进学生将新学习的内容用在新的或相似场景中，发展学生对概念的理解和应用技巧，使得学生扩充概念的基本内涵，与其他已有概念建立某种联系，并能够用标准和正确的科学术语交流解释新的情境或新的问题。

在建构概念的过程中，学生的观察、实验、操作、测量、记录等技能得到了训练，学生的推理、预测、分析、解释、应用的能力得到了提升，这些都是传统的、讲授式的教学模式中无法实现的培养目标。

在这个环节中，教师要创设和提供新的知识和概念应用场景，引导学生在知识理解和技能使用的基础上，能够运用知识、技能解决新的问题，获取和应用新概念和新技能，并与其他的知识、技能建立联系，构建知识网络。

学生能够充分利用先前学习到的知识和概念，在新的近似的情境下运用、解释和解决问题。学生能够提出解决方案、作出决定、设计实验，从证据中总结出合理的结论，并解决问题，从而在新的环境和新的问题情境中去实践、验证、应用和巩固。这是一个新概念不断获得深入理解、精致、内化和应用的过程。

6. 评价（Evaluation）：多元评价真实反馈学生学习情况

这是“5E”课堂的总结环节或者说是学习某个主题后的结束环节，主要是采用多种评价方式，例如教师评价、学生自评、小组互评等。从性质上来说，有过程性评价和终结性评价。过程性评价旨在发现学生是否掌握所学的知识和概念，具有诊断性和增值性的功能。终结性评价旨在评价学生是否达到教学目标的要求，它所覆盖的范围是综合性的。因此，评价的内容不局限于考试或测评结果，应该更加重视探究的过程、学生的参与程度。

在这一环节中，教师需要观察学生如何应用新的概念和方法来解决问题，并提出开放性的问题评估学生对新概念和方法的理解以及应用情况。教师还要通过提问、小组讨论、记录学生的动手操作情况、实验结果、展示报告和纸笔评价等多种形式，收集学生已经改变了思维和行为的证据对学生进行综合评价，并鼓励学生对自己的学习进行自我评估。教师应该根据学习内容和方法设计量规评价标准，从而更加客观、全面和真实地反映学生的学习情况。

"5E"教学模式也关注学生自我评价和评价他人的机会，为了让评估更有效，在教学过程中应该教给学生自我监控、自我调整和根据标准评价的策略。学习自我评价和评价他人有助于其更加清楚地认知知识、概念以及技能。

第二章

教育机器人相关物理知识与机械知识

人工智能（Artificial Intelligence，AI）主要研究如何用人工的方法和技术，使用各种自动化机器或智能机器（主要指计算机）模仿、延伸和扩展人的智能，实现某些机器思维或脑力劳动自动化。

自动化机器是人类改变世界的重要工具。对于自动化机器，人工智能能赋予它聪明的“大脑”，但它还需要灵活的“四肢”及各种外接装置来应对现实中需要完成的各种各样的任务和工程。在几千年历史长河中，人类发明和创造了各种各样的工具，在人力和人脑的控制下，发挥了改变世界的作用。自工业革命以来，以齿轮、机械技术、电气能源技术为代表的现代工业更是形成了“自动化”的雏形，电子技术与计算机技术的发展，才真正地实现了自动化。可以说，自动化机器是人工智能的重要体现，而自动化机器离不开与之息息相关的机械结构及背后所蕴含的物理知识。

第一节　物理知识基础

一、速　度

速度是描述物体运动快慢和运动方向的物理量，定义为位移与发生这个位移所用的时间之比。速度的计算公式为 $v=\Delta s/\Delta t$。国际单位制中速度的单位是米每秒（m/s）。

二、杠　杆

杠杆原理也称为“杠杆平衡条件”，要使杠杆平衡，作用在杠杆上的两个力矩（力与力臂的乘积）大小必须相等，即：动力 × 动力臂 = 阻力 × 阻力臂，用代数式表示为 $F_1l_1=F_2l_2$。式中，F_1 表示动力，l_1 表示动力臂，F_2 表示阻力，l_2 表示阻力臂，如图 2.1 所示。

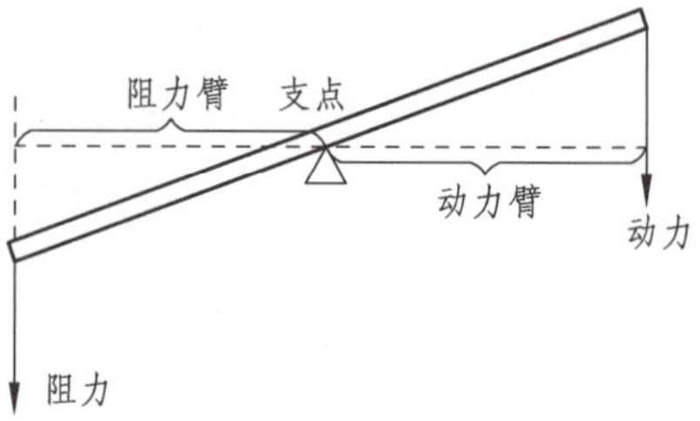

图 2.1　杠杆原理

三、稳定结构

当三角形三条边的长度均确定时，三角形的面积和形状完全被确定，这个性质叫作三角形的稳定性。而 n 边形（n ≥ 4）的面积和形状不能被确定，因此不具有稳定性，如图 2.2 所示。

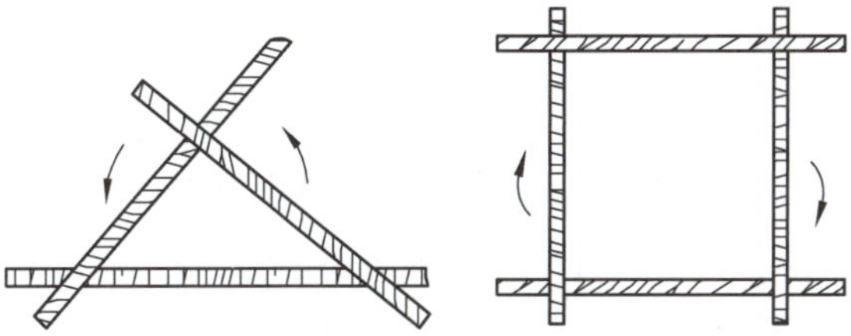

图 2.2 三角形的稳定性

四、摩擦力

两个相互接触并挤压的物体，当它们发生相对运动或具有相对运动趋势时，就会在接触面上产生阻碍相对运动或相对运动趋势的力，这种力叫作摩擦力。摩擦力的方向与物体相对运动或相对运动趋势的方向相反，如图 2.3 所示。

1. 静摩擦力

两个相互接触的物体，当其接触表面之间有相对滑动的趋势，但尚保持相对静止时，彼此作用着阻碍相对滑动的阻力，这种阻力称为静滑动摩擦力，简称静摩擦力，如图 2.4 所示。

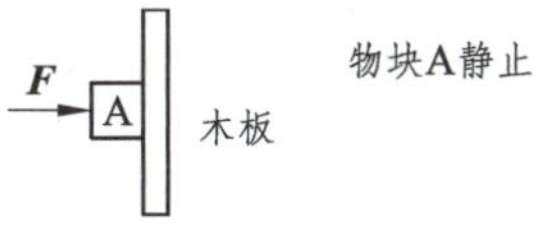

图 2.3 摩擦力示意图

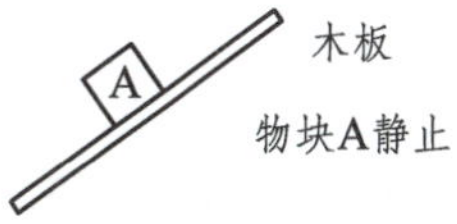

图 2.4 静摩擦力示意图

2. 滑动摩擦力

当两物体产生相对滑动时，在接触面之间将产生阻碍物体滑动的力，这种力称为滑动摩擦力。滑动摩擦力作用在物体的接触面上，其方向与滑动的方向相反，如图 2.5 所示。

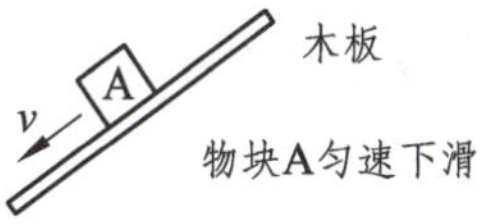

图 2.5 滑动摩擦力示意图

3. 滚动摩擦力

滚动摩擦力是指物体滚动（接触面一直在变化着）时物体所受的摩擦力。它实质上是静摩擦力。接触面越软，形状变化越大，则滚动摩擦力就越大。一般情况下，物体之间的滚动摩擦力远小于滑动摩擦力。

五、力矩与扭矩

1. 力　矩

力矩表示力对物体作用时所产生的转动效应的物理量，力对某一点的力矩（M）的大小为该点到力的作用线所引垂线的长度（即力臂）l 乘以力 F 的大小，即：$M=Fl$。国际单位制中，力矩的单位是牛顿·米（N·m）。力矩能使物体获得角加速度，并可使物体的动量矩发生改变。对同一物体来说，力矩越大，转动状态就越容易改变，如图 2.6 所示。

2. 扭　矩

扭矩是使机器元件转动（包括有转动倾向）的力矩。任何元器件在转矩的作用下，必定产生某种程度的扭转变形（可能包括弹性变形和塑性变形）。因此，常把转动力矩叫作扭矩，如图 2.7 所示。

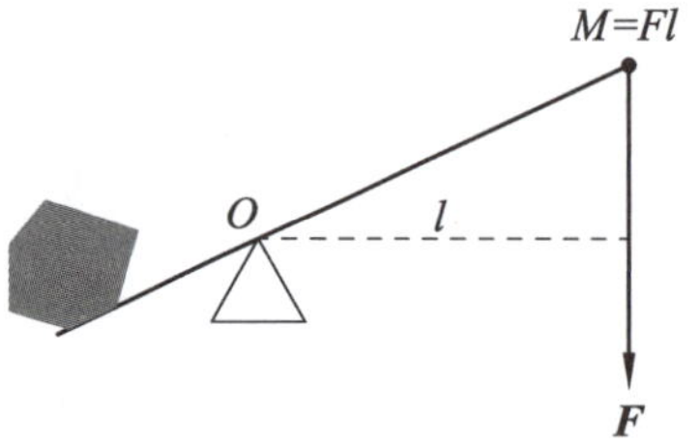

图 2.6　力矩示意图

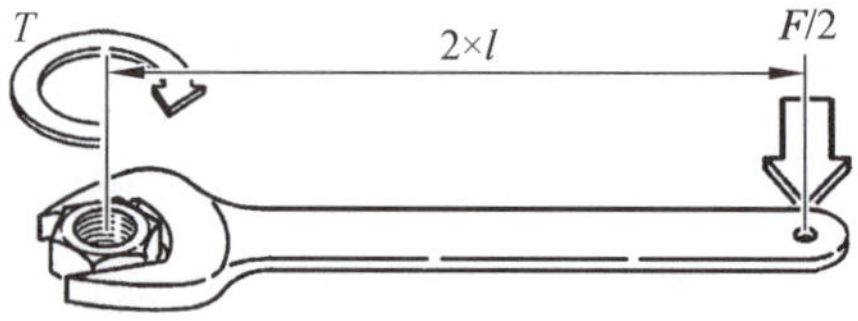

图 2.7　扭矩示意图

第二节　机械知识基础

一、齿轮组

齿轮组是指由多个齿轮组合在一起形成的系统。它由很多大小不同的齿轮组成，且所有的齿轮保持相同的旋转速度（线速度）。齿轮组主要用来传递扭矩、改变速度和改变扭矩方向，如图 2.8 所示。

1. 齿轮传动比

对于啮合传动齿轮，传动比 i 可用 a 轮和 b 轮的齿数 z_a 和 z_b 表示，$i=z_b/z_a$。例如，传动比 i=40/20=2，是一个 2∶1 的传动机构，如图 2.9 所示。

2. 轮　系

在实际应用中，往往要采用一系列相互啮合的齿轮来满足工作要求。这种由一系列的齿轮组成的传动系统称为轮系，如图 2.10 所示。

图 2.8 齿轮组

图 2.9 齿轮传动比

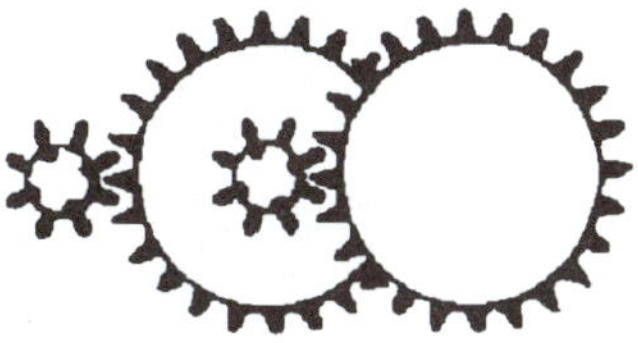

图 2.10 轮系

二、滑轮组

滑轮组是由多个动滑轮、定滑轮组装而成的一种简单机械。利用滑轮系统牵引物体，不仅可以省力，而且可以通过将更多的物体输送至目的地的形式节约能源，如图 2.11 所示。

1. 定滑轮

轴的位置固定不动的滑轮称为定滑轮。定滑轮不省力，但是可以改变力的方向，实质是个等臂杠杆，如图 2.12 所示。

2. 动滑轮

轴的位置随被拉物体一起运动的滑轮称为动滑轮。动滑轮实质是动力臂等于 2 倍阻力臂的杠杆（省力杠杆）。它不能改变力的方向，但最多能够省一半的力，但是不省功。动滑轮与定滑轮能够组成滑轮组，是日常生活中常用的简单机械，如图 2.13 所示。

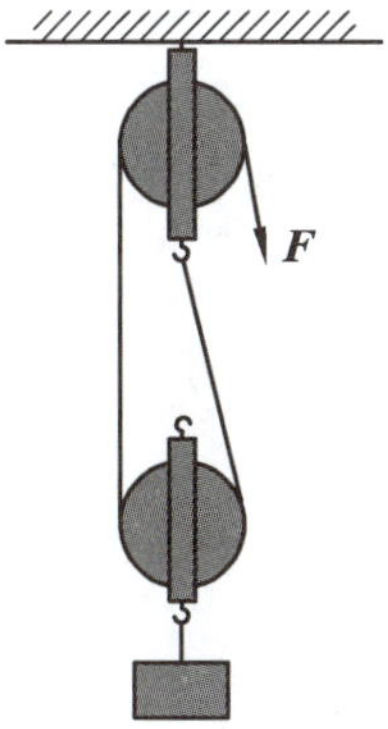

图 2.11 滑轮组

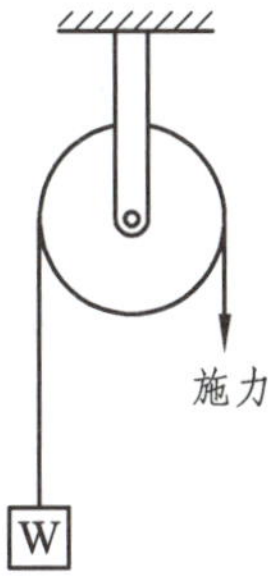

图 2.12 定滑轮

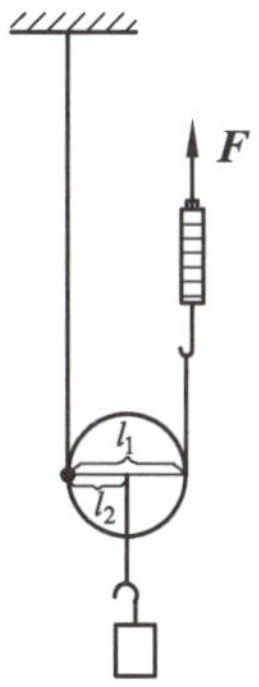

图 2.13 动滑轮

三、杠杆系统

杠杆可分为等臂杠杆、省力杠杆和费力杠杆。

1. 等臂杠杆

等臂杠杆的动力臂和阻力臂长度相同，既不省力也不费力，既不省距离也不费距离，如图 2.14 所示。

2. 省力杠杆

根据杠杆原理公式 $F_1l_1=F_2l_2$，力臂越长，力就越小。省力杠杆的动力臂（l_1）较长，动力（F_1）较小，所以省力，如图 2.15 所示。

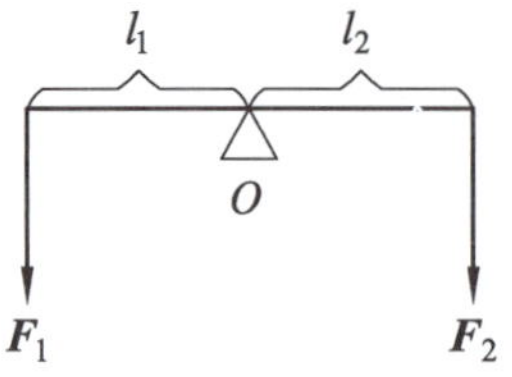

图 2.14 等臂杠杆

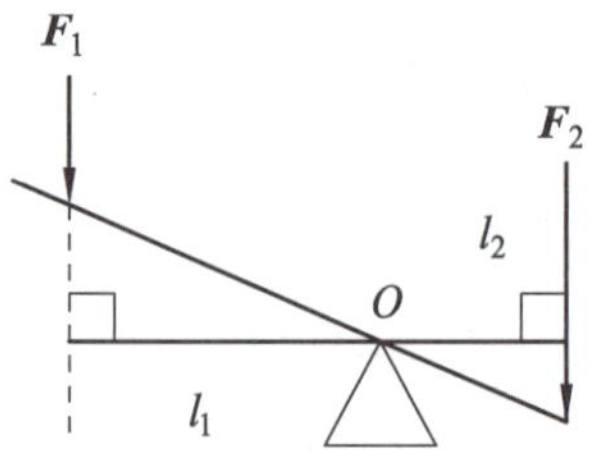

图 2.15 省力及费力杠杆

3. 费力杠杆

根据杠杆原理公式 $F_1l_1=F_2l_2$，力臂越短，力就越大。费力杠杆，其动力臂（l_2）较短，动力（F_2）较大，所以费力。

四、连杆机构

连杆机构是机械组成部分中的一类，是一种常见的传动机构。其最基本也是应用最广泛的一种形式是由四个构件组成的四连杆机构，如图 2.16 所示。

五、凸轮机构

凸轮机构一般由凸轮、从动件和机架三个构件组成，可以实现各种复杂的运动要求，而且结构简单、紧凑，可以准确实现要求的运动规律。它广泛应用于各种自动机械、仪器和操纵控制装置，如图 2.17 所示。

图 2.16 四连杆机构

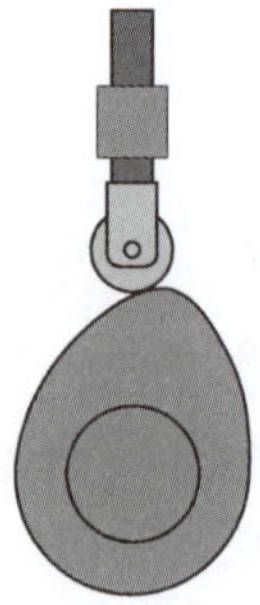

图 2.17 凸轮机构

第三章

教育机器人教学案例（基础搭建）

从2017年开始国家相继发布多个文件支持人工智能教育在中小学阶段的普及，在此之前，STEAM教育、创客教育、编程教育等与人工智能教育相关的教育体系已经在不断发展并逐步成熟。虽然这些教育体系具体的教学内容和教学方法有所区别，但却有着近似的教学目标——培养中小学生对现代工程、机械、电子、计算机的认知，激发他们对这些技术的兴趣，培养他们动手解决问题的能力。

中小学人工智能教育的目标是让中小学生对人工智能的作用、技术、算法有所了解，并能使用人工智能的思维、技术及工具解决所遇到的问题。但在小学层面，特别是对于小学一至三年级的学生，从学习特性及知识掌握来说，单纯的人工智能是相对抽象的，解决问题的过程相对烦琐，而且需要大量的数学基础知识。

本书主要运用的案例为基础搭建和动力结构。基础搭建是对具有不同几何或机械特征的搭建构件，通过咬合、锁扣、绑定等方式组合出物体，该物体可以模仿某一现实或设计物品的外观特征，并具备一些机械特性。而动力结构则是在基础搭建的基础上，加入动力源及驱动结构，使得所搭建的物品能在动力的驱使下自动完成某些功能。

本书的案例具有直观、易实现、可理解等特点，适合小学一至三年级儿童的智力水平及动手能力，在动手完成、合作探究、设计思考的过程中，使得他们在四个维度上形成人工智能技术所需的基础：在兴趣爱好上，对现代科技知识产生兴趣及探索的欲望；在知识结构上，能够对自动化机器的雏形，即物理知识及机械知识有所了解；在动手操作上，培养手脑协调能力及观察模仿能力；在思维层面上，能够形成系统思维、问题解决及探索思维，从而逐步迁移至计算思维。

第一节 教学设计思路

一、教学设计思路的形成

本书案例的教学设计步骤基于PBL教学模式，并结合4C教学法的核心思想进行教学设计。PBL教学法的教学步骤比较明晰，利于师范生授课操作的学习，同时，在授课过程中，能够充分激发学生面向任务解决问题的兴趣。每一个教学环节的效果都比较直接可见。在教学设计中还把4C教学法的联系、建构、反思、延续这些步骤及所包含的教育思想——知识迁移及能力建构，有机地融入各个环节中。本书的教学设计针对师范生及所授学生的学情特点，结合两种教学模式的长处，在具备实操性的同时突出能力的培养。

基于这些思考及实践，我们将教学设计的教学环节分为五步：情景导入，探究过程，实物搭建，拓展延伸，总结评价。

二、教学设计主要思路

学情分析：本书案例针对的教学对象为小学一至三年级的学生，这个年龄段的学生具备了基本的沟通交流能力，能跟随教师的指引较流畅地完成教学环节；具备了基本的观察及分析思考能力，能在教师的引导下对观察对象进行思考，并形成相应的反馈；具备了基础的动手操作能力，能参照样例或根据自己的想法完成搭建动作。同时，该年龄段的学生的抽象思维能力较弱，数学知识基础较为薄弱，物理知识以感知为主，在进行教学设计时应结合学生的学情特点进行设计。

教学目标分析：该阶段的机器人教育的教学案例主要是结构与力及动力机械，在教学实施过程中，能够引导学生完成设计与搭建，学习和体验物理、机械、数学的基础知识，并在此基础上进一步对事物的原理及问题的解决进行探究。在教学活动实施过程中引导学生运用获得的技能和知识分析问题、解决问题，启发创造力，培养学生的学习能力和解决问题的能力。

情景导入环节设计思路：该环节的设计意图是通过多种教学手段进行情境的架设，让学生产生联系，在现实的物体或需求与教学内容之间形成桥梁，通过生活体验激发学生的兴趣，从而过渡到教学内容。在这个过程中引导学生观察及思考，抽象出物体的特征，思考问题如何解决。

探究过程环节设计思路：该环节的设计意图是建构学生的知识基础和技能基础，建构的过程围绕教学内容的基本原理进行，学生对物理现象及基本机械结构进行观察，在此基础上进行分析、讨论及实践，形成基本的认知和理解。

实物搭建环节设计思路：该环节的设计意图是学生在对基础原理及机械结构理解的基础上，观察样例作品的组成结构，模仿并动手操作，最终达成搭建的目标，使学生获得成就感，锻炼学生的观察能力、模仿能力及动手能力。

拓展延伸环节设计思路：该环节的设计意图是对作品进行延续或拓展，发挥学生的设计能力和创造能力，内化学生对基本原理的理解，强化学生对机械结构的场景应用。通过评价比较、游戏竞赛等形式形成竞争氛围，激发学生的潜力，促进团队协作。

总结评价环节设计思路：该环节的设计意图是教师和学生共同对整个教学活动进行反思，从知识及技能获得、教学过程表现、作品结果分析等多个维度进行评价，增强学生的获得感，提高学生的兴趣度。

第二节 基础形状与结构

基础形状与结构

一、案例设计

三角形

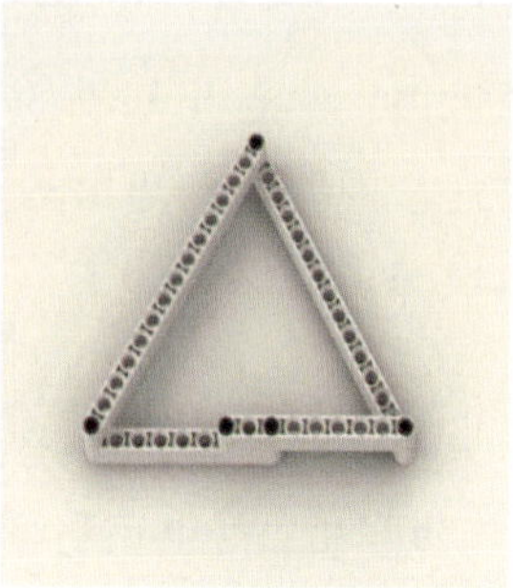

1. 需要的零件

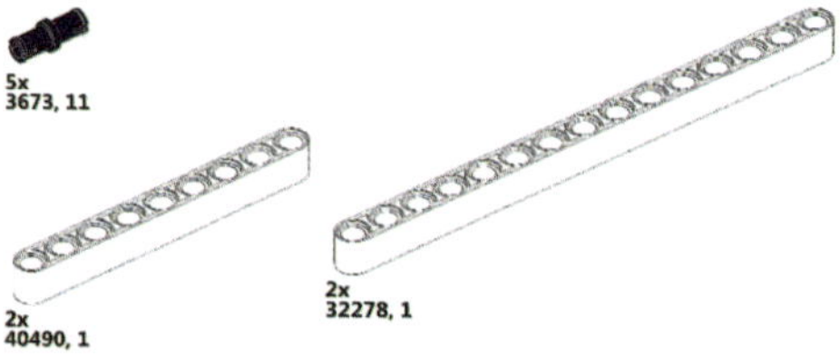

2. 搭建步骤

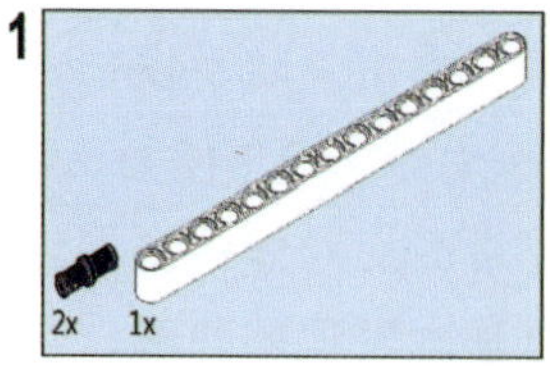

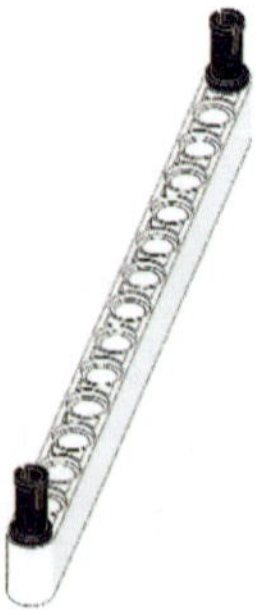

2

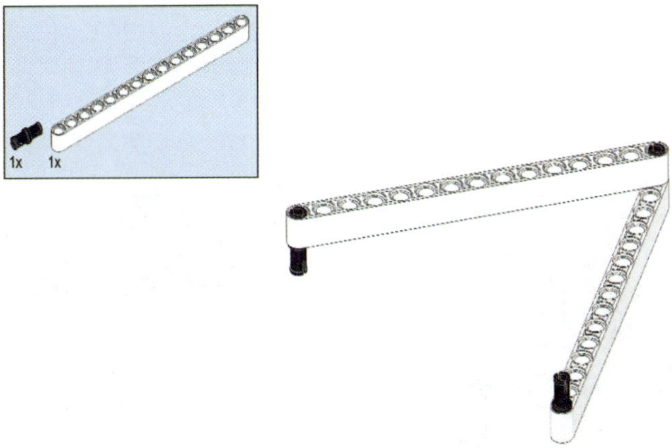

3

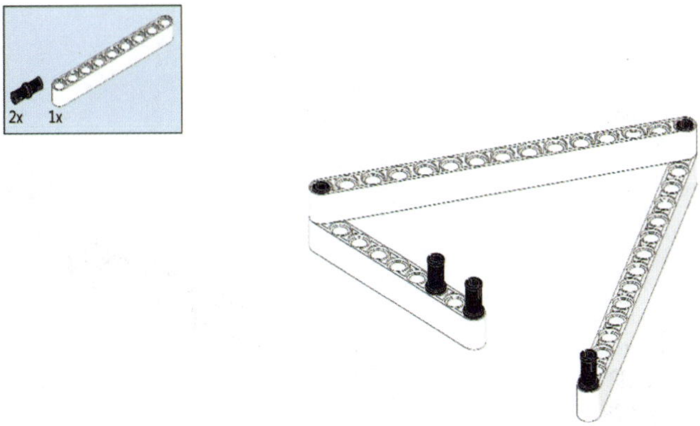

4

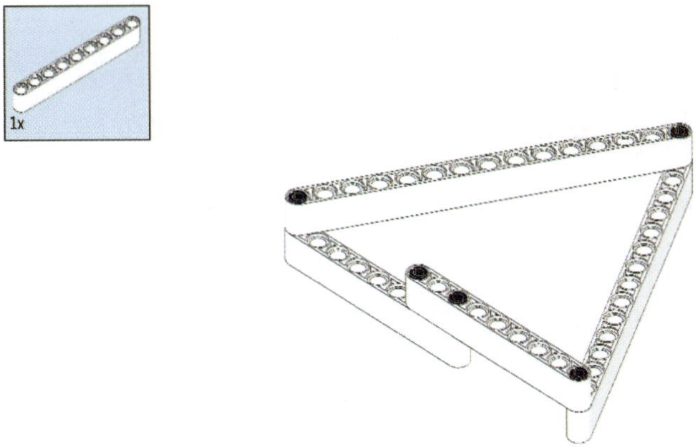

折叠桌

1. 需要的零件

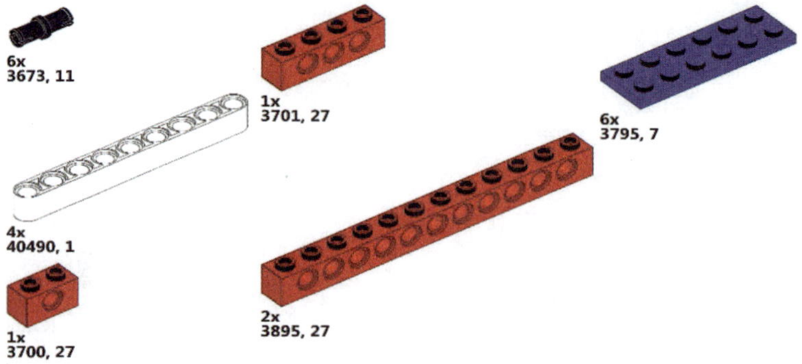

2. 搭建步骤

1

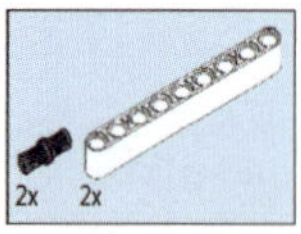

2

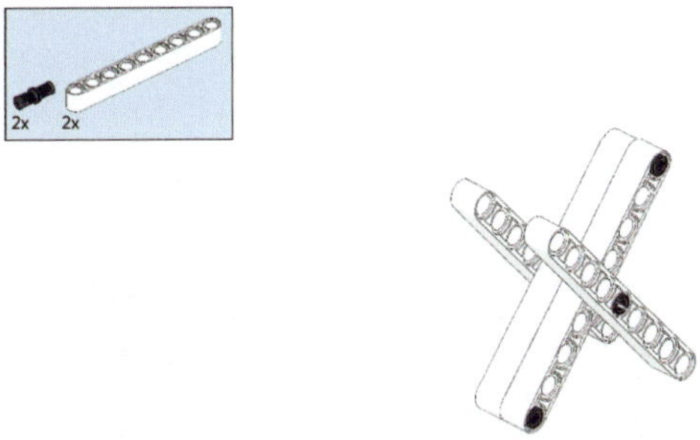

3

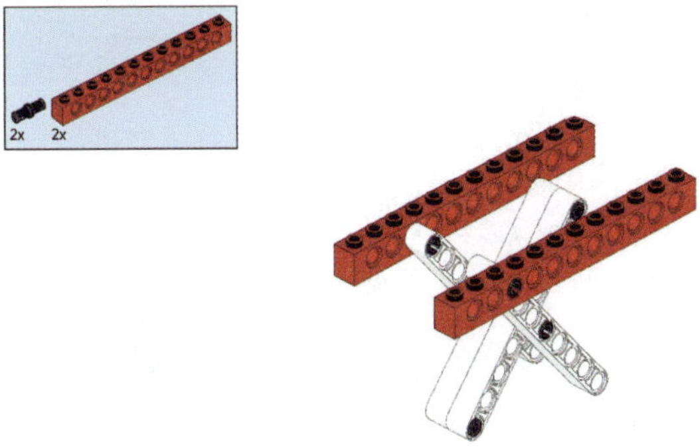

4

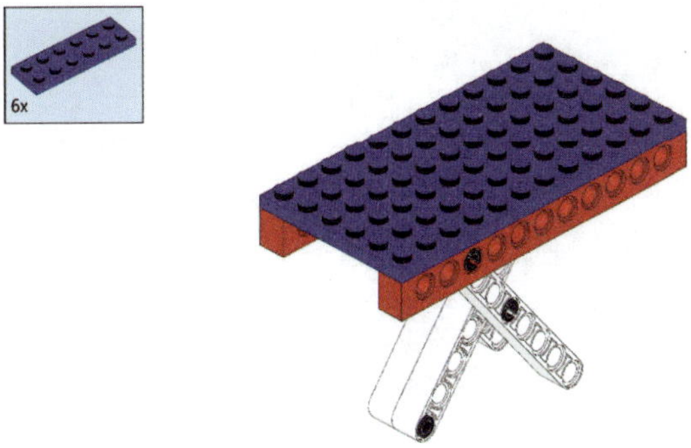

5

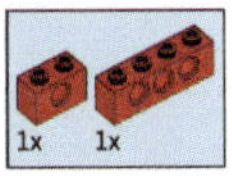

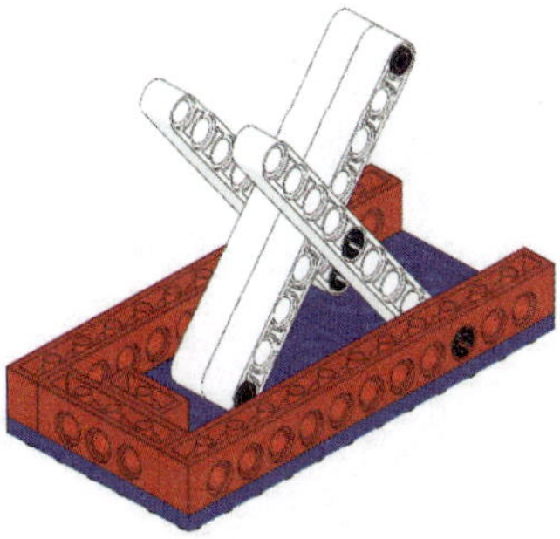

四边形

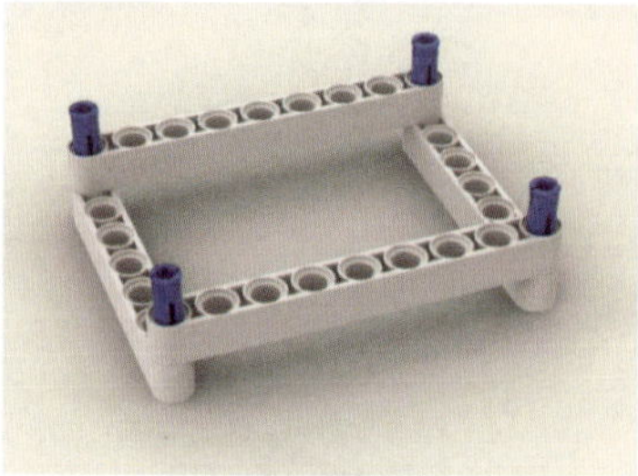

1. 需要的零件

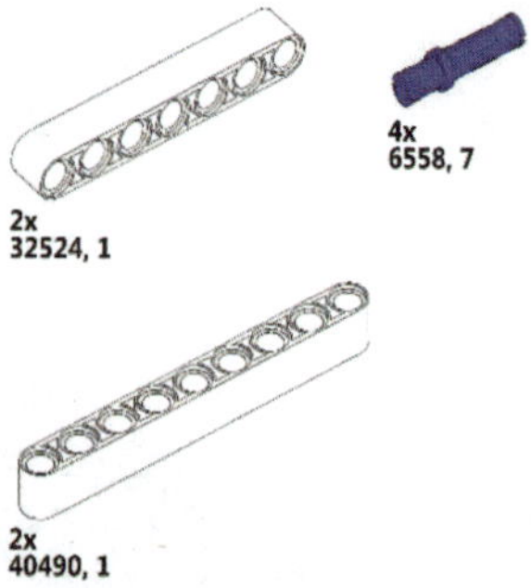

2. 搭建步骤

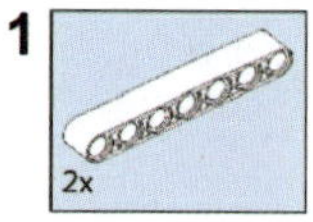

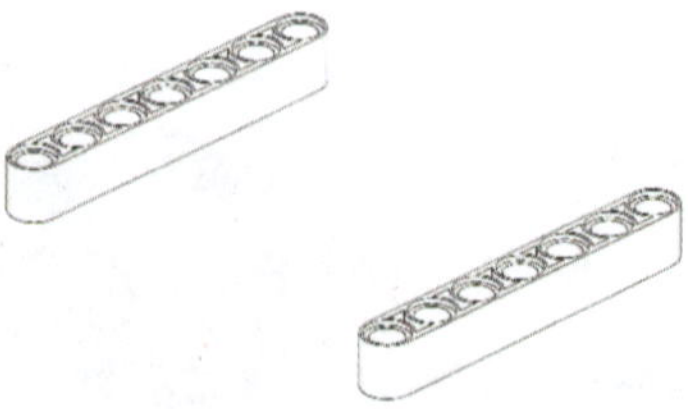

2

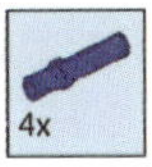

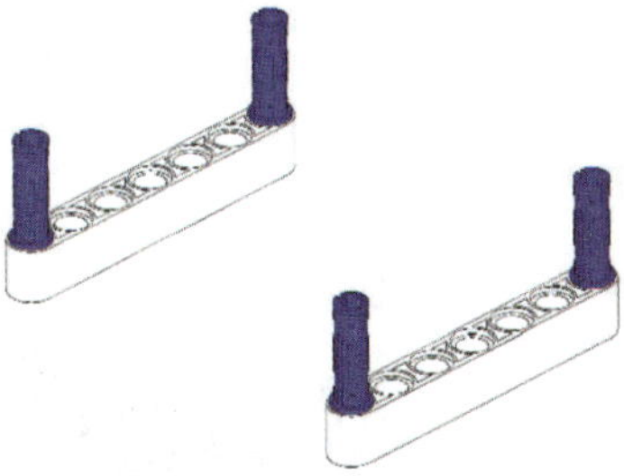

3

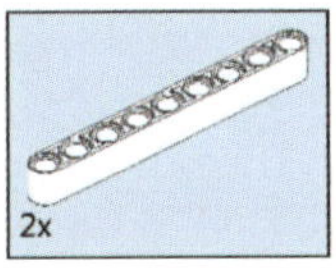

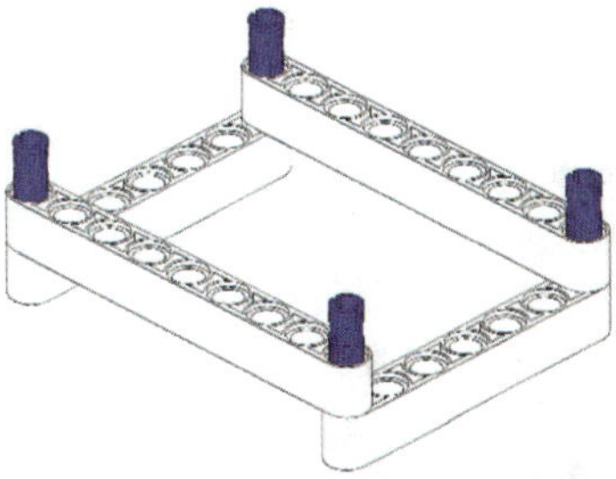

桌 子

1. 需要的零件

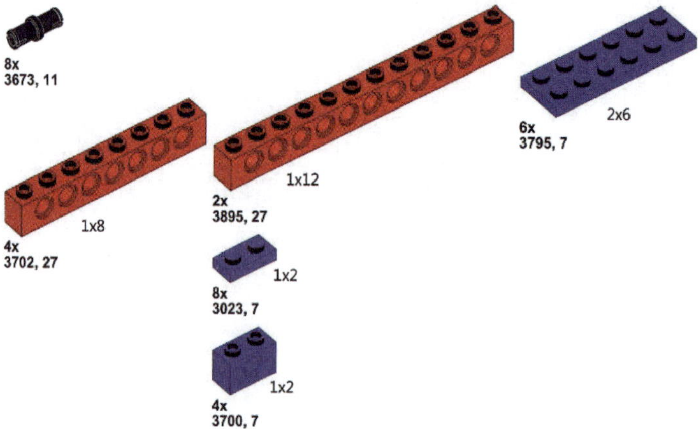

2. 搭建步骤

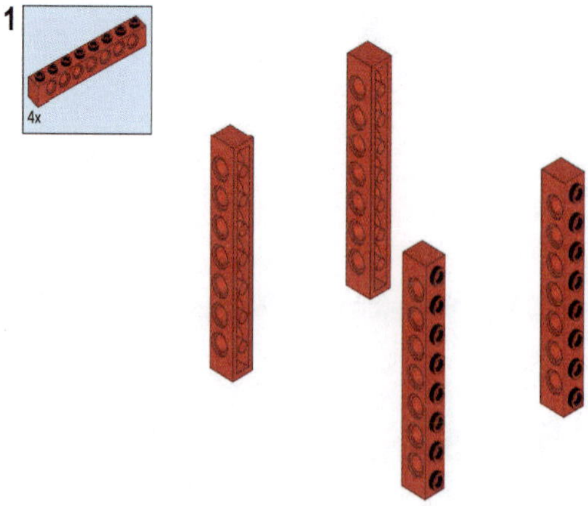

2

3

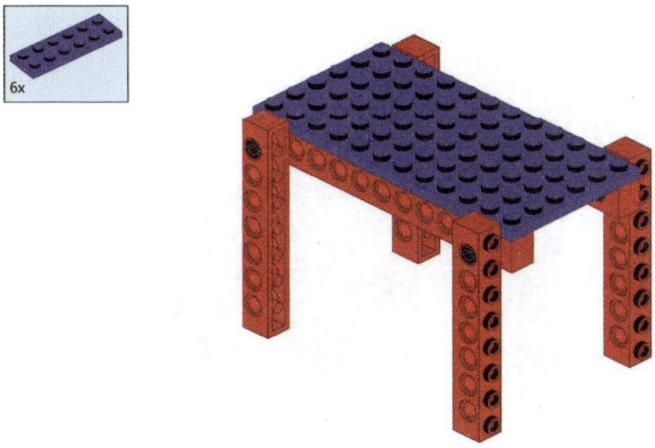

4

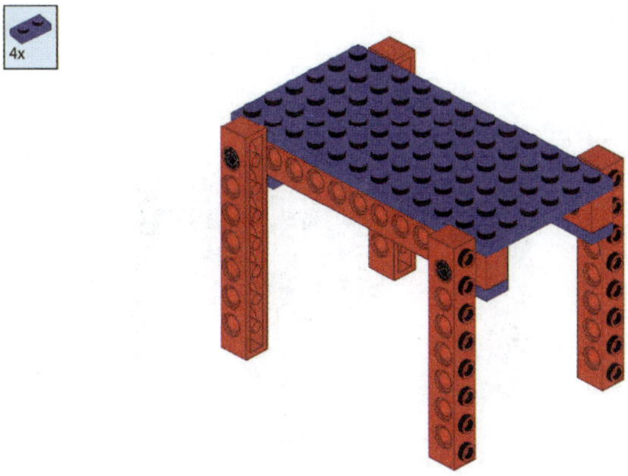

5

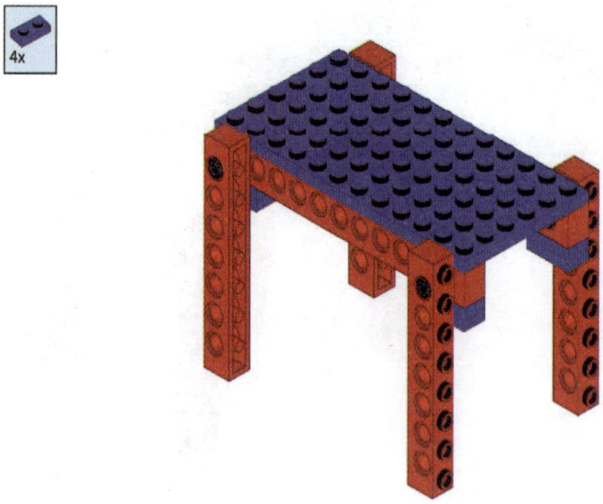

6

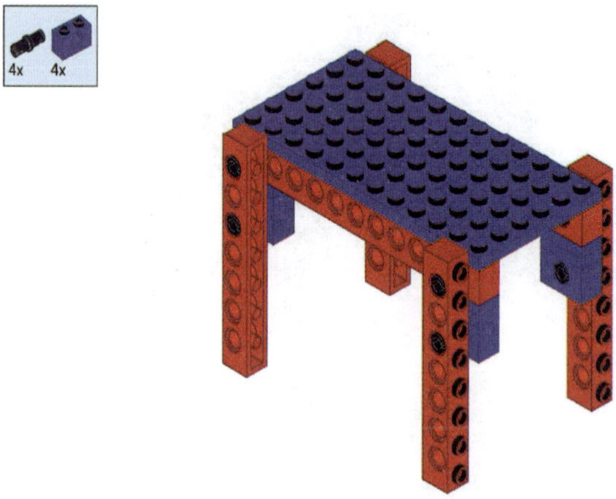

7

椅 子

1. 需要的零件

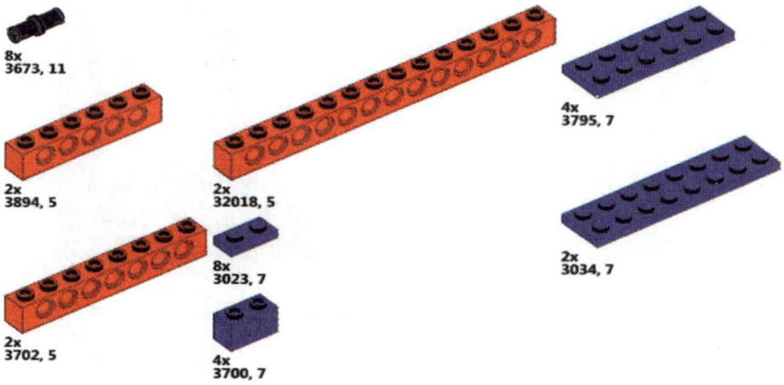

2. 搭建步骤

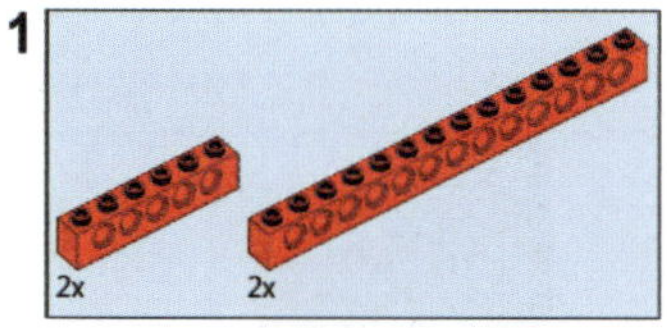

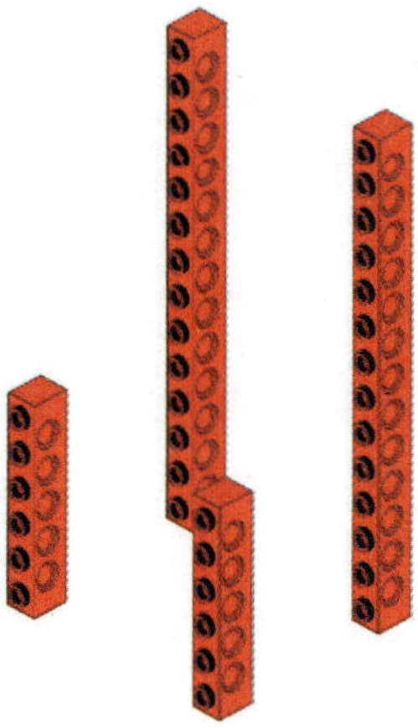

2

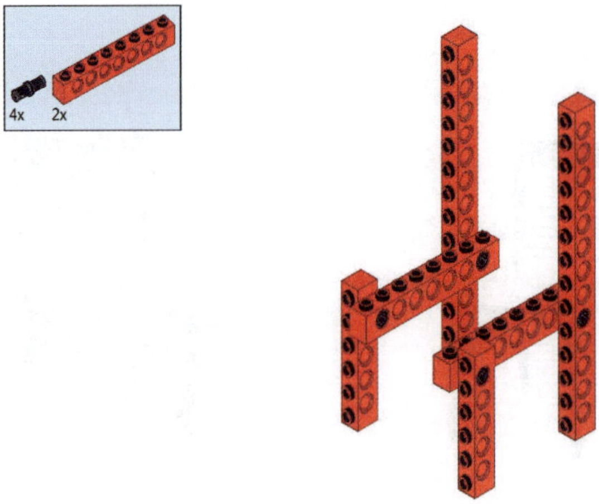

3

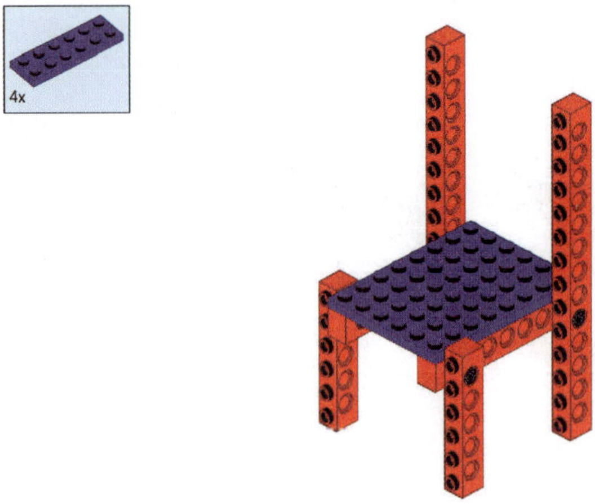

4

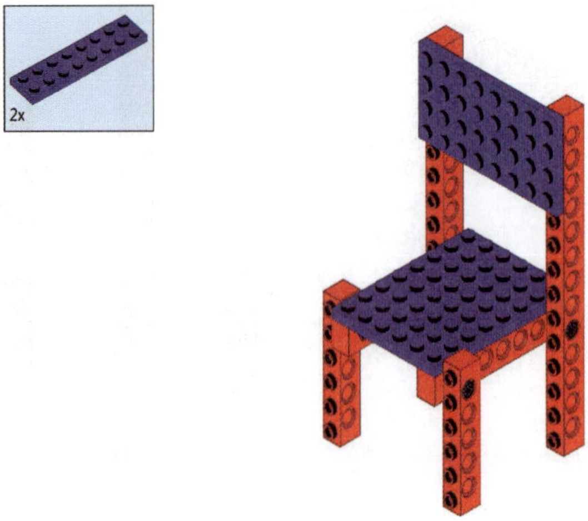

5

6

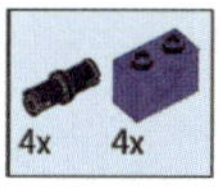

二、教学实践

课题名称	**基础形状与结构**
教学目标	**知识与技能目标：** 1. 观察梁、销、板，掌握其特点及使用方法。 2. 利用这些零件进行三角形、折叠桌、四边形、桌子和椅子的搭建。 **过程与方法目标：** 通过搭建，建立对机器人搭建需要用到的基础零件的感知与认知，培养学生的观察能力、思考能力、动手能力和探究问题、解决问题的能力。 **情感与价值观目标：** 对机器人搭建产生兴趣，培养探索精神
案例分析	此次课程是后续展开结构搭建的基础
教学重、难点	掌握梁、销、板的使用方法，并利用这些零件进行三角形、折叠桌、四边形、桌子和椅子的搭建
教学方法	演示法、自主探究法、小组合作法
教学准备	准备好情景导入的机器人实物、学生搭建需要的零件

教学过程

环节	教学内容	教师活动	学生活动	设计意图
情景导入（10分钟）	展示搭建好的实物图  	展示实物，询问学生这些机器人是否很酷，是否想要学习如何搭建	观察实物，回答问题	用实物吸引学生的关注，让学生对机器人搭建产生兴趣

续表

环节	教学内容	教师活动	学生活动	设计意图
探究新知（25分钟）	1. 提问。 2. 讲解零件梁、销、板的特征及作用	1. 让学生边观察实物边思考问题：机器人实物由哪些零件组成？ 2. 讲解零件梁、销、板的特征及作用	观察实物，回答问题	培养学生的观察、思考能力
实物搭建（20分钟）	教师引导学生用梁、销、板进行三角形、折叠桌、四边形、桌子和椅子的搭建	1. 教师展示搭建好的三角形、折叠桌、四边形、桌子和椅子实物图。 2. 学生用梁、销、板依次对三角形、折叠桌、四边形、桌子和椅子进行搭建	观察三角形、折叠桌、四边形、桌子和椅子的结构，探究完成搭建	培养学生的观察能力、思考能力和动手操作能力
拓展延伸（25分钟）	小组竞赛：以小组为单位，看看哪个小组能用最少的零件搭建一套有创意的桌椅作品	将学生分成4人小组，要求每个小组通过查找资料，在规定时间内完成小组竞赛题目	学生观察桌椅的结构，探究如何用最少的零件搭建一套桌椅作品	培养学生探究问题、解决问题的能力
总结评价（10分钟）	展示学生搭建的不同桌椅，并对作品进行点评	展示并多维度点评学生的桌椅作品	各组相互展示并比较	通过成果的展示，肯定学生的工作，以提高学生的获得感
教学反思	（提示：授课教师根据实际教学情况填写）			

第三节 瞭望塔

瞭望塔

一、案例设计

1. 需要的零件

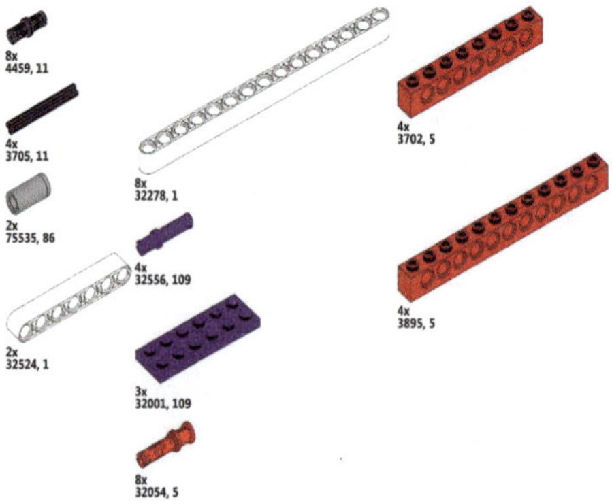

2. 搭建过程

1

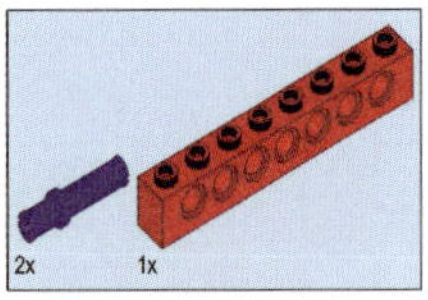

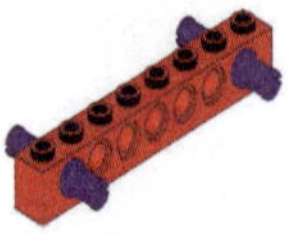

2

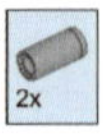

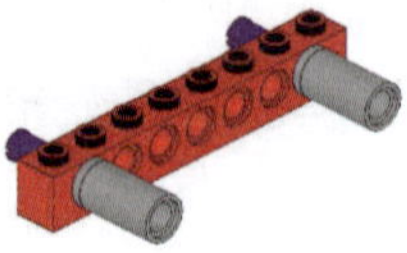

3

4
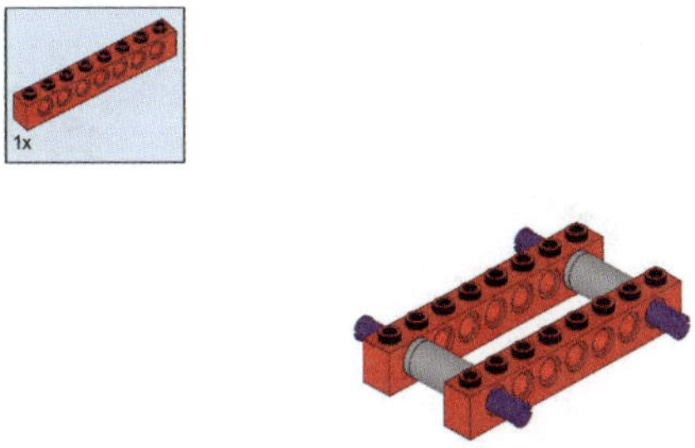

5
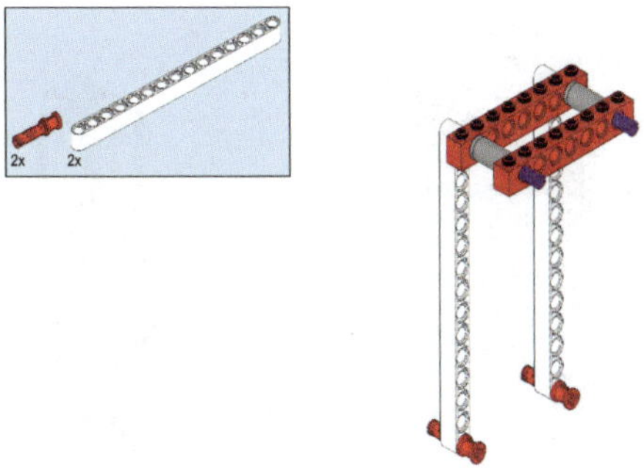

6
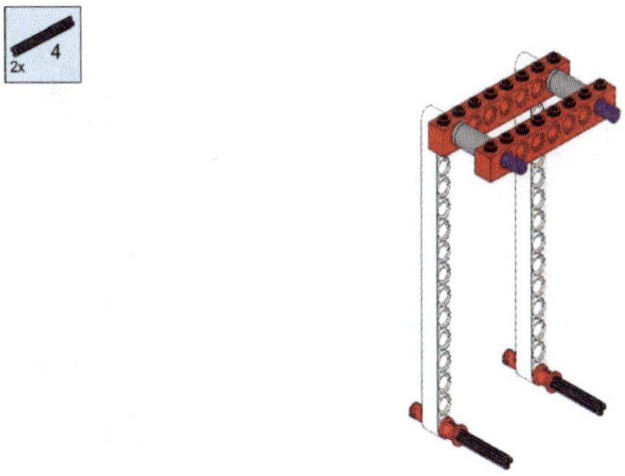

7
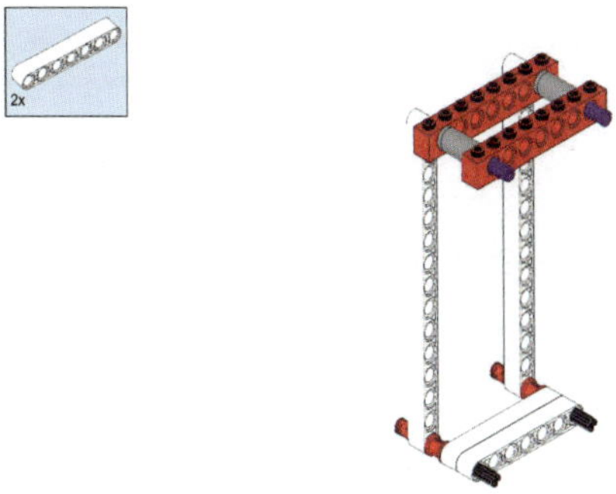

8
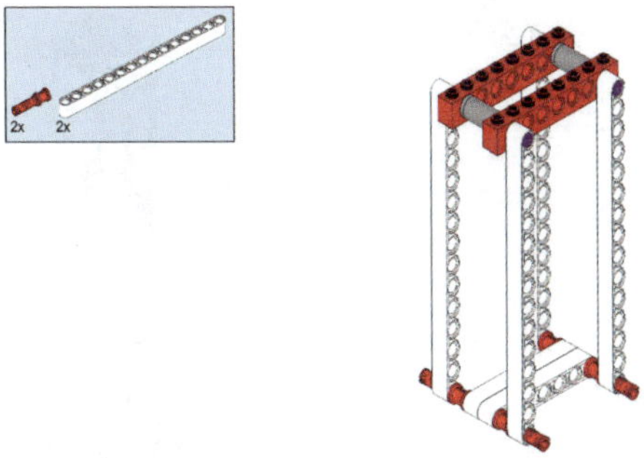

9

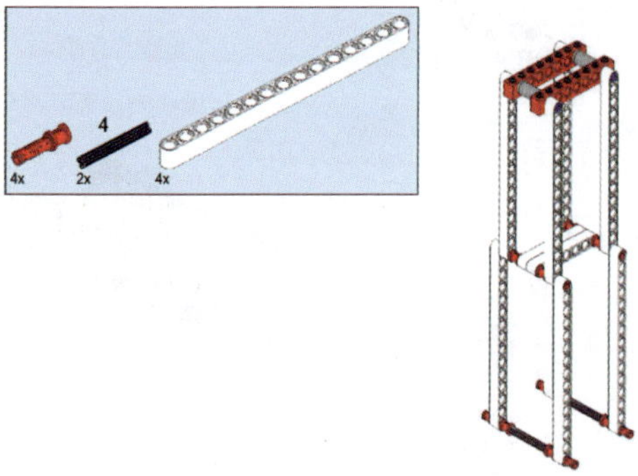

10

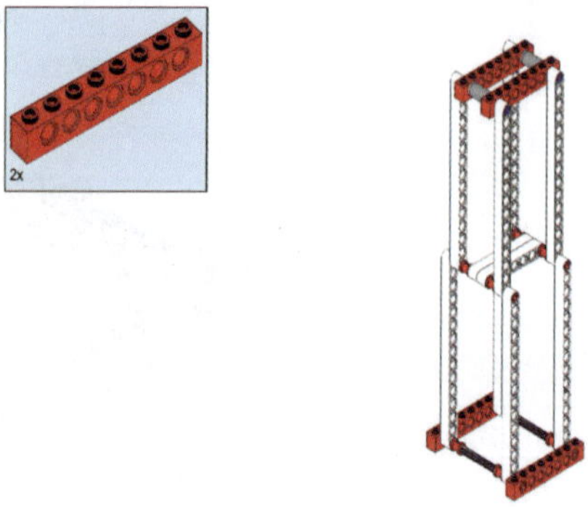

11

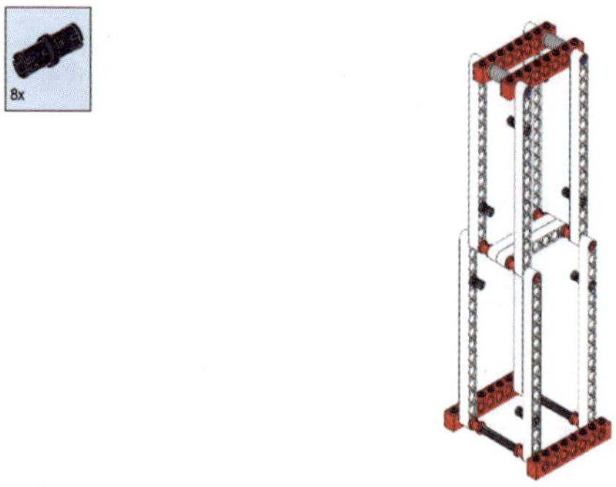

12

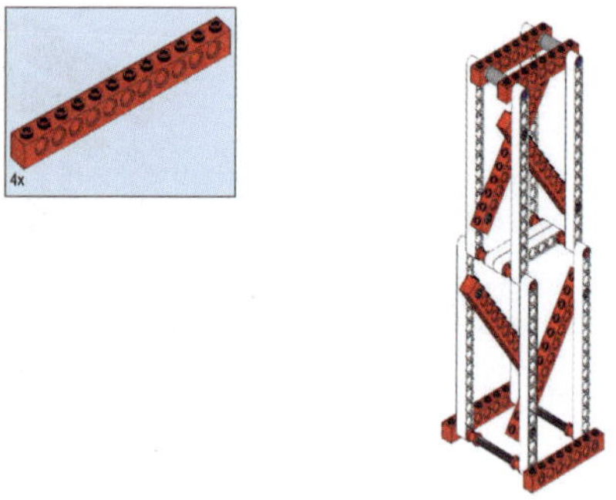

13

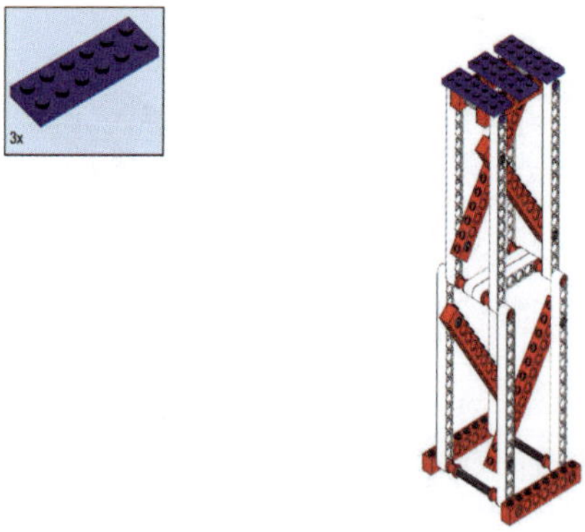

二、教学实践

<table>
<tr><td>课题名称</td><td colspan="4">瞭望塔</td></tr>
<tr><td>教学目标</td><td colspan="4">知识与技能目标：
1. 结合实际生活，能说出瞭望塔的结构特点。
2. 能分析瞭望塔的结构是如何达到稳定作用的。
3. 运用三角形的稳定性搭建瞭望塔。
过程与方法目标：
通过搭建瞭望塔，培养学生探索知识的能力、动手能力和表达能力。
情感与价值观目标：
提升对乐高搭建课程的学习兴趣</td></tr>
<tr><td>案例分析</td><td colspan="4">掌握基本零件的使用，对基础形状进一步运用</td></tr>
<tr><td>教学
重、难点</td><td colspan="4">运用三角形具有稳定性的原理搭建瞭望塔</td></tr>
<tr><td>教学方法</td><td colspan="4">演示法、任务驱动法</td></tr>
<tr><td>教学准备</td><td colspan="4">提前准备好课件、教案，不同类型的瞭望塔的图片和视频，学生搭建所需要的零件</td></tr>
<tr><td colspan="5">教学过程</td></tr>
<tr><td>环节</td><td>教学内容</td><td>教师活动</td><td>学生活动</td><td>设计意图</td></tr>
<tr><td>情景导入
（8 分钟）</td><td>1. 展示瞭望塔的图片。

2. 播放瞭望塔的视频。
3. 提出问题</td><td>1. 展示不同类型的瞭望塔的图片。
2. 播放北京市朝阳区奥林匹克公园建筑物的视频。
3. 将学生分为 4 人一组，提出问题：瞭望塔的结构有什么特点？指导学生分组讨论</td><td>1. 观看瞭望塔的图片。
2. 观看瞭望塔的视频。
3. 围绕瞭望塔的结构特点进行分组讨论，回答问题</td><td>激发学生学习的兴趣和求知欲望</td></tr>
</table>

续表

环节	教学内容	教师活动	学生活动	设计意图
探究新知（15 分钟）	1. 思考搭建所需的零件都有哪些。 2. 分析这些零件的作用。 3. 分析如何搭建出稳固的瞭望塔	通过提问，引导学生讨论搭建所需的零件和如何运用三角形的稳定性进行搭建	回答问题，分析得出如何在搭建中运用三角形的稳定性	培养学生探索知识的能力
实物搭建（30 分钟）	搭建瞭望塔	展示瞭望塔的搭建步骤，引导学生自主搭建，解决搭建过程中的问题	观看搭建步骤，并进行搭建	提高学生的动手能力
拓展延伸（30分钟）	探索如何搭建出又高又稳固的瞭望塔	布置小组合作任务，要求学生小组讨论并小组合作，搭建出又高又稳固的瞭望塔	思考问题，回答问题，动手搭建又高又稳固的瞭望塔	提高课堂的趣味性，培养学生不断探索知识的能力
总结评价（7 分钟）	1. 展示学生搭建好的瞭望塔。 2. 对学生作品进行评价。 3. 布置作业，根据瞭望塔的不同功能，进一步完善自己的作品	1. 组织学生进行作品展示。 2. 鼓励学生勇于探索知识，奖励优秀作品。 3. 总结作品完成情况，提出搭建中遇到的问题。 4. 布置作业	1. 展示自己的作品。 2. 记录课后作业	培养学生的表达能力，提高对乐高课程的兴趣
教学反思	（提示：授课教师根据实际教学情况填写）			

第四节 斜拉桥

斜拉桥

一、案例设计

1. 需要的零件

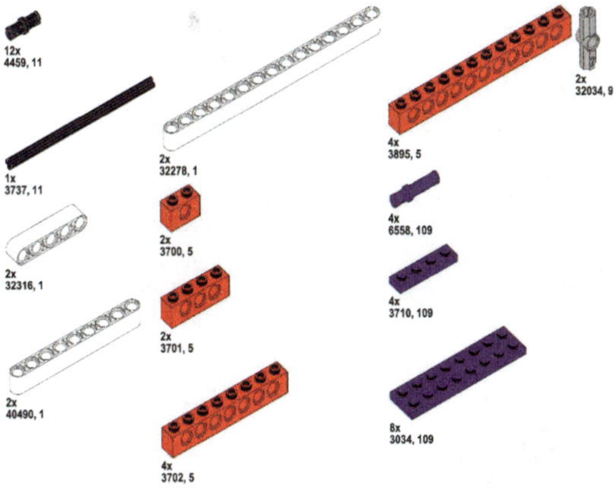

2. 搭建步骤

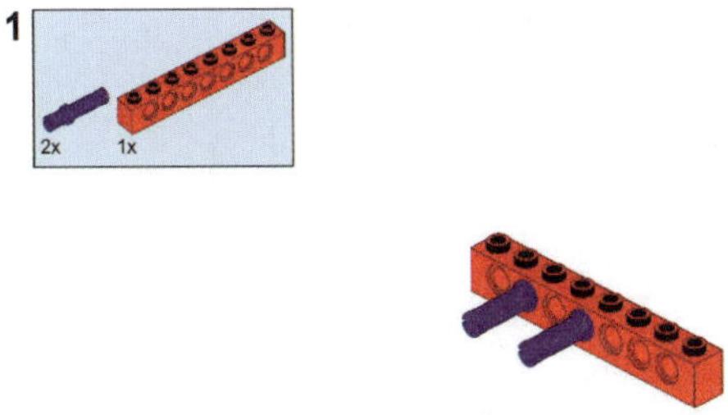

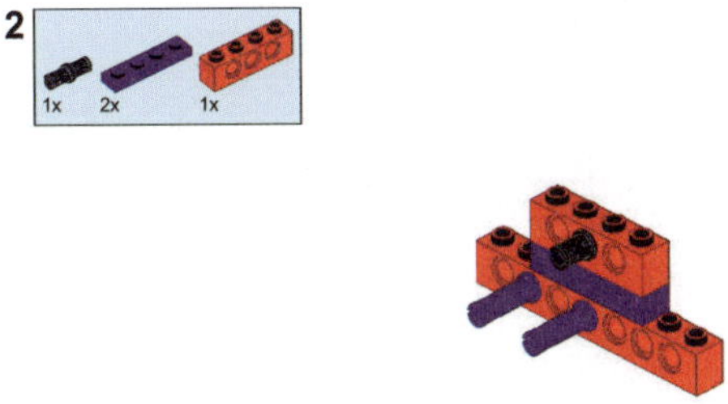

3

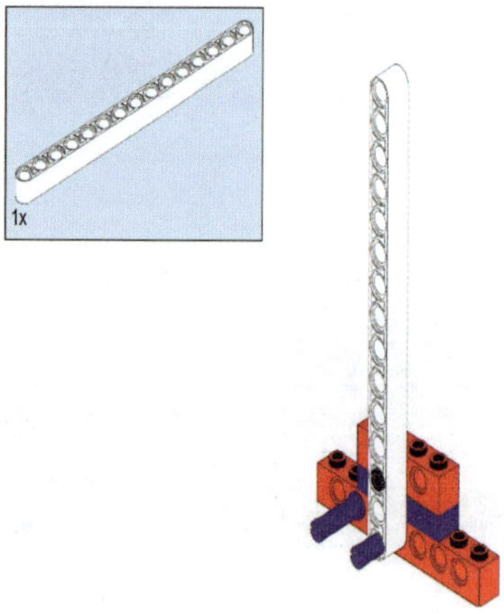

4

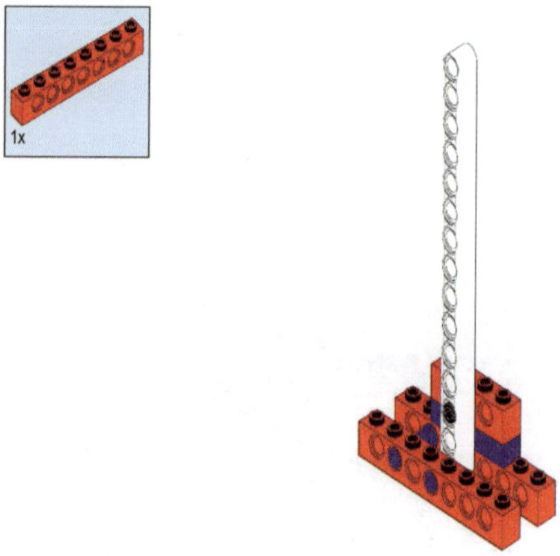

5

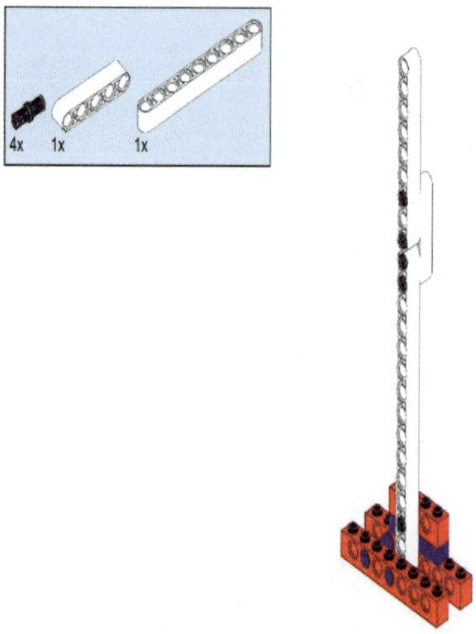

6

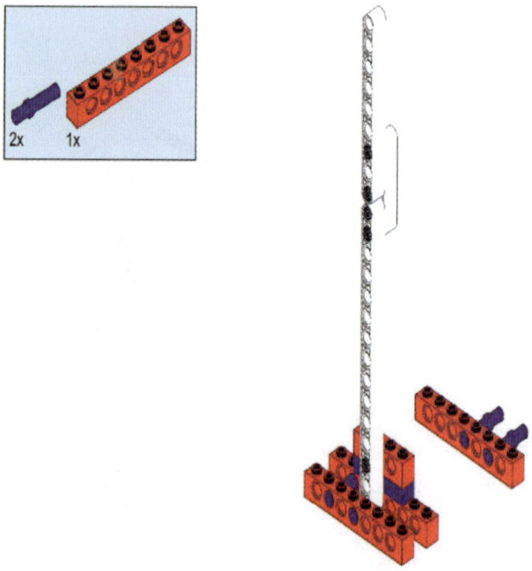

7

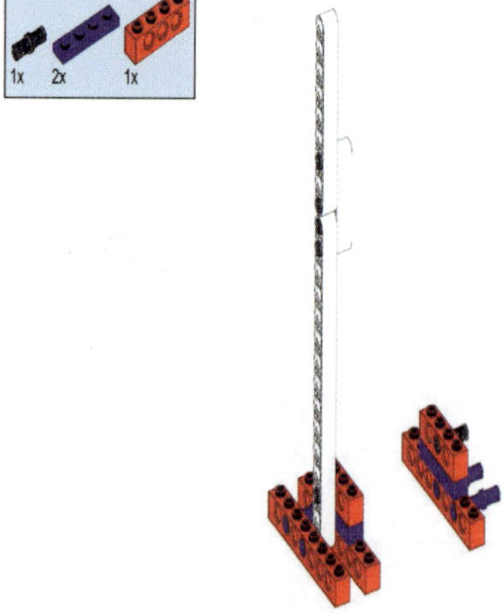

8

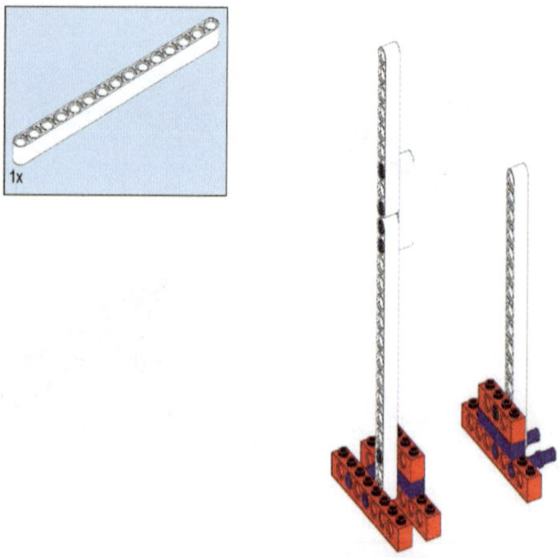

9

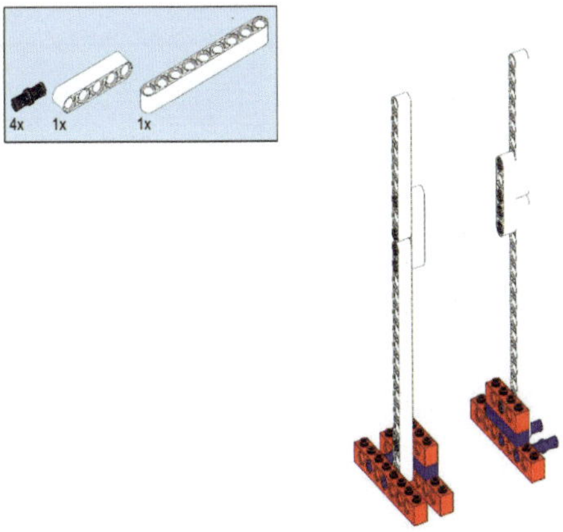

10

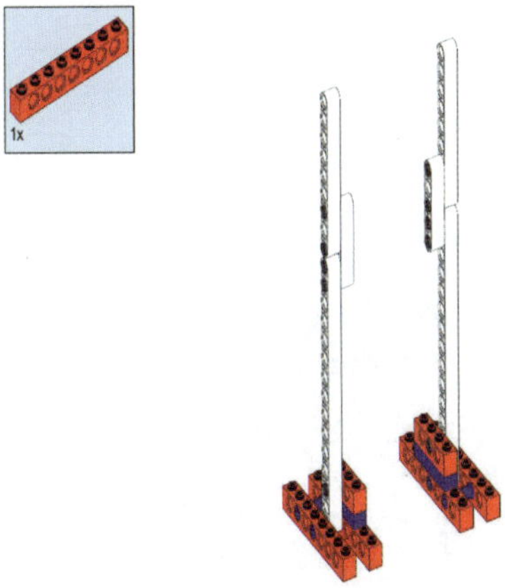

11

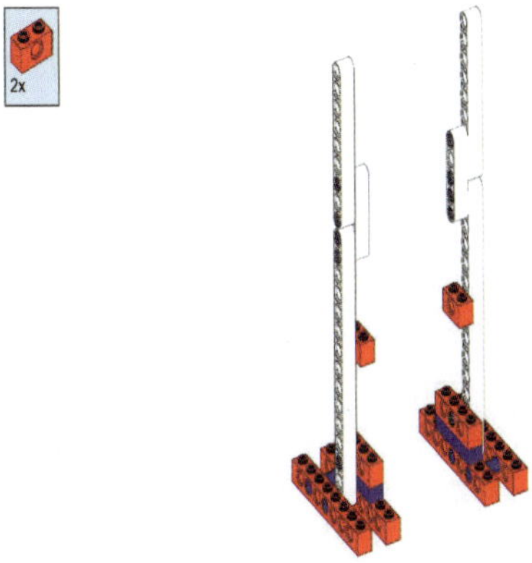

12

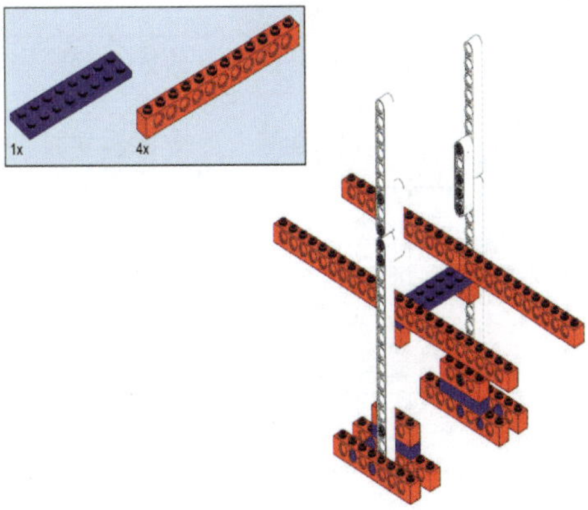

13

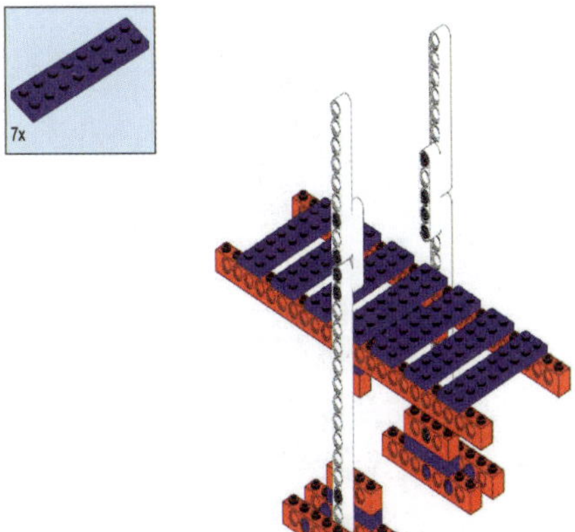

14

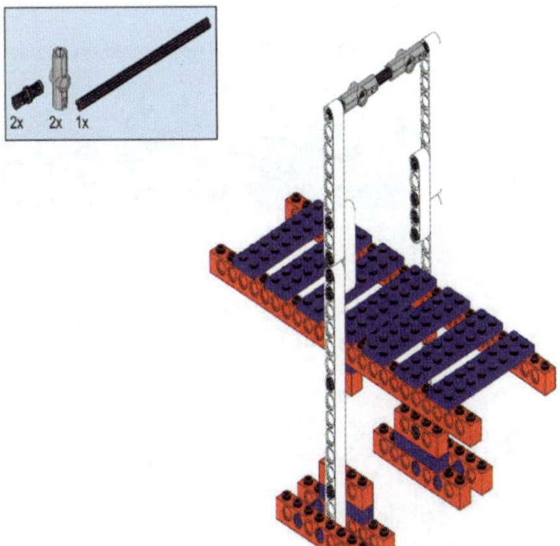

二、教学实践

课题名称	斜拉桥
教学目标	**知识与技能目标：** 1. 认识斜拉桥的结构。 2. 通过掌握力的平衡原理，进行斜拉桥的搭建。 **过程与方法目标：** 在搭建的过程中合理使用组件设计结构，培养学生的观察能力、思考能力、动手能力和探究问题、解决问题的能力。 **情感与价值观目标：** 积极探索如何在实现稳定结构的过程中，提高对科学的兴趣，形成探究的科学精神
案例分析	通过对前面的基本结构的学习掌握力的平衡原理
教学重、难点	通过理解力的平衡原理搭建出斜拉桥
教学方法	演示法、小组合作法、自主探究法
教学准备	斜拉桥的图片、砝码、搭建好的斜拉桥实物，学生搭建斜拉桥需要的零件

教学过程

环节	环节	教师活动	学生活动	设计意图
情景导入（10 分钟）	展示斜拉桥的图片 	1. 展示斜拉桥的图片，让学生观察斜拉桥有什么特点。 2. 斜拉桥的结构主要包括主梁、塔索和斜拉索	观看图片，共同讨论，回答问题	吸引学生的关注，引发思考
探究新知（30 分钟）	认识斜拉桥的受力原理	1. 实验：用 3 根细小的火柴和 1 根绳子吊起 1 瓶矿泉水，并讲解其受力原理。	观察实验，探索新知	探索新知，掌握原理

续表

环节	环节	教师活动	学生活动	设计意图
探究新知（30分钟）	认识斜拉桥的受力原理	 2. 讲解斜拉桥的受力原理：将车辆重力和主梁的承重通过拉索传递到索塔，变成对索塔的压力	观察实验，探索新知	探索新知，掌握原理
实物搭建（20分钟）	教师展示搭建好的斜拉桥实物，让学生用零件进行搭建	1. 教师展示搭建好的斜拉桥实物。 2. 将学生分为4人一组，引导学生观察、模仿，并动手搭建斜拉桥	观察斜拉桥的结构，探究完成搭建	培养学生的观察能力、思考能力和动手操作能力
拓展延伸（20分钟）	小组竞赛：以小组为单位，设计一个承受力最强的斜拉桥。完成后全班评比，能够承受最多砝码的小组获胜	将学生分成4人一组，要求每个小组通过查找资料，在规定时间内完成小组竞赛题目	学生探究设计搭建一个承重能力最强的斜拉桥	培养学生的探究问题、解决问题的能力
总结评价（10分钟）	展示学生搭建的斜拉桥，并对作品进行点评	展示并多维度点评学生的斜拉桥作品	各组相互展示并比较	通过成果的展示，肯定学生的工作，以提高学生的获得感
教学反思	（提示：授课教师根据实际教学情况填写）			

第五节 跷跷板

跷跷板

一、案例设计

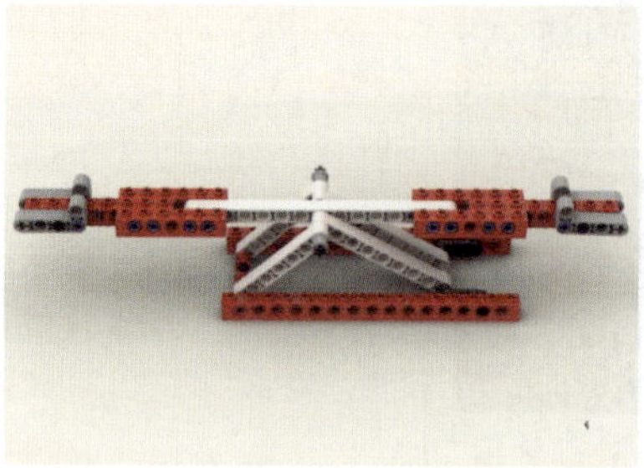

1. 需要的零件

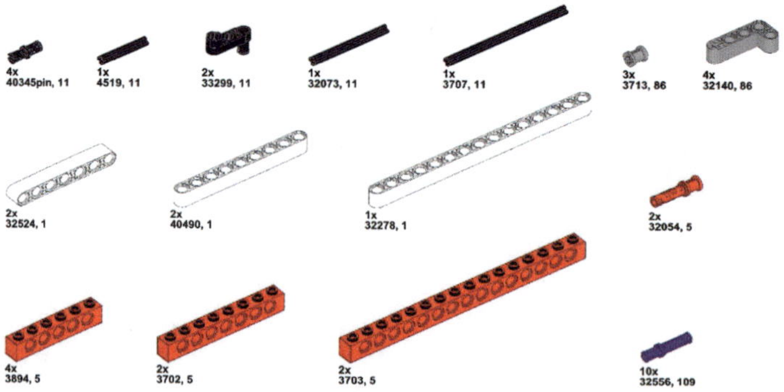

2. 搭建步骤

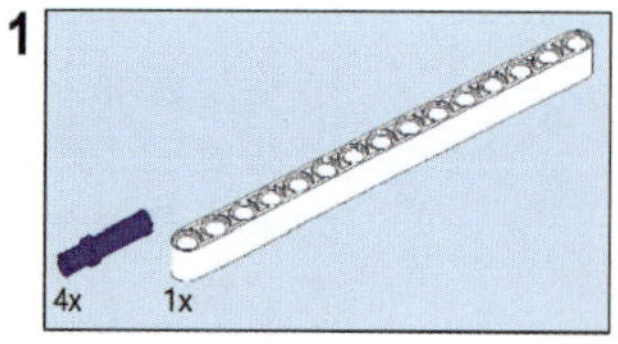

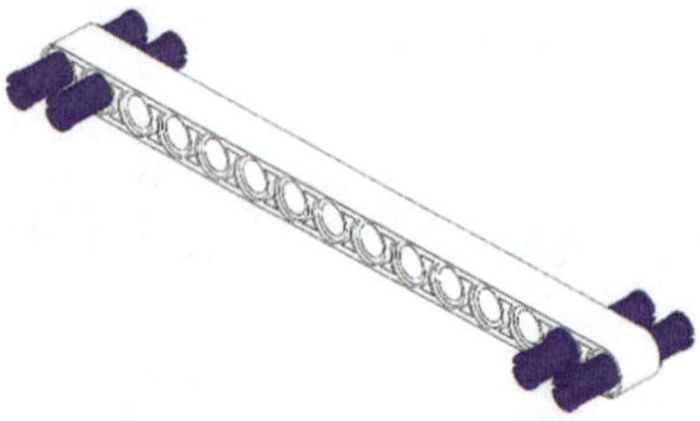

2

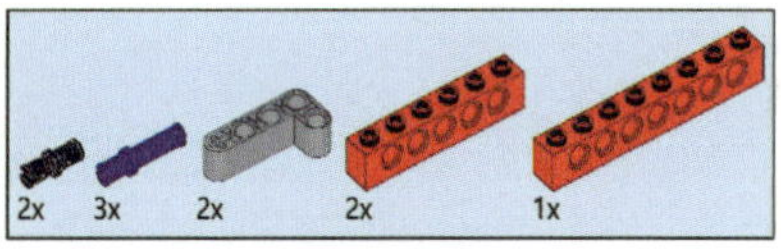

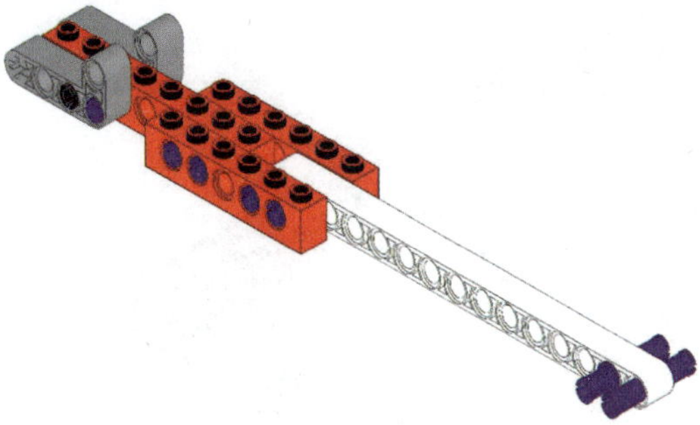

3

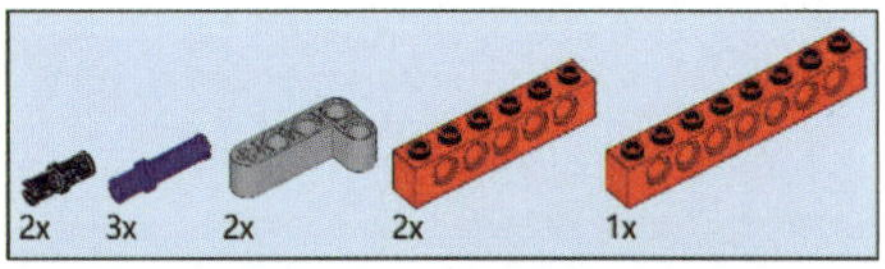

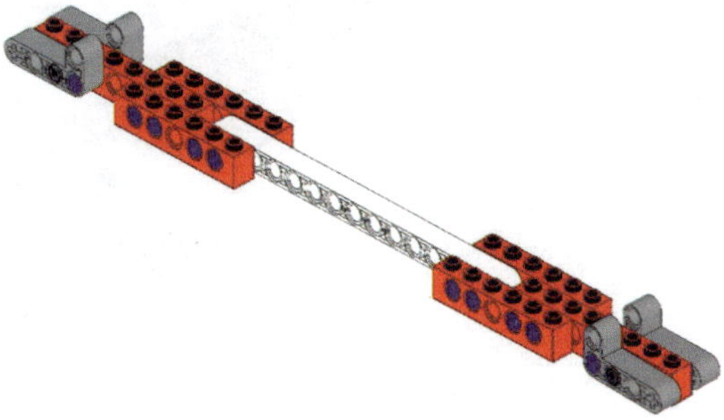

4

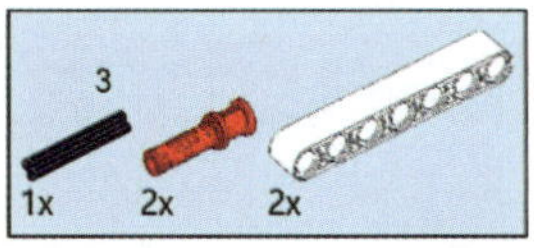

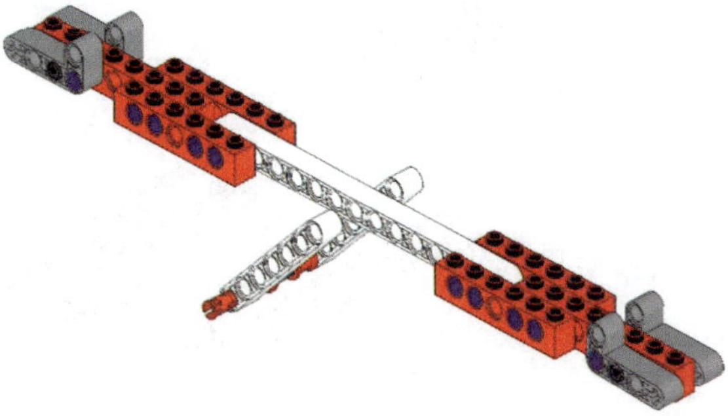

5

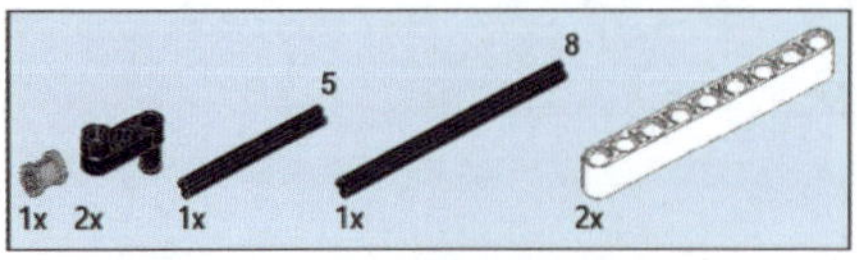

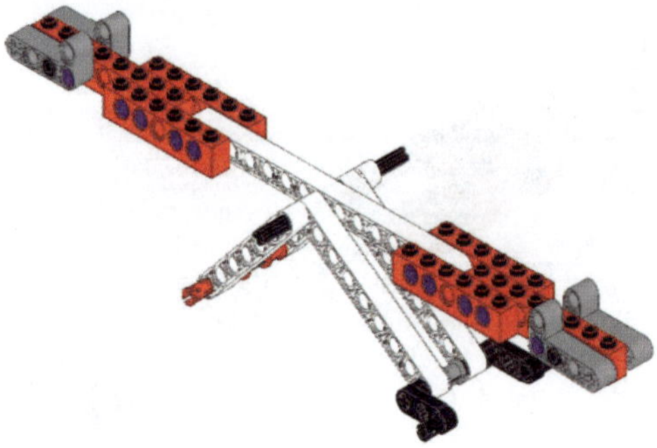

6

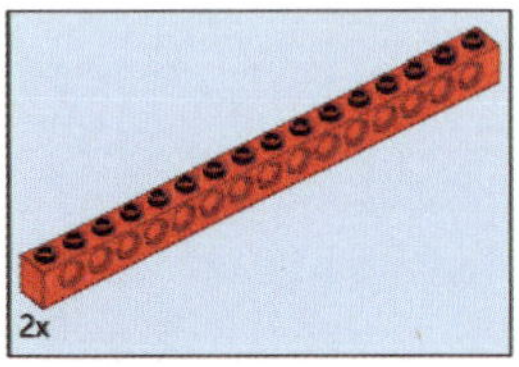

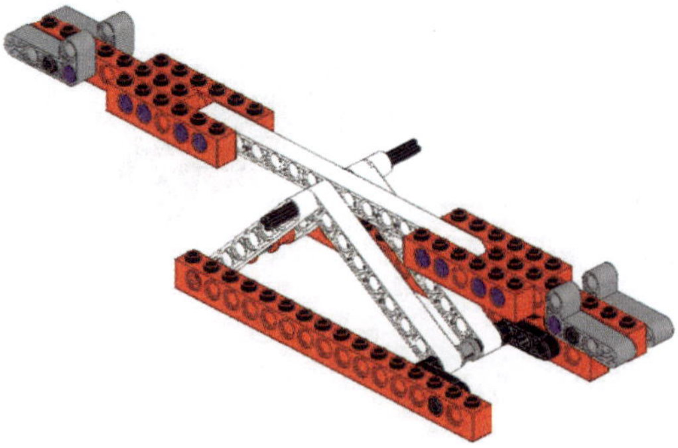

7

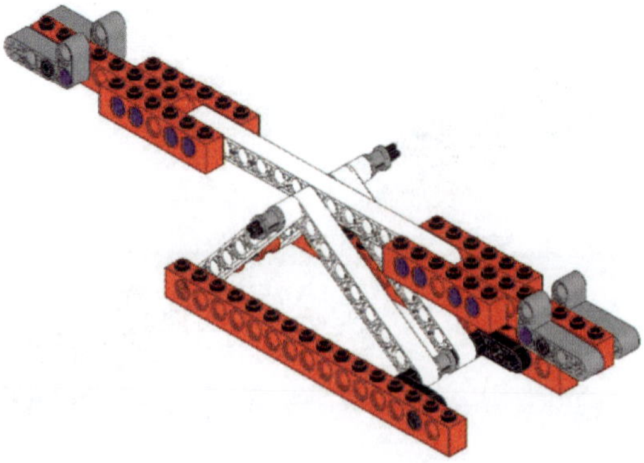

二、教学实践

课题名称	跷跷板
教学目标	**知识与技能目标：** 1. 观察跷跷板图片，能说出杠杆由动力臂、阻力臂、支点三部分组成。 2. 结合生活实际，能举例说明生活中应用等臂杠杆的例子。 3. 能运用杠杆原理搭建跷跷板作品。 **过程与方法目标：** 1. 通过小组合作搭建相关主题作品，培养观察思考、合作探究和动手操作能力。 2. 通过自我评价和他人评价，培养思维能力、语言表达能力和比较分析能力。 **情感与价值观目标：** 通过搭建作品的过程，培养勇于探索的科学态度和积极向上的价值观，同时养成良好习惯
案例分析	主要学习杠杆的原理和应用
教学 重、难点	能运用杠杆原理搭建跷跷板作品
教学方法	演示法、小组合作学习法
教学准备	提前准备好课件、教案，有关跷跷板的辅助教学资料，学生搭建所需要的零件

教学过程

环节	教学内容	教师活动	学生活动	设计意图
情景导入 （5 分钟）	观察跷跷板图片，讨论跷跷板的特点	展示跷跷板图片，提问：跷跷板有什么特点？	观察跷跷板图片，思考并回答问题	引起学生思考，激发学生的学习兴趣
探究新知 （20 分钟）	1. 杠杆的概念和组成。 2. 说出生活中类似跷跷板的例子。 3. 通过实验，导出杠杆原理：动力 × 动力臂 = 阻力 × 阻力臂	1. 通过跷跷板结构的特点，导出杠杆的概念和组成：一根在力的作用下可绕固定点转动的硬棒叫作杠杆；杠杆由动力臂、阻力臂和支点组成。	1. 观察思考，理解杠杆的概念和组成部分。	通过观察、讨论、体验，了解杠杆的原理和生活应用

续表

环节	教学内容	教师活动	学生活动	设计意图
探究新知（20 分钟）	1. 杠杆的概念和组成。 2. 说出生活中类似跷跷板的例子。 3. 通过实验，导出杠杆原理：动力 × 动力臂 = 阻力 × 阻力臂	2. 提问：列举生活中类似跷跷板的例子。 3. 从积木盒中拿一根木片，固定中心点，两边分别加上积木，让学生观察在什么条件下能保持平衡。通过讨论导出杠杆原理：动力 × 动力臂 = 阻力 × 阻力臂	2. 列举生活中类似跷跷板的例子。 3. 观察、思考，回答木片在什么条件下能保持平衡	通过观察、讨论、体验，了解杠杆的原理和生活应用
实物搭建（30 分钟）	展示跷跷板的搭建步骤	老师示范并引导学生观察、模仿，动手搭建跷跷板作品	观察搭建步骤，模仿并动手搭建跷跷板作品	培养观察、思考和动手操作能力，养成良好习惯
拓展延伸（25 分钟）	小组合作完成天平搭建	把全班分成若干个 4 人小组，指导学生完成天平作品搭建	以小组合作探究方式，完成天平作品搭建	能运用杠杆原理搭建作品，培养观察、思考、合作探究和动手操作能力，培养勇于探索的科学态度和积极向上的价值观
总结评价（10 分钟）	1. 小组展示与点评。 2. 教师点评。 3. 知识强化	鼓励小组主动展示天平作品，其他小组对其评价，教师再对各小组作品进行总结。进一步说明杠杆原理及生活实际应用	小组展示天平作品，其他小组进行评价。理解杠杆原理及生活实际应用	培养思维能力、语言表达能力和比较分析能力。巩固与强化知识重点
教学反思	（提示：授课教师根据实际教学情况填写）			

第六节 投石车

投石车

一、案例设计

1. 需要的零件

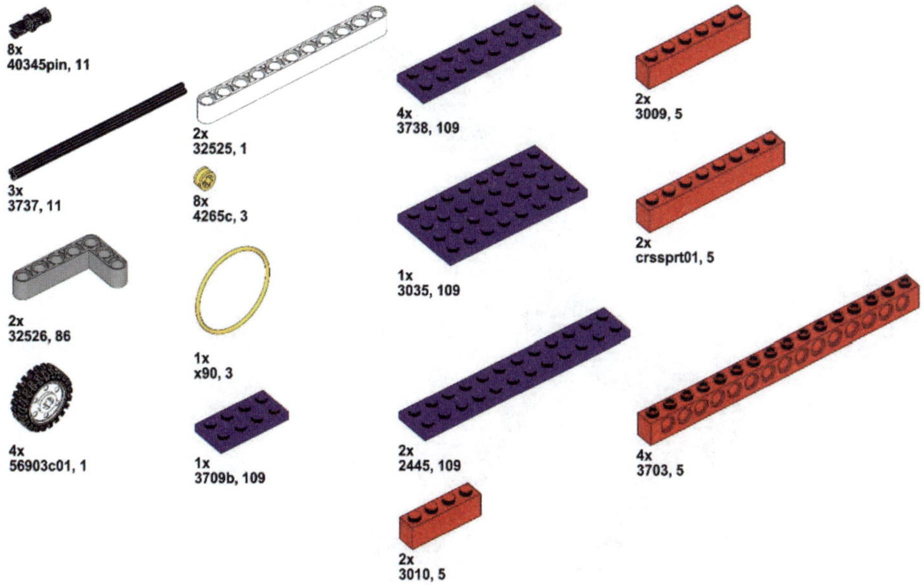

2. 搭建步骤

（1）底座组装部分。

1

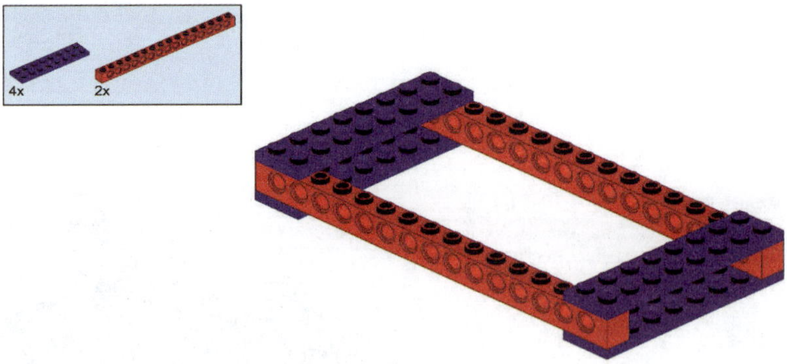

2

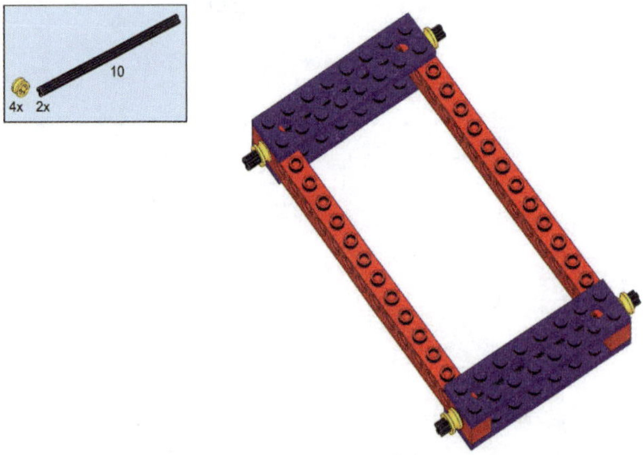

3

4

（2）投石臂组装部分。

1

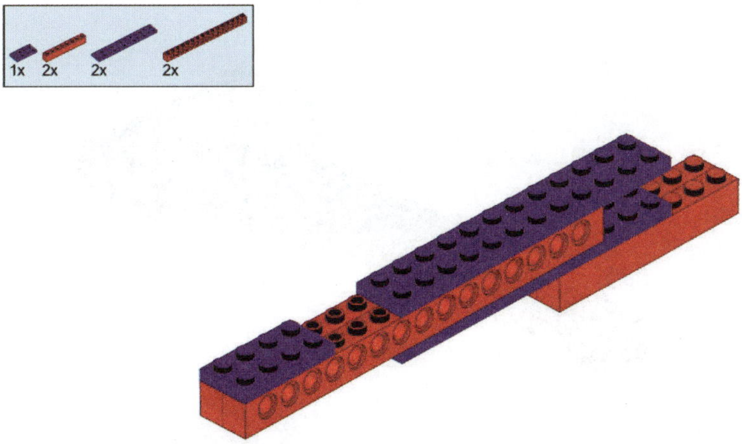

2

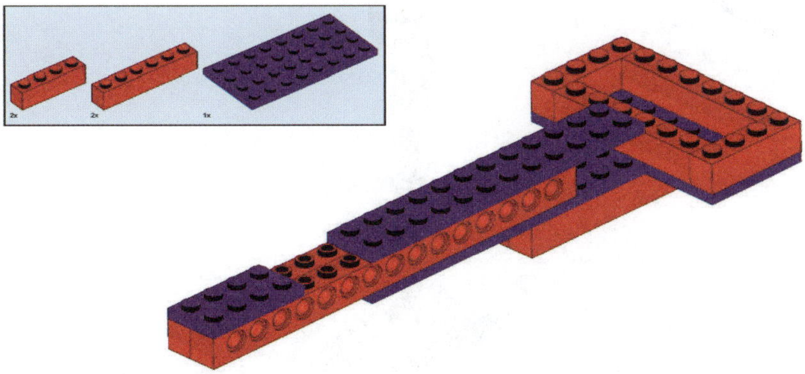

（3）将底座、投石臂和 1 根轴、4 个轴套组成投石车。

1

2

3

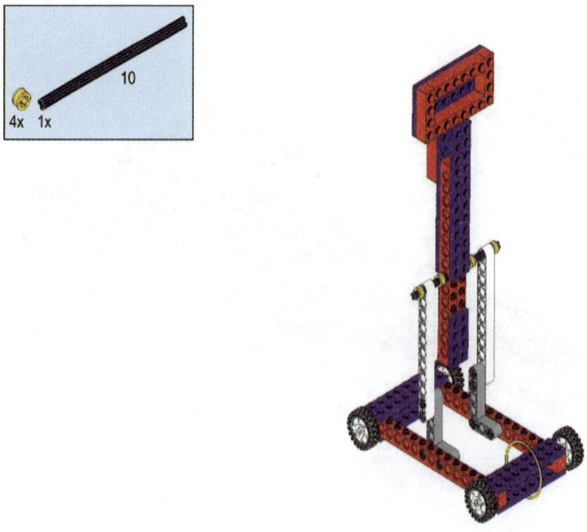

二、教学实践

课题名称	投石车
教学目标	**知识与技能目标：** 1. 能结合生活实际，说出不等臂杠杆结构和弹性势能的使用。 2. 观察不等臂杠杆结构和弹性势能起到的投掷作用。 3. 能通过不等臂杠杆结构和弹性势能的应用搭建投石车。 **过程与方法目标：** 1. 通过搭建投石车，培养观察能力和动手能力。 2. 通过分组讨论，对投石车的结构进行优化探究，开展投石车弹射距离的小组比赛，激发好奇心，培养合作能力、创造性思维能力、分析解决问题能力以及表达能力。 **情感与价值观目标：** 通过投石车的搭建和优化，提高课堂趣味性，培养对物理知识的兴趣、对已知问题进一步探索的精神以及解决问题的自信心
案例分析	在掌握等臂杠杆原理的基础上，学习不等臂杠杆，并引入弹性势能
教学 重、难点	应用不等臂杠杆结构和弹性势能搭建投石车
教学方法	演示法、小组合作学习法、任务驱动法、自主探究法、游戏法
教学准备	准备好投石车搭建课件、教案，介绍投石车的结构原理和使用场景的教学视频、图片等辅助教学资料，学生搭建投石车所需要的零件

教学过程

环节	教学内容	教师活动	学生活动	设计意图
情景导入 （5分钟）	1. 通过图片和视频认识投石车（见二维码资源）。  2. 分组讨论投石车主要结构与跷跷板的区别。 3. 引出投石车的工作原理	1. 展示投石车图片，播放投石车使用视频。 2. 分组：4~5名学生一组。 3. 设问一：投石车采用什么结构，该结构与之前搭建的跷跷板有什么区别。 4. 设问二：投石车是怎么进行工作的，投掷的动力从何而来	观看图片和视频，思考并回答问题	温故知新，激发学生的好奇心和上课兴趣，培养学生小组合作能力

续表

环节	教学内容	教师活动	学生活动	设计意图
探究新知（15分钟）	1. 观察投石车的主要元件有哪些。 2. 分析采用元件的特征和作用。 3. 探究不等臂杠杆原理在投石车中的作用。 4. 探究弹性势能的产生和作用	1. 设问一：投石车主要由哪些元件组成，这些元件的特征和作用是什么。 2. 设问二：不等臂杠杆结构在投石车中的作用是什么。 3. 设问三：不等臂杠杆与等臂杠杆在结构和作用上有什么区别。 4. 设问四：投石车中如何使用弹性势能进行工作。 5. 让每一组学生总结不等臂杠杆的结构原理及弹性势能的产生和应用，并随机提问一组同学进行回答，教师对回答进行点评	讨论并回答问题，总结不等臂杠杆的原理及弹性势能的产生及应用	认识不等臂杠杆的结构，认识弹性势能的产生和作用，培养对问题的探索精神，加强小组合作能力、分析总结能力以及表达能力
实物搭建（30分钟）	搭建投石车	1. 展示投石车具体搭建步骤（见二维码资源）。 2. 指导学生搭建。 3. 引导学生解决搭建中遇到的问题	分工合作进行搭建	培养合作能力、观察能力和动手能力

续表

环节	教学内容	教师活动	学生活动	设计意图
拓展延伸（30分钟）	设计投石车投掷比赛	1. 设置比赛内容：各小组对投石车的结构进行优化设计，比较每个小组最后搭建出的投石车投掷距离。每小组投掷3～5次，取最远一次成绩，距离最远的小组获胜，能获取平时成绩加分奖励。 2. 让获胜小组介绍优化方法，并对获胜小组的结构进行点评	进行比赛，获胜小组介绍优化方法	进一步了解不等臂杠杆的结构和作用，了解如何产生弹性势能，加强合作能力，锻炼学生的创造性思维和表达能力，提高课堂的趣味性
总结评价（10分钟）	1. 展示各小组投石车作品。 2. 对各小组投石车作品进行评价。 3. 引导学生观察生活中具有不等臂杠杆结构的事物	1. 组织各小组把投石车放到讲台上进行展示。 2. 对各小组投石车的外观、结构特点和投掷能力进行点评。 3. 总结各小组的表现以及在搭建和优化中遇到的问题。 4. 提出问题：生活中有哪些事物采用了不等臂杠杆结构或者应用了弹性势能，让学生课后注意多观察	展示搭建好的投石车，课后能对生活中的事物进行观察	培养观察能力，以及对物理知识的兴趣
教学反思	（提示：授课教师根据实际教学情况填写）			

第七节 捕鼠器

一、案例设计

捕鼠器

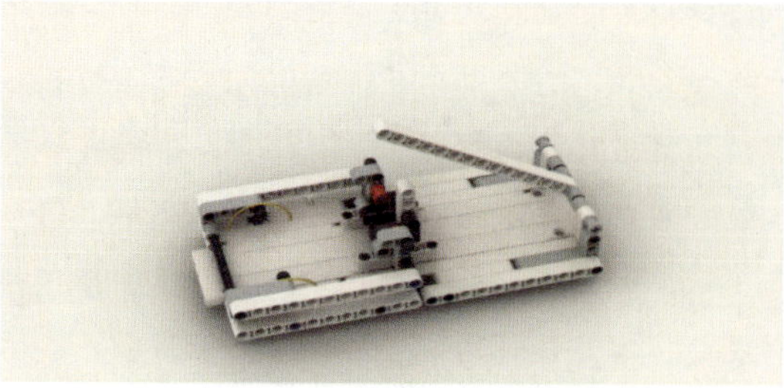

1. 需要的零件

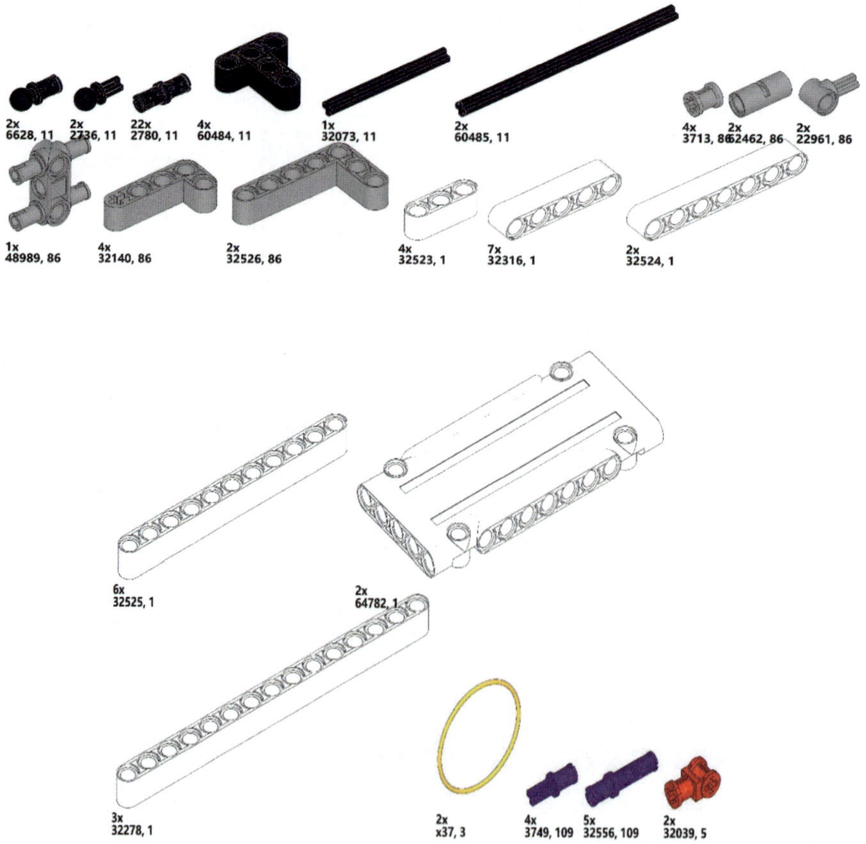

2. 搭建步骤

1

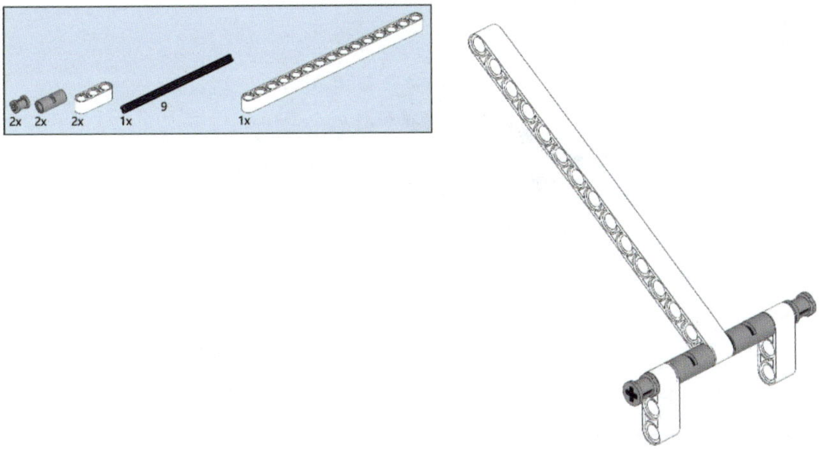

2

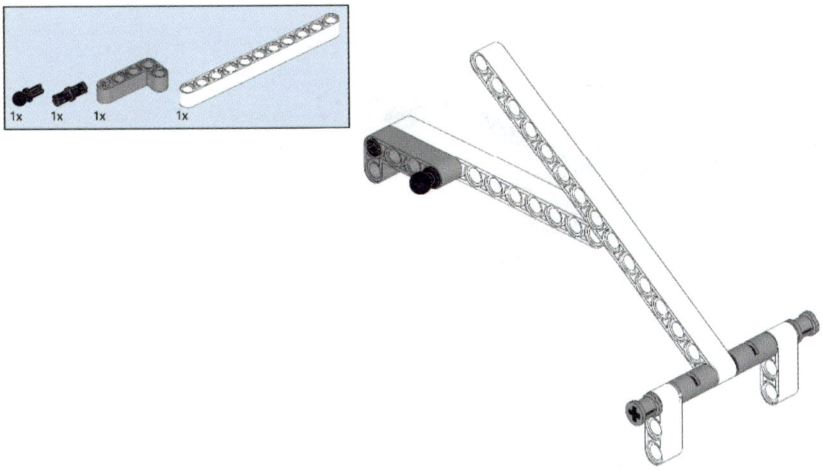

3

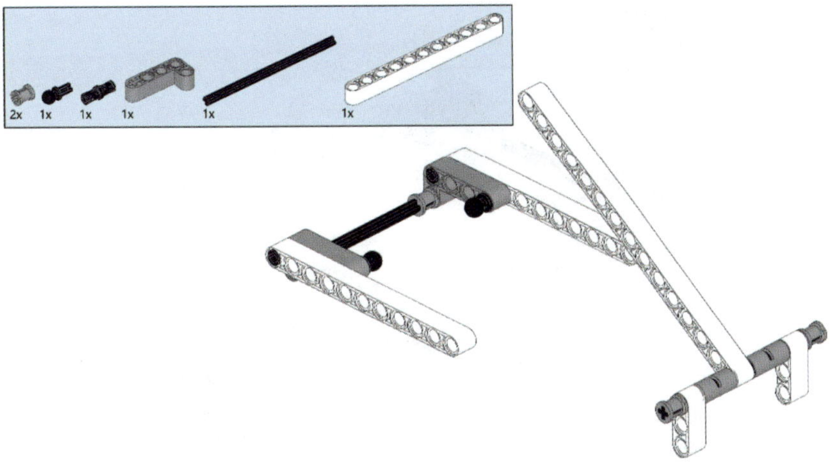

4

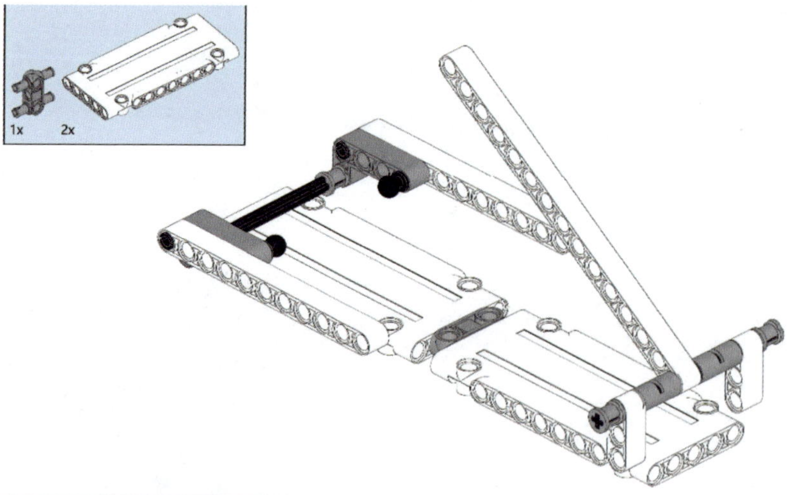

5

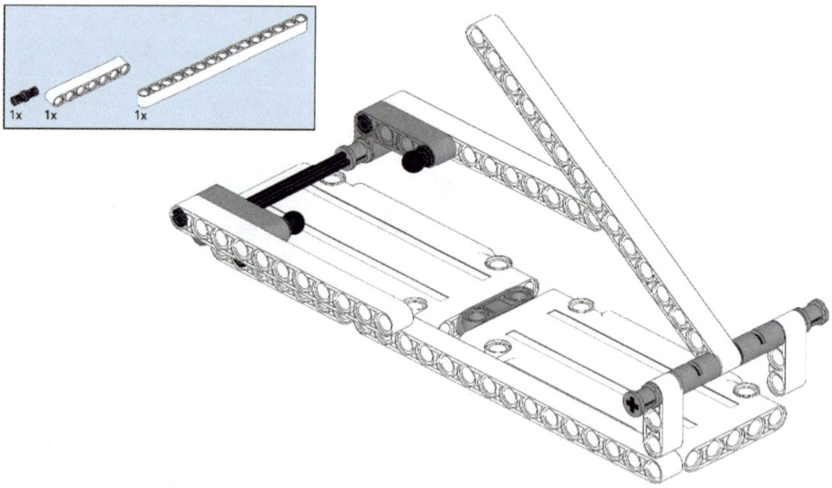

6

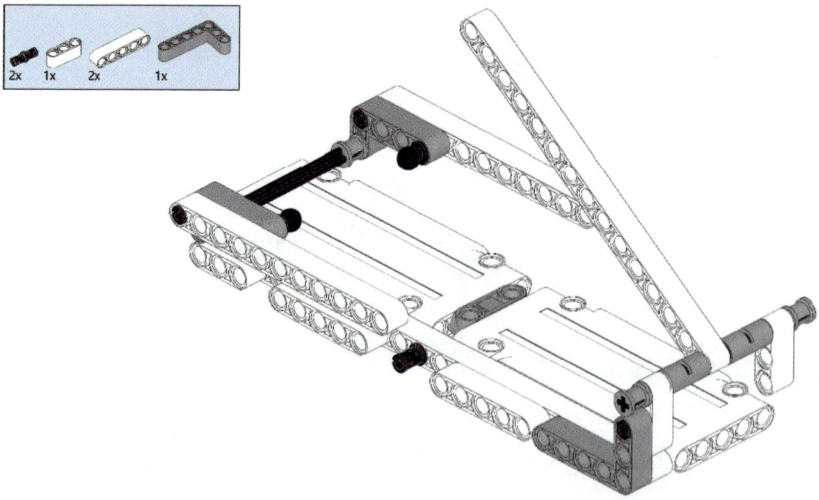

7

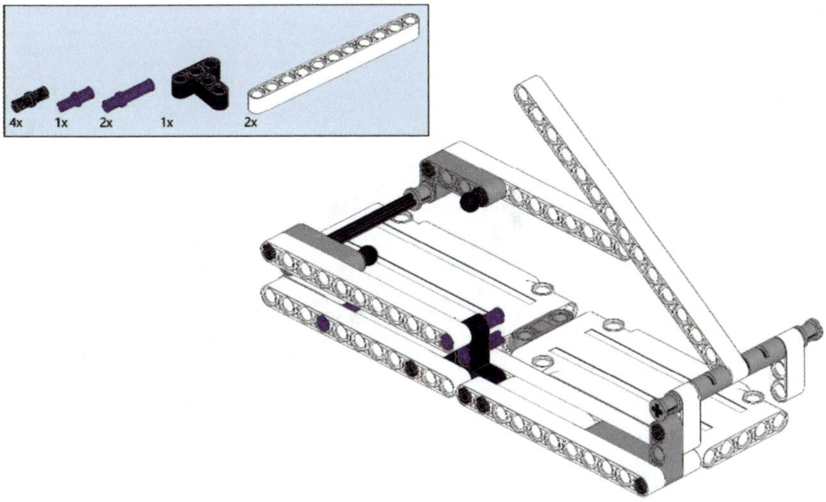

8

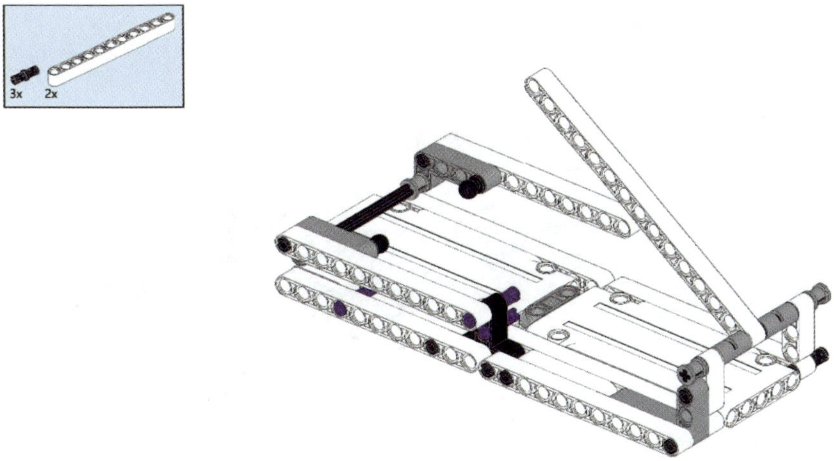

9

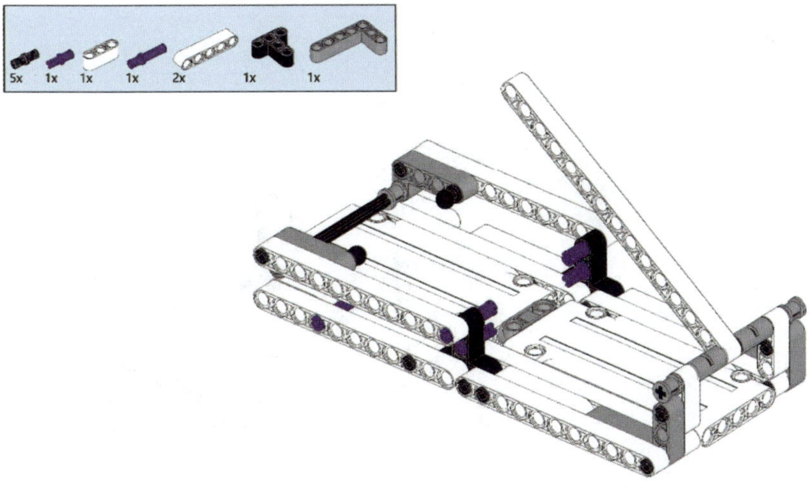

10

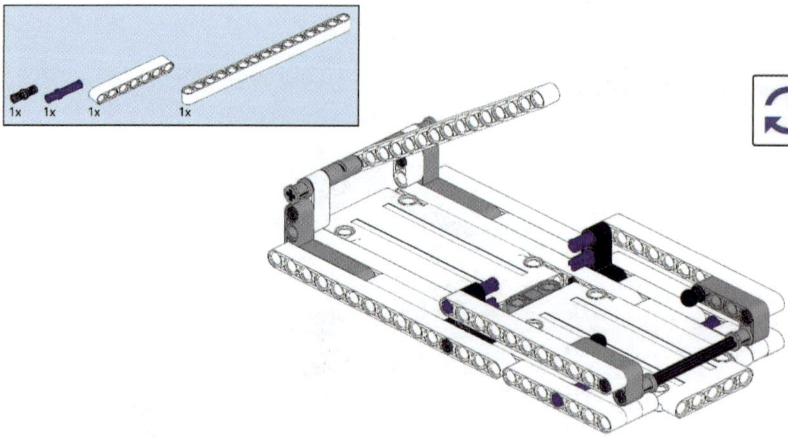

11

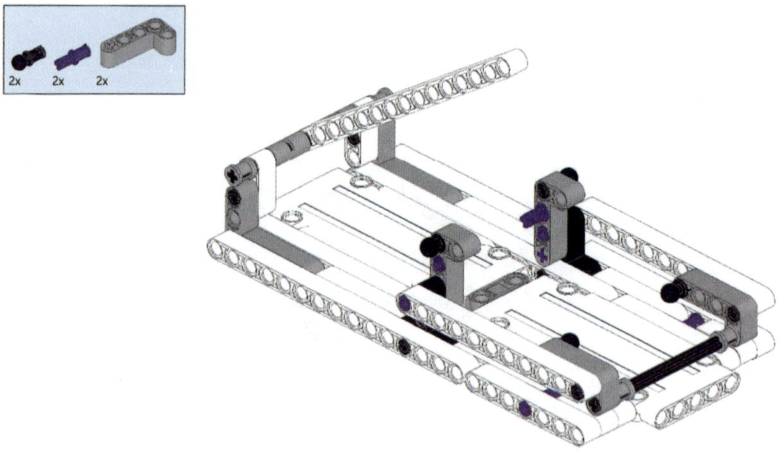

12

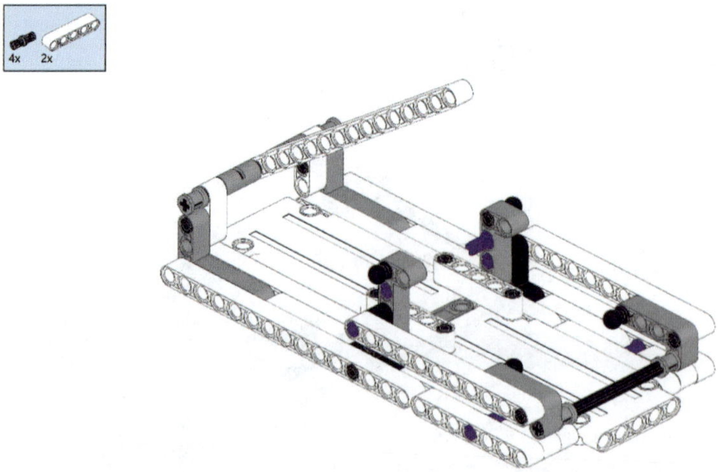

13

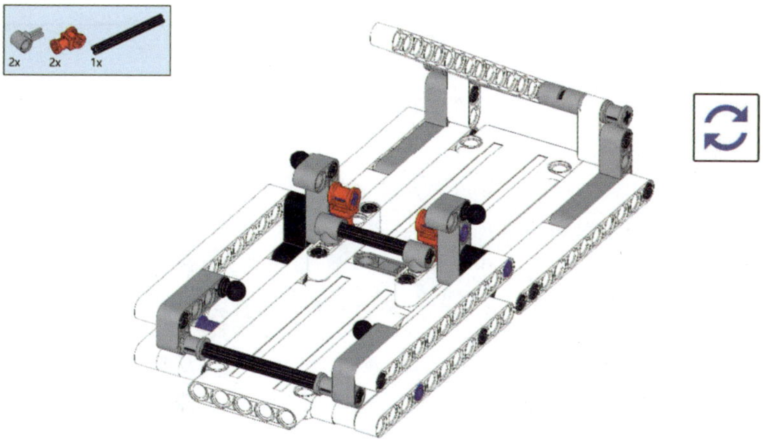

14

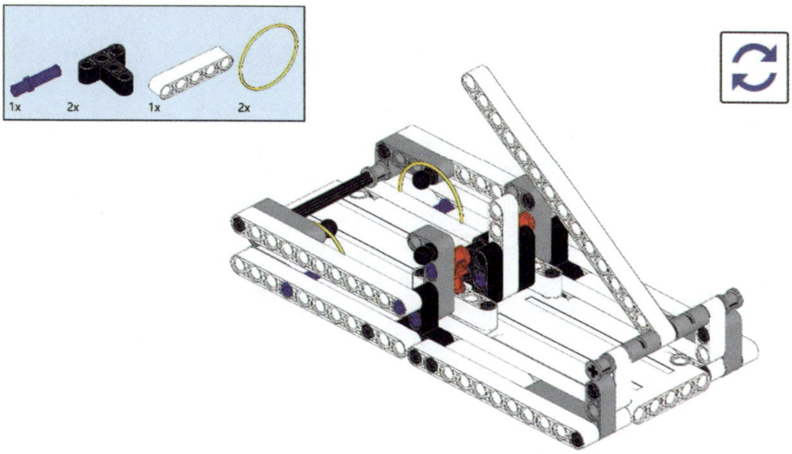

二、教学实践

课题名称	捕鼠器
教学目标	**知识与技能目标：** 1. 通过观察不同捕鼠器的机关结构，能理解弹性物体在机关中的作用，以及弹性势能释放的条件。 2. 通过捕鼠器的搭建，掌握弹性势能在机关结构中的作用。 3. 利用弹性物体的特点，设计不同的捕鼠器，联想、探究并搭建不同结构的弹性势能机关。 **过程与方法目标：** 1. 通过观看捕鼠器机关视频，思考并讨论机关中弹性物体的作用以及弹性势能释放的原理，从而锻炼观察能力和思考能力。

续表

课题名称	捕鼠器
教学目标	2. 通过实际搭建捕鼠器,在动手过程中提高观察能力、模仿能力和动手能力。 3. 解决一个开放性问题——设计不同机关结构的捕鼠器，在探究解决问题的过程中锻炼解决问题的能力。 **情感与价值观目标：** 对机关这一古老的机械结构产生兴趣，引发对相关结构的思考，从而对传统机械结构及现代机械结构之间的联系产生探究兴趣
案例分析	在投石车案例中，我们已经初步体验到了橡皮筋中弹性势能释放的作用，这节课将继续研究弹性势能运用到机关结构中的作用，通过捕鼠器的学习、搭建及设计，深入了解弹性势能的作用
教学重、难点	通过捕鼠器的搭建，掌握弹性势能在机关结构中的作用，并能利用弹性物体的特点设计不同的捕鼠器，联想、探究并搭建不同结构的弹性势能机关
教学方法	讲授法、讨论法、探究法、案例分析法、直观演示法、任务驱动法
教学准备	准备好捕鼠器及古代机关的图片，捕鼠器及机关工作的视频，包含橡皮筋、弹簧、簧片等弹性物体组件

教学过程

环节	教学内容	教师活动	学生活动	设计意图
情景导入（5分钟）	1. 展示捕鼠器及机关的图片。 2. 讨论捕鼠器及机关是如何工作的。 3. 观看捕鼠器及机关的工作视频	1. 展示图片。 2. 提出问题：这些机关如何工作呢？ 3. 播放视频	1. 观看图片。 2. 讨论并回答问题。 3. 观看视频，初步理解弹性势能的工作原理	点明学习内容，引发学习兴趣，构建问题情境，锻炼观察能力和思考能力
问题探究（15分钟）	教师引导学生自制简易橡皮筋弹弓、弹簧发射器并进行游戏，通过探究使学生得出结论：橡皮筋和其他弹性结构具有一种能量，称之为弹性势能，这种能量能累积并瞬间释放	1. 提出探究目标：制作简易橡皮筋弹弓，看看谁射得远。 2. 引导学生探究弹性势能。以实验数据记录的方式记录射程。 3. 得出弹性势能的结论	1. 明确探究目标。 2. 探究完成弹弓制作，并记录不同情况下的射程。 3. 理解弹性势能原理	理解基本原理，动手探究实现，互动协作讨论，锻炼思考能力和探究能力

续表

环节	教学内容	教师活动	学生活动	设计意图
实物搭建（20分钟）	教师展示捕鼠器的关键搭建步骤，引导学生思考老鼠要触发机关并被捕获，要如何架设	1. 分析并展示捕鼠器的关键部分如何搭建。 2. 指导学生完成搭建	理解、观察、联系和记忆搭建方法，动手实践完成搭建	锻炼观察能力和模仿能力，提高动手操作能力
拓展延伸（40分钟）	围绕这种弹性势能释放的原理，引导学生自行设计制作其他的捕鼠器	1. 提出任务：使用弹性物件制作不同的捕鼠器。 2. 引导学生查找资料，分析设计，完成搭建	1. 明确任务，并分小组讨论。 2. 查找资料，讨论设计，探究实践，搭建作品	对原理进行实践运用，提高解决问题的能力
总结评价（10分钟）	评价、比较学生设计完成的捕鼠器作品，并联系到机关。机关早在我国几千年以前，就得到了很大发展，如墨子的机关术、秦始皇的机弩队、皇陵中的各种机关陷阱等。希望同学们在本课的基础上，研发出自己设计的机关	1. 点评学生作品。 2. 提出机关的相应知识，对学生提出期望。	1. 观摩其他同学的作品，比较自己的作品。 2. 激发起对本课内容及机关进一步学习的兴趣	通过评价，总结本课表现及学习效果，激发学生进一步学习的兴趣
教学反思	（提示：授课教师根据实际教学情况填写）			

第八节 载物小车

一、案例设计

载物小车

1. 需要的零件

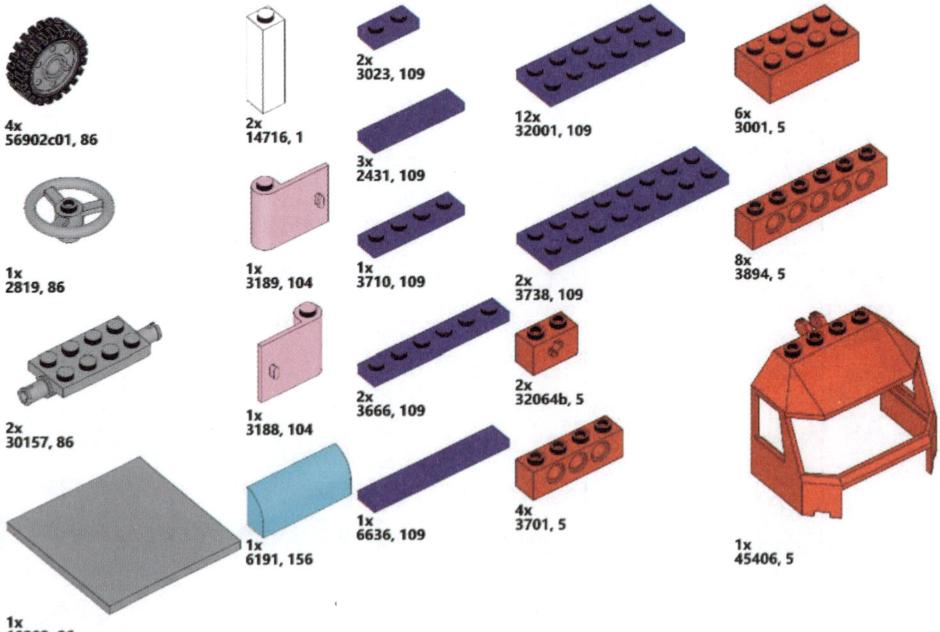

2. 搭建步骤

1

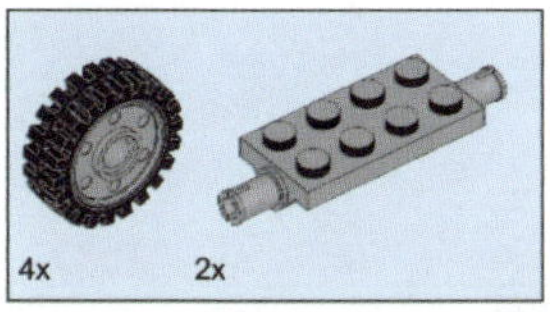

2

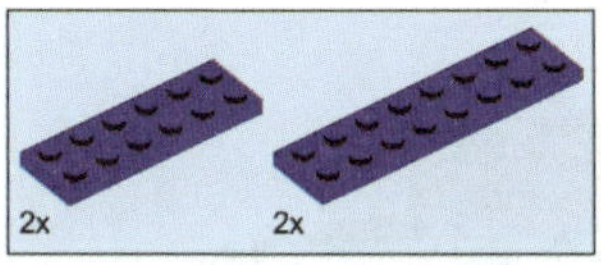

3

4

5

6

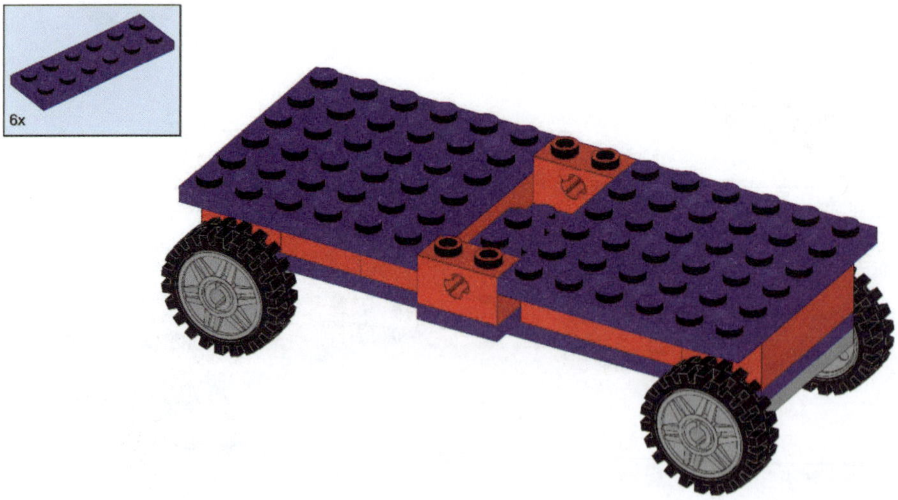

7

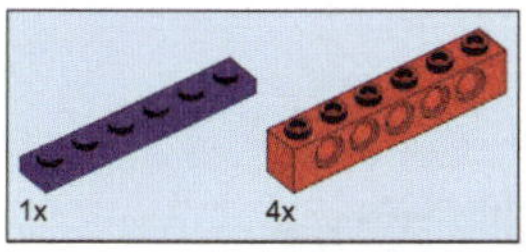

8

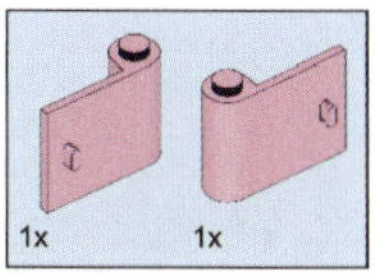

9

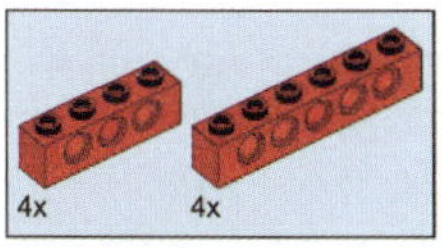

10

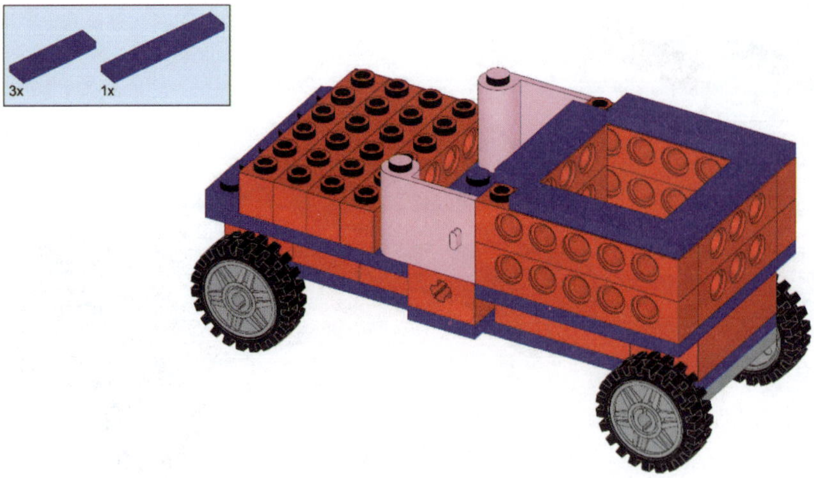

11

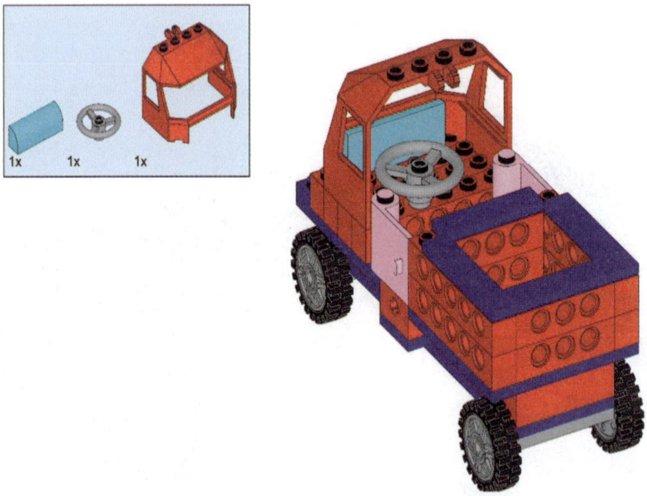

12

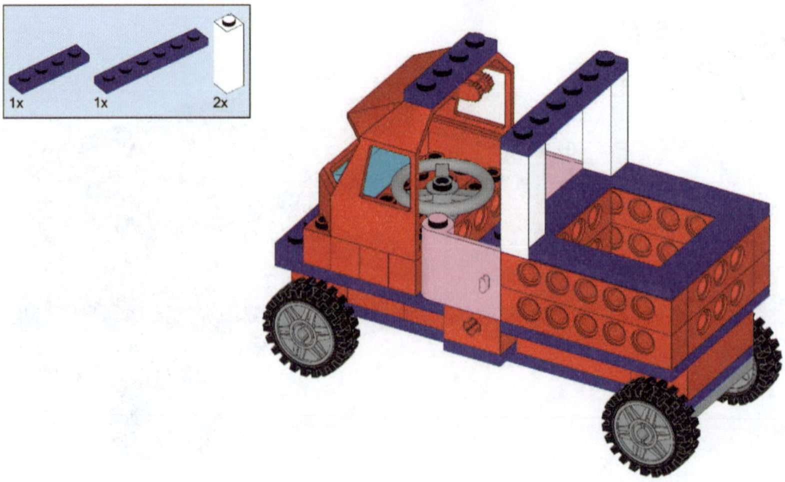

13

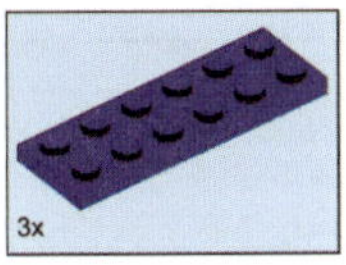

14

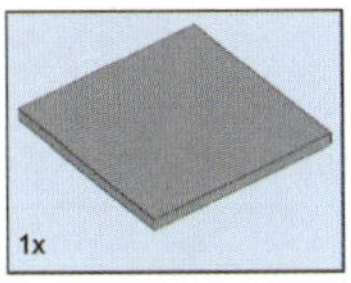

二、教学实践

课题名称	载物小车
教学目标	**知识与技能目标：** 1. 结合实际生活，能说出载物车的结构特点。 2. 观察载物车的结构，能说出轮子通过滚动减少摩擦的滑行原理。 3. 运用轮子原理搭建载物小车。 **过程与方法目标：** 1. 通过观察载物车的结构探索原理，培养探究精神。 2. 通过动手搭建载物小车模型，提高实践能力。 3. 通过分组实践，培养团队合作精神。 **情感与价值观目标：** 提高实践能力，增强学习自信心

续表

案例分析	本课是一次从理论到实践的学习过程			
教学重、难点	探究轮子滚动减少摩擦的原理，搭建可滑行的载物小车			
教学方法	演示法、任务驱动法			
教学准备	准备好载物车的图片、课件，搭建所需要的零件			
教学过程				
环节	教学内容	教师活动	学生活动	设计意图
情景导入（7分钟）	1. 展示载物车图片。  2. 提出问题：为什么要使用轮子？	1. 展示图片。 2. 提问：为什么要使用轮子?	观察图片并思考，回答问题	激发学生的学习兴趣，提高思考能力
探究新知（15分钟）	1. 思考搭建载物小车的零件有哪些。 2. 分析这些零件的作用和相互之间的关系。 3. 探究轮子通过滚动减少摩擦的原理	提问：1. 搭建载物小车需要哪些零件? 2. 这些零件之间有什么联系？又有什么作用? 3. 加装轮子后能滑行吗? 总结轮子通过滚动减少摩擦的原理	思考并回答问题，理解轮子通过滚动减少摩擦的原理	培养学生探索知识的能力
实物搭建（30分钟）	展示载物小车的搭建步骤	引导学生搭建载物小车，并实现滑行效果	学习搭建过程并动手操作	提高学生的动手能力
拓展延伸（30分钟）	将4～5名学生分为一组，要求每组搭建不同的载物小车。设置一个斜坡，记录和比较每组载物小车的滑行距离	采用任务法，给学生布置完成载物小车搭建的任务	完成搭建，并进行滑坡演示	提升课堂的趣味性，培养团队合作精神
总结评价（8分钟）	1. 展示各组搭建的载物小车。 2. 根据滑行距离点评各组的载物小车。 3. 点评此课的实践意义	展示并点评，肯定学生的作品效果	比较本组和其他组的作品，提高实践能力	提高学习的成就感，保持学习的兴趣，增强学习自信心
教学反思	（提示：授课教师根据实际教学情况填写）			

第九节 万向推车

万向推车

一、案例设计

1. 需要的零件

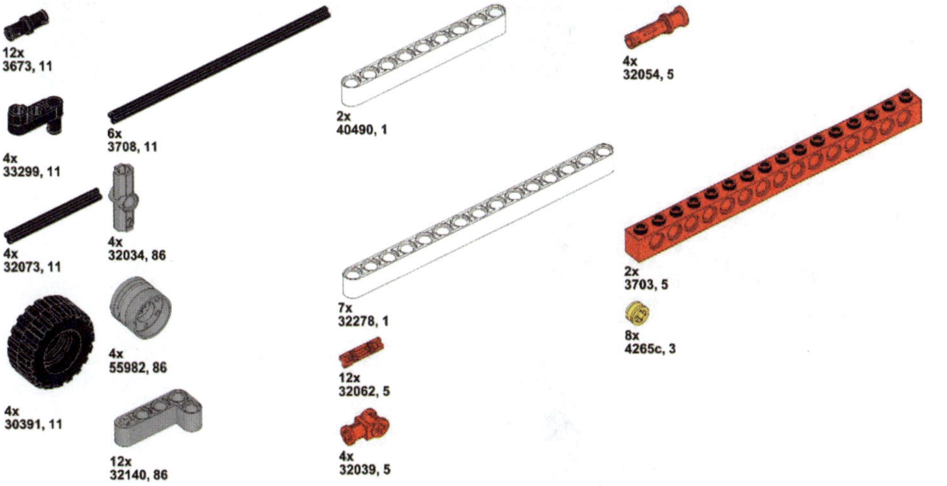

2. 搭建步骤

1

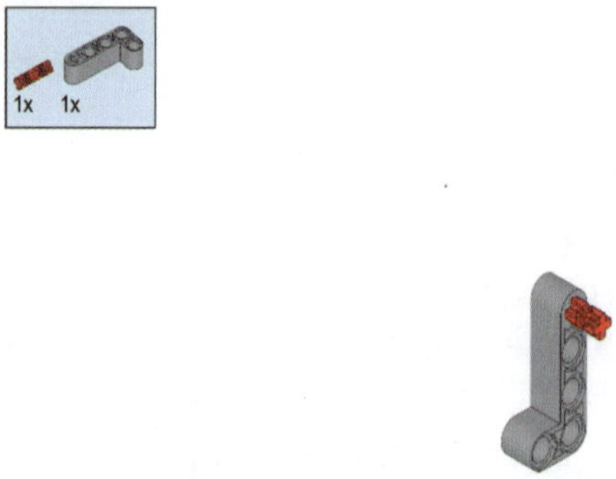

2

3

4

5

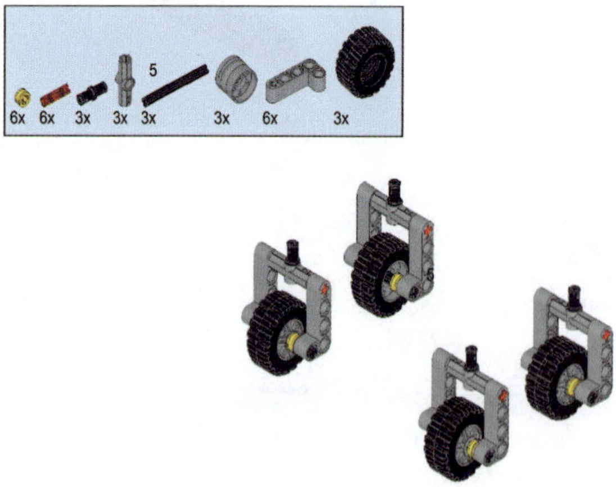

6

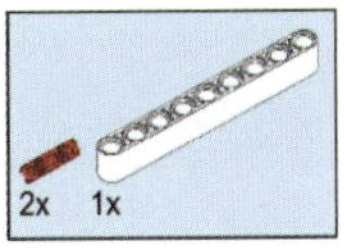

7

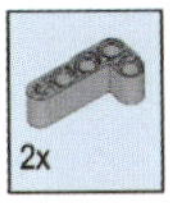

8

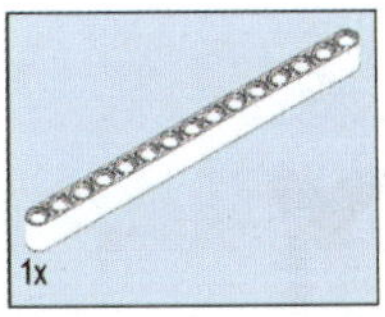

9

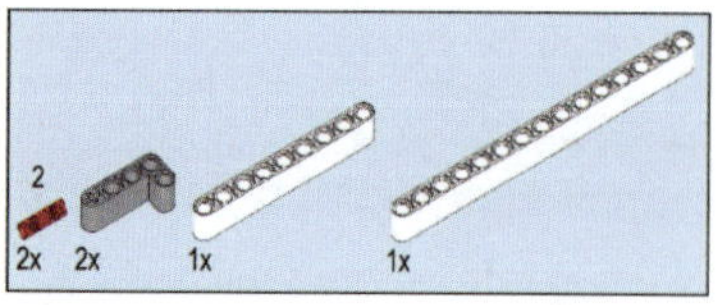

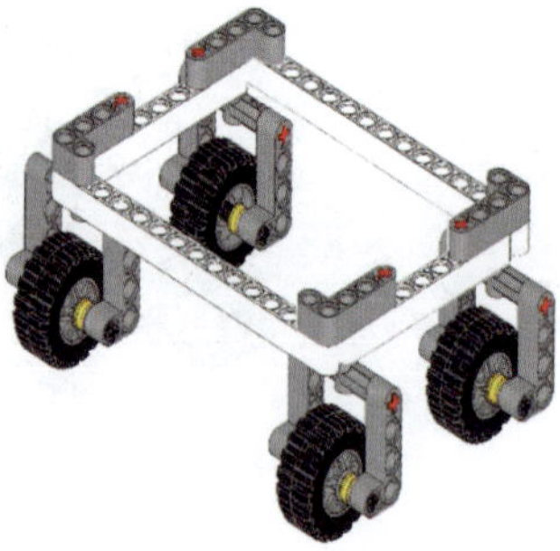

10

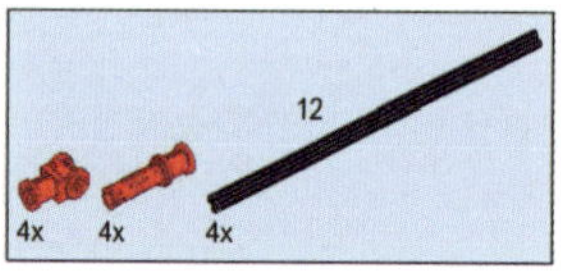

11

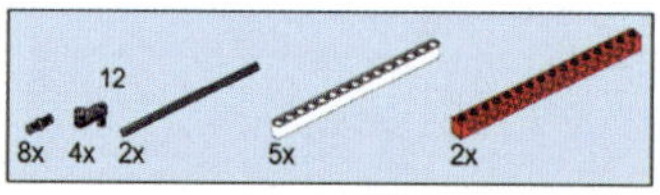

二、教学实践

<table>
<tr><td>课题名称</td><td colspan="4">万向推车</td></tr>
<tr><td>教学目标</td><td colspan="4">知识与技能目标：
1. 结合实际生活，能说出万向推车和普通小车的不同之处。
2. 观察万向轮结构如何在水平方向 360° 旋转。
3. 运用万向轮的特点搭建万向推车。
过程与方法目标：
通过搭建万向推车，培养观察能力、独立思考的能力、动手能力和创新能力。
情感与价值观目标：
提升对机器人学科的兴趣和勇于创新的精神</td></tr>
<tr><td>案例分析</td><td colspan="4">了解车轮原理之后，认识万向轮，并了解其搭建方式</td></tr>
<tr><td>教学
重、难点</td><td colspan="4">运用万向轮的特点搭建万向推车</td></tr>
<tr><td>教学方法</td><td colspan="4">演示法、小组合作学习法、任务驱动法</td></tr>
<tr><td>教学准备</td><td colspan="4">提前准备好课件、教案、利用万向轮原理的实物图、展示万向轮结构的视频及学生搭建所需要的零件</td></tr>
<tr><td colspan="5">教学过程</td></tr>
<tr><td>环节</td><td>教学内容</td><td>教师活动</td><td>学生活动</td><td>设计意图</td></tr>
<tr><td>情景导入
（8 分钟）</td><td>1. 展示图片。

2. 提出问题。
3. 播放视频</td><td>1. 展示万向婴儿推车和超市购物车的实物图片。
2. 将学生分为 4 人一组，提出问题：万向推车与之前搭建的小车有什么不一样？指导学生分组讨论。
3. 播放展示万向轮结构的视频</td><td>1. 观看万向婴儿推车和超市购物车的实物图片。
2. 围绕万向推车和之前搭建的小车有何不同进行分组讨论，回答问题。
3. 观看万向轮结构的视频</td><td>培养学生观察实物的能力，点燃学生的学习热情</td></tr>
</table>

续表

环节	教学内容	教师活动	学生活动	设计意图
探究新知（15 分钟）	1. 思考搭建所需的零件都有哪些。 2. 分析搭建万向轮结构中的零件的作用。 3. 分析万向轮结构如何搭建才能实现水平 360° 旋转	通过提问，引导学生讨论搭建所需的零件及如何搭建万向轮结构	回答问题，分析出如何搭建万向轮结构	培养学生独立思考的能力
实物搭建（30 分钟）	搭建万向轮	展示万向轮的搭建步骤，引导学生自主搭建并解决搭建过程中的问题	观看搭建步骤，并进行搭建	提高学生的动手能力
拓展延伸（30 分钟）	1. 完成万向推车车身的搭建。 2. 给万向推车加上刹车装置	通过任务法，给学生布置完成万向推车的搭建，并加上刹车装置的任务	动手搭建万向推车的车身部分，并设计刹车装置	培养学生的创新能力
总结评价（7 分钟）	1. 展示学生搭建好的万向推车。 2. 对学生的作品进行评价	1. 组织学生展示作品。 2. 鼓励学生勇于创新，奖励优秀作品。 3. 总结作品完成情况，提出搭建中遇到的问题	展示自己的作品	培养学生对机器人学科的兴趣
教学反思	（提示：授课教师根据实际教学情况填写）			

第十节 道 闸

道 闸

一、案例设计

1. 需要的零件

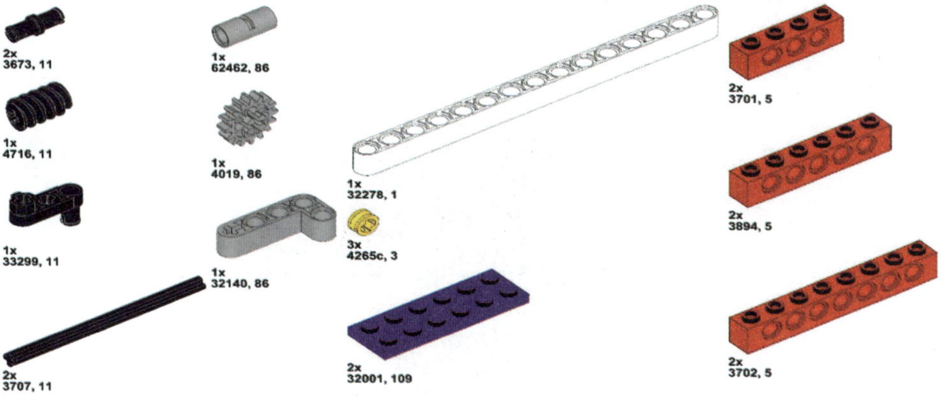

2. 搭建步骤

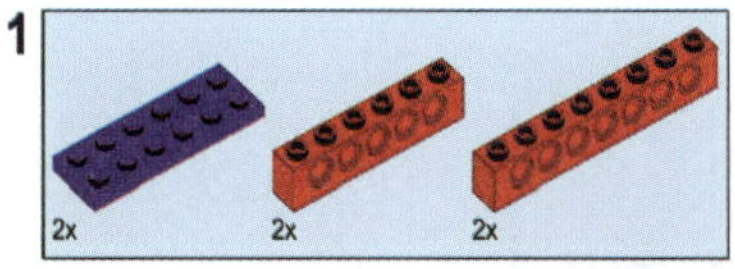

2

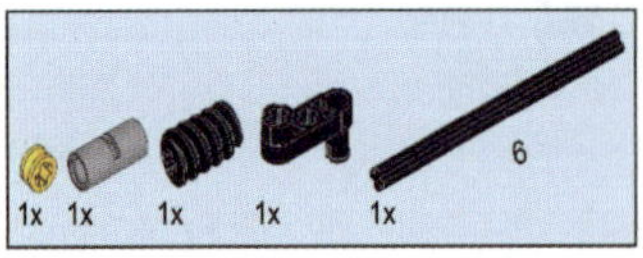

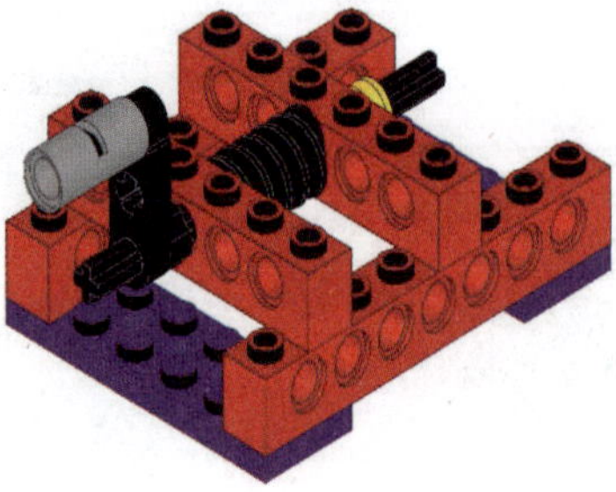

3

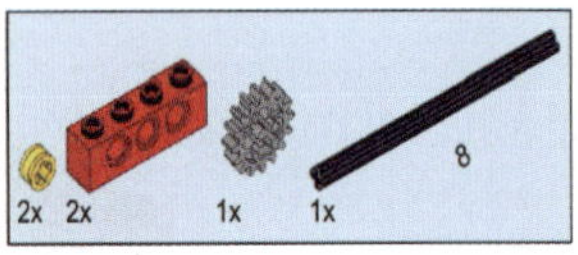

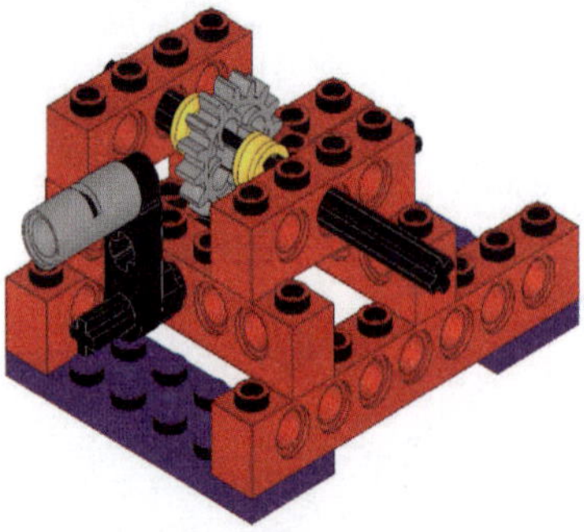

4

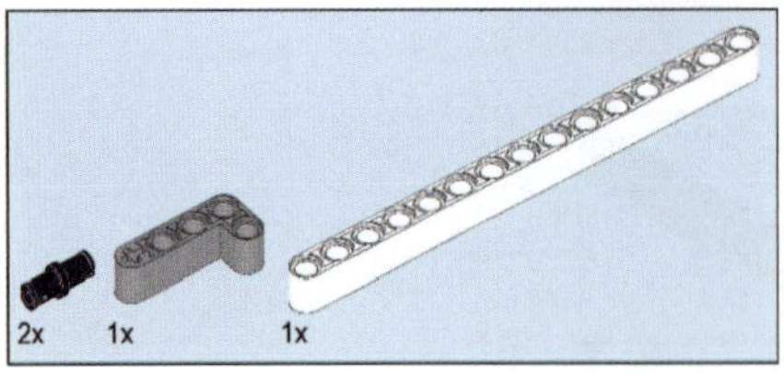

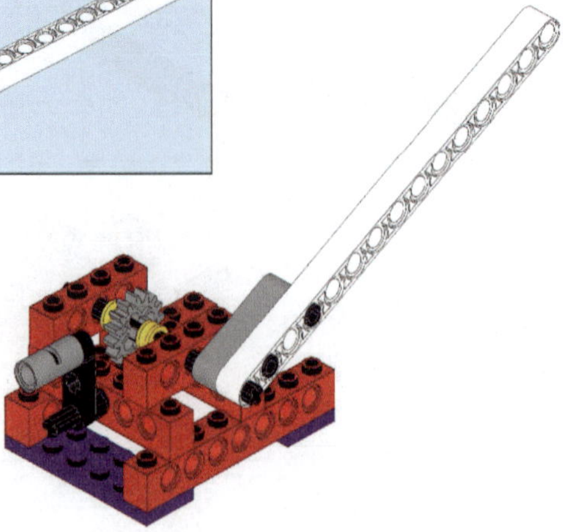

二、教学实践

<table>
<tr><td>课题名称</td><td colspan="4">道闸</td></tr>
<tr><td>教学目标</td><td colspan="4">知识与技能目标：
1. 了解道闸的不同种类及作用，观察齿轮起到传动、省力作用的结构特点。
2. 通过搭建道闸，学习齿轮传动、省力的结构特点。
3. 运用齿轮传动、省力的结构特点，在单杆道闸的基础上，设计实现栅栏道闸。
过程与方法目标：
1. 通过观看不同道闸的图片，思考并讨论道闸的不同设计起到什么不同的作用，以及齿轮在道闸中起到什么作用，锻炼观察能力和思考能力。
2. 通过实际搭建单杆道闸，在动手过程中锻炼提高观察能力、模仿能力和动手能力。
3. 在单杆道闸的基础上，设计实现栅栏道闸，在探究解决问题的过程中锻炼解决问题的能力。
情感与价值观目标：
齿轮在现代机械系统中起到了非常重要的作用，通过对齿轮的基本作用的学习，激发学生深入学习齿轮系统的热情</td></tr>
<tr><td>案例分析</td><td colspan="4">在“齿轮组合”案例中，已经了解齿轮的作用，这节课将继续研究齿轮在实际生活中的运用，通过对道闸的学习、搭建及设计，深入了解齿轮的传动作用和省力作用</td></tr>
<tr><td>教学
重、难点</td><td colspan="4">利用齿轮的传动作用，省力作用设计齿轮系统；利用平行四边形的易变形原理，设计栅栏道闸</td></tr>
<tr><td>教学方法</td><td colspan="4">讲授法、讨论法、探究法、案例分析法、直观演示法、任务驱动法</td></tr>
<tr><td>教学准备</td><td colspan="4">准备好栅栏道闸、直杆道闸、曲臂杆道闸的图片，道闸工作的视频，齿轮组的搭建组件</td></tr>
<tr><td colspan="5">教学过程</td></tr>
<tr><td>环节</td><td>教学内容</td><td>教师活动</td><td>学生活动</td><td>设计意图</td></tr>
<tr><td>情景导入
（5 分钟）</td><td>1. 播放道闸工作的视频，展示栅栏道闸、直杆道闸、曲臂杆道闸的图片。
2. 讨论道闸为什么要用到齿轮，引导出结论</td><td>1. 播放视频，展示图片。
2. 提出问题：道闸会用到齿轮，它起什么作用？</td><td>1. 观看图片及视频。
2. 讨论并回答问题。得出齿轮能传动的结论</td><td>点明学习内容，激发学习兴趣，构建问题情境，锻炼观察能力和思考能力</td></tr>
</table>

续表

环节	教学内容	教师活动	学生活动	设计意图
探究过程（15 分钟）	教师引导学生选择不同大小比例的齿轮组，搭建出简单的起重机，感受在抬起重物时是否有省力的作用，并探究出结论：齿轮不仅有传动的作用，还能省力，省力的程度由齿比决定	1. 提出探究目标：制作简易起重机。比较抬起重物时耗费的手劲大小。 2. 引导学生探究不同齿比与省力程度之间的关系。 3. 得出齿轮省力的结论	1. 明确探究目标。 2. 探究完成简易起重机的制作。体验不同齿比下的省力程度。 3. 理解齿轮省力的原理	理解基本原理，动手探究实现，互动协作讨论，锻炼思考能力和探究能力
实物搭建（20 分钟）	老师展示单杆道闸的关键搭建步骤，引导学生思考道闸为什么要用到齿轮结构	1. 分析并展示道闸的核心——齿轮部分的搭建。 2. 指导学生完成搭建	1. 理解、观察、联系并记忆搭建方法。 2. 动手实践完成搭建	锻炼观察能力、模仿能力，提高动手操作能力
拓展延伸（30 分钟）	根据不同的场景需求，设计栅栏道闸、曲臂杆道闸	1. 提出任务：设计制作栅栏道闸、曲臂杆道闸。 2. 引导学生查找资料，分析、设计并完成搭建	1. 明确任务，并分小组讨论。 2. 查找资料，讨论、设计、探究、实践搭建作品	对原理进行实践运用，提高问题解决能力
总结评价（10 分钟）	评价比较学生设计完成的道闸作品。不同的道闸是根据不同的场景需求进行设计的。根据场景需求设计需要学生有扎实的基础，熟悉不同机械结构的功能，才能满足需求	1. 点评学生作品。 2. 提出根据场景进行设计的要求，对学生提出期望	1. 观摩其他同学的作品，比较自己的作品。 2. 激发学生对本课内容及场景需求式设计的兴趣	通过评价总结本课表现及学习效果，激发学生进一步学习的兴趣
教学反思	（提示：授课教师根据实际教学情况填写）			

第十一节 齿轮组合

齿轮组合

一、案例设计

齿轮组合 1

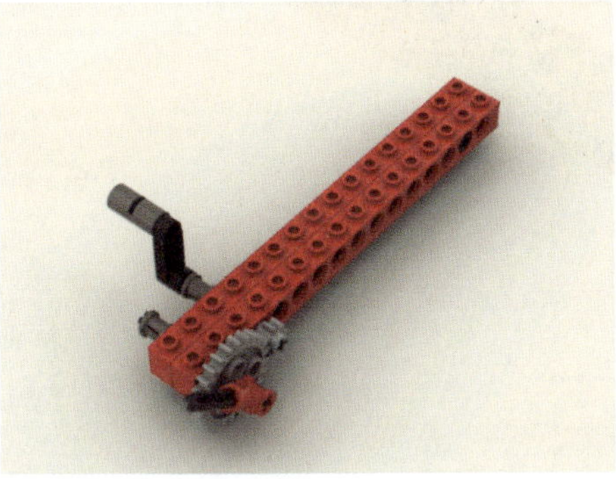

1. 需要的零件

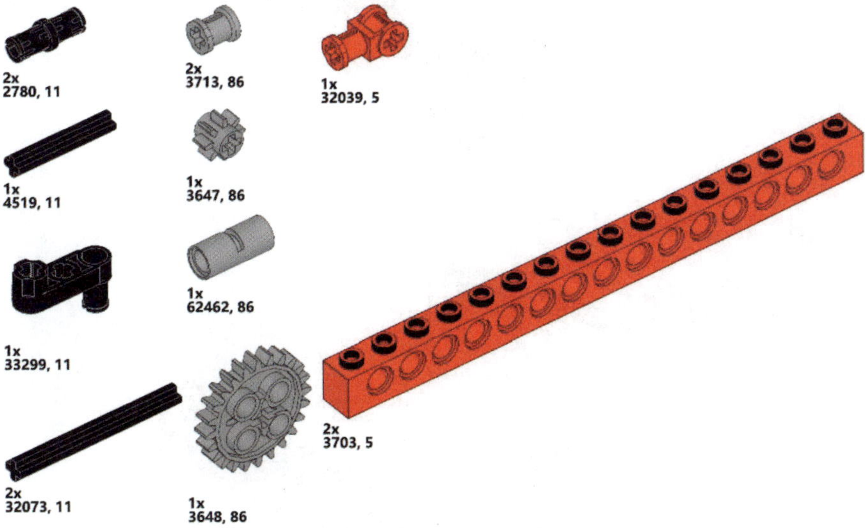

2. 搭建步骤

1

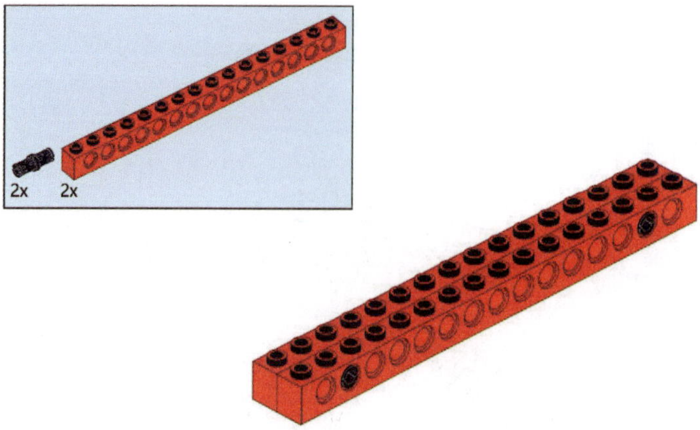

2

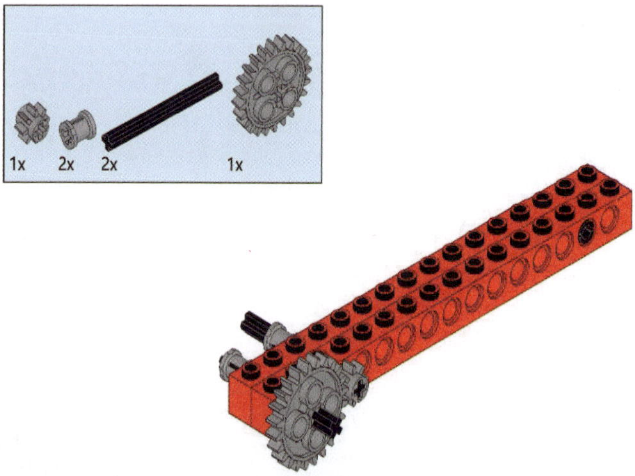

3

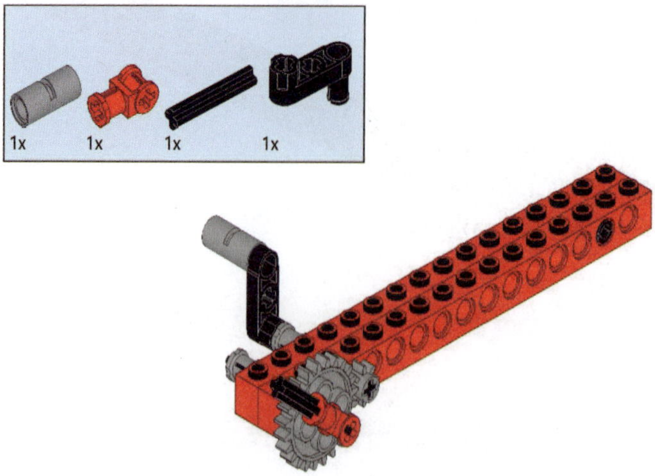

齿轮组合 2

1. 需要的零件

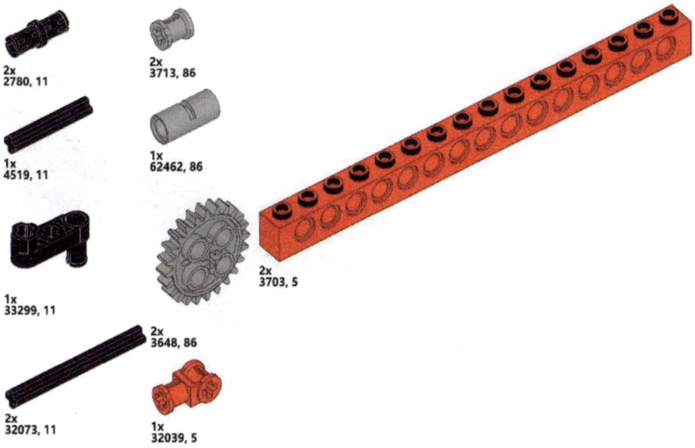

2. 搭建步骤

1

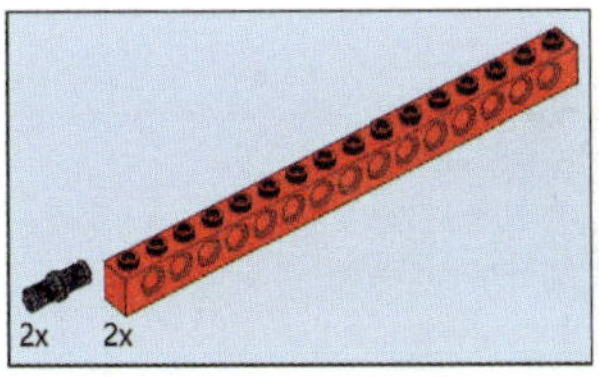

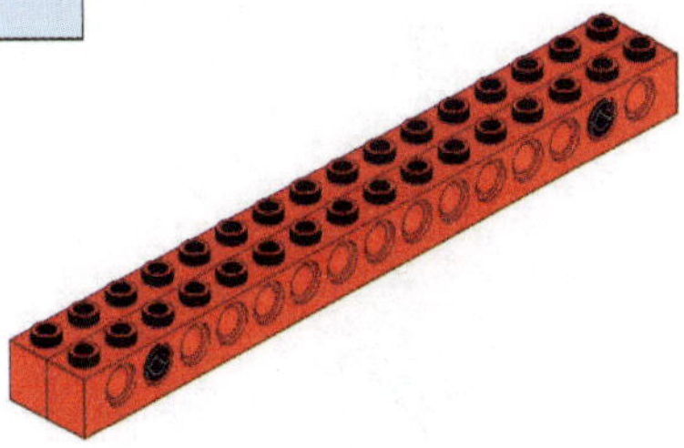

2

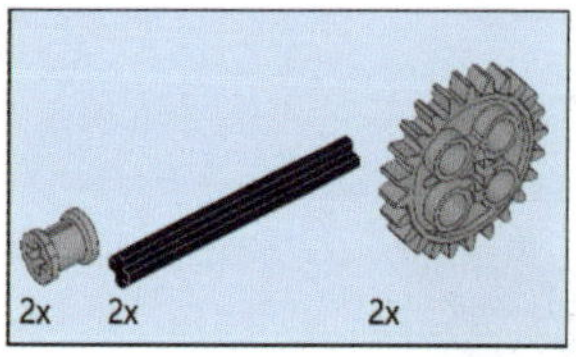

3

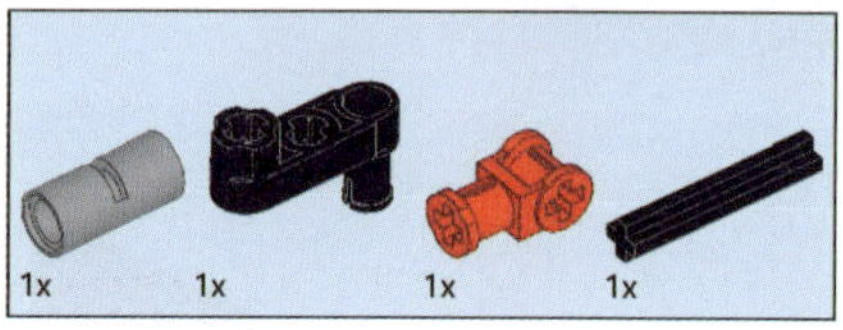

齿轮组合 3

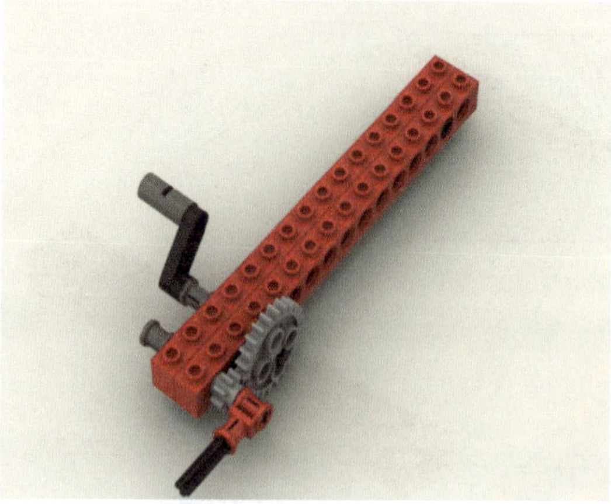

1. 需要的零件

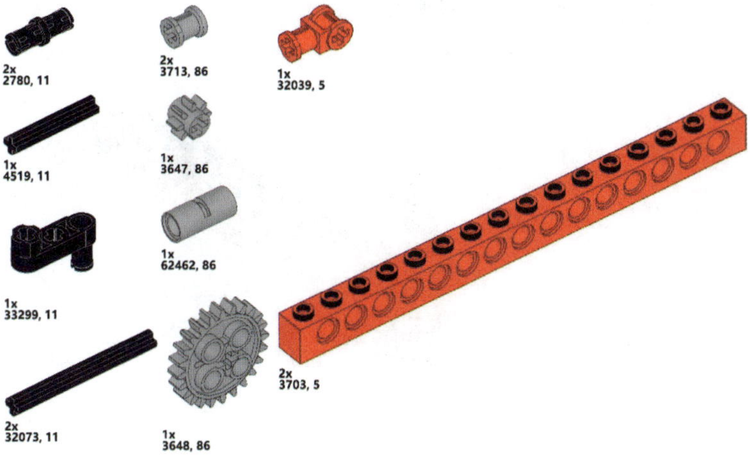

2. 搭建步骤

1

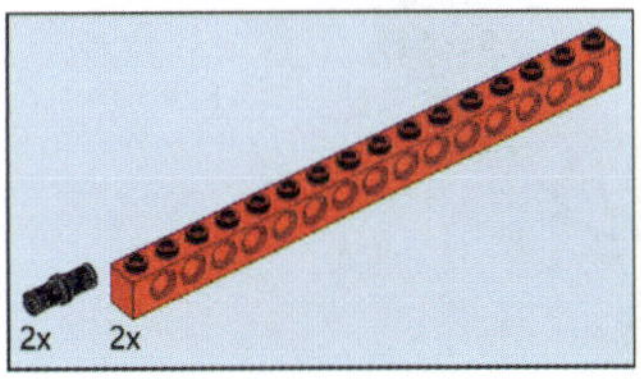

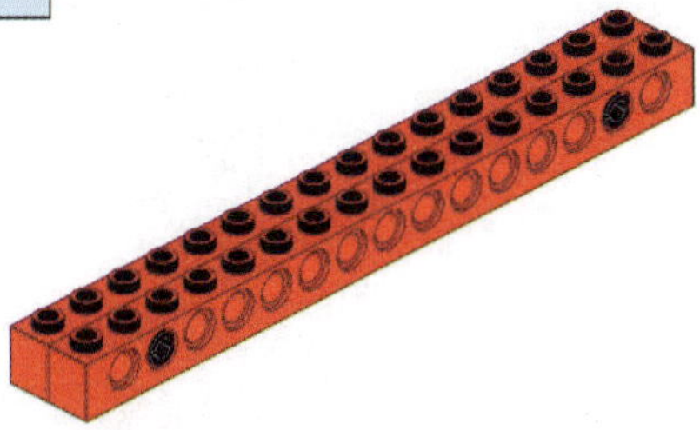

2

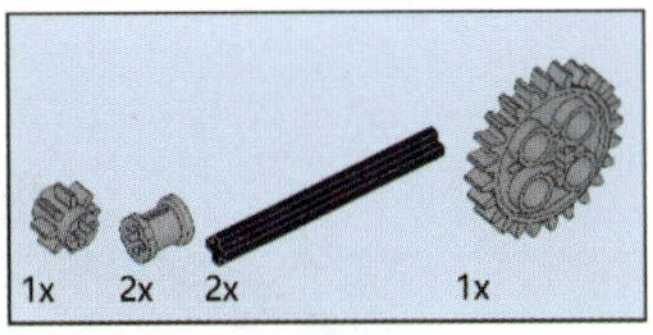

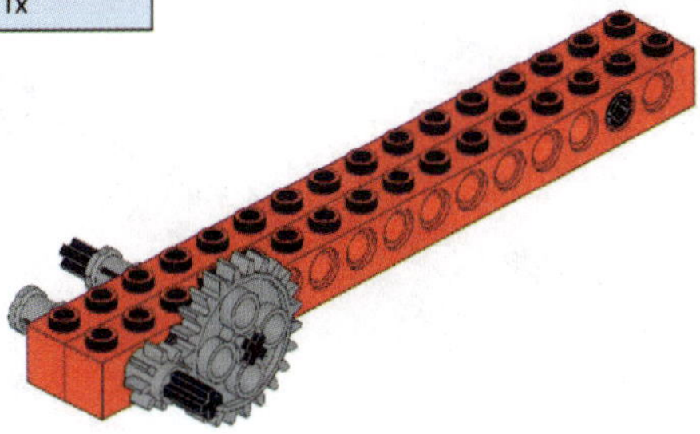

3

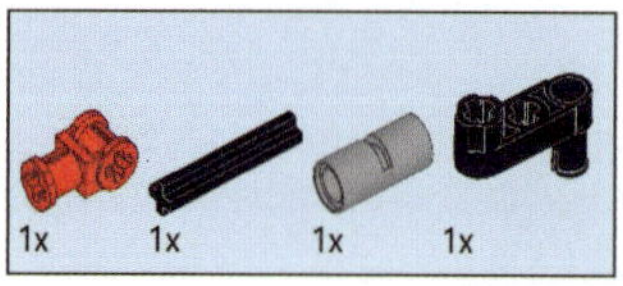

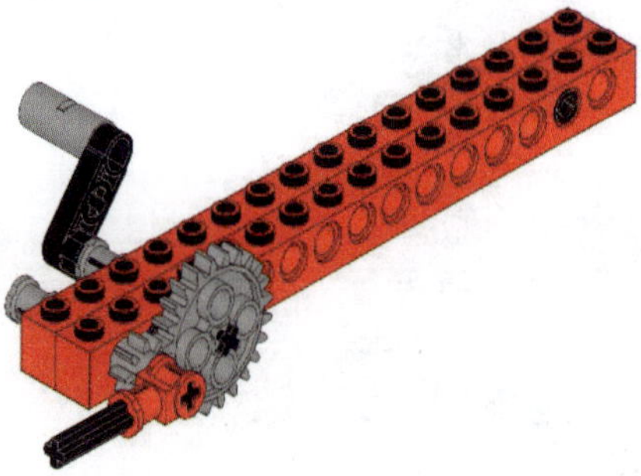

齿轮组合 4

1. 需要的零件

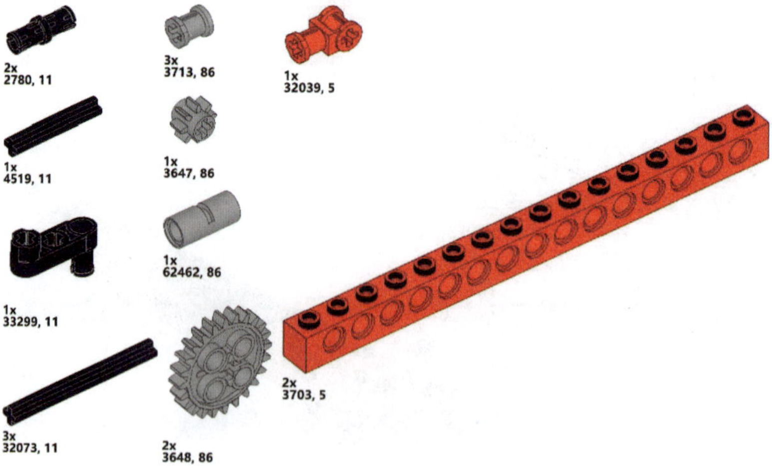

2. 搭建步骤

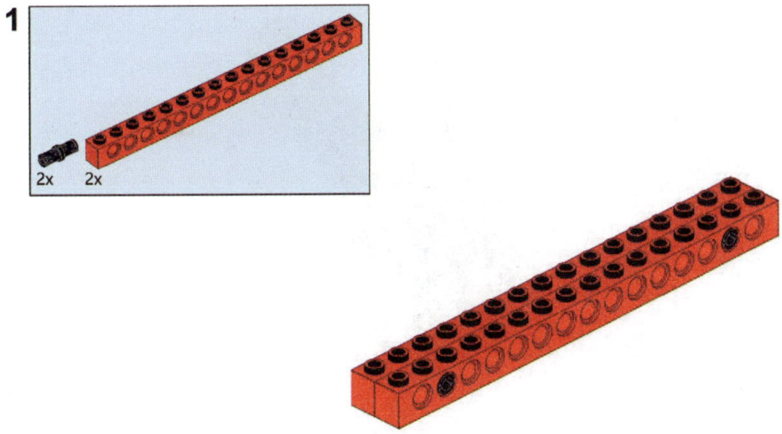

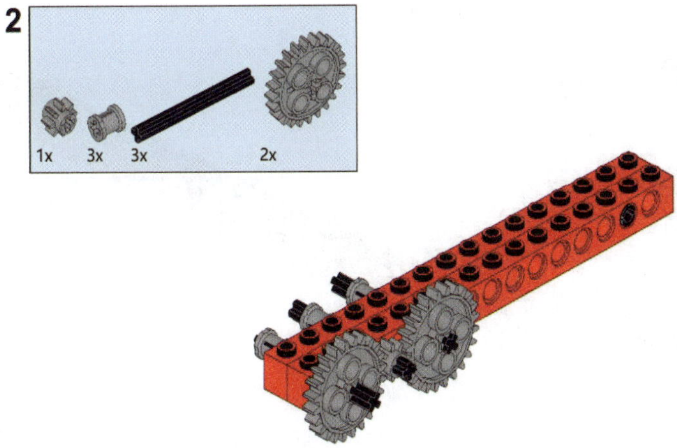

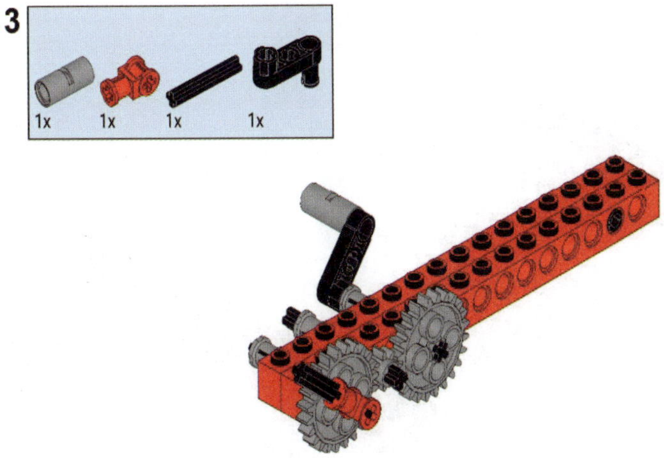

齿轮组合 5

1. 需要的零件

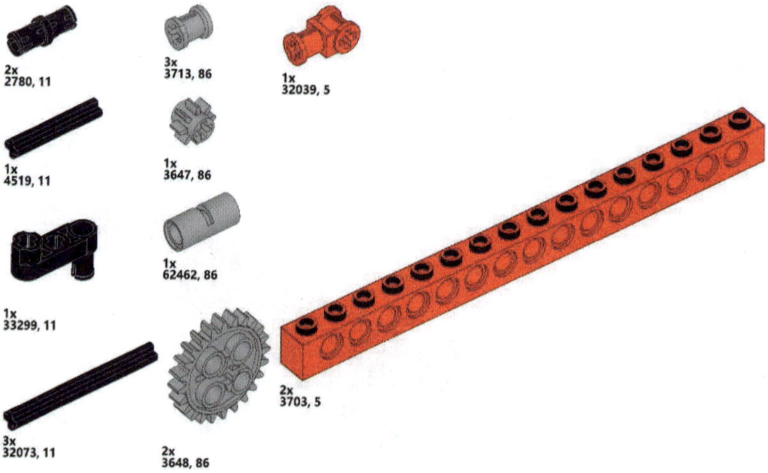

2. 搭建步骤

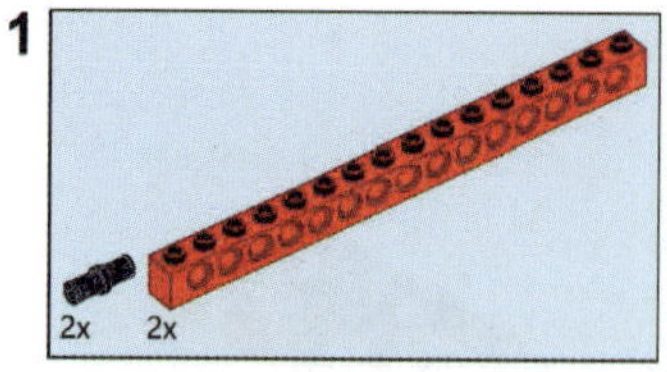

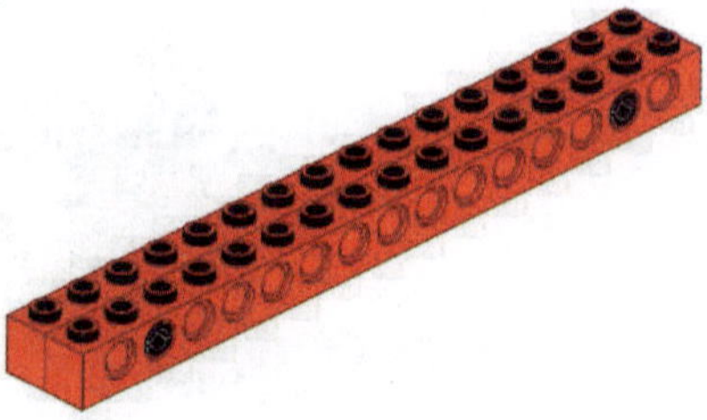

2

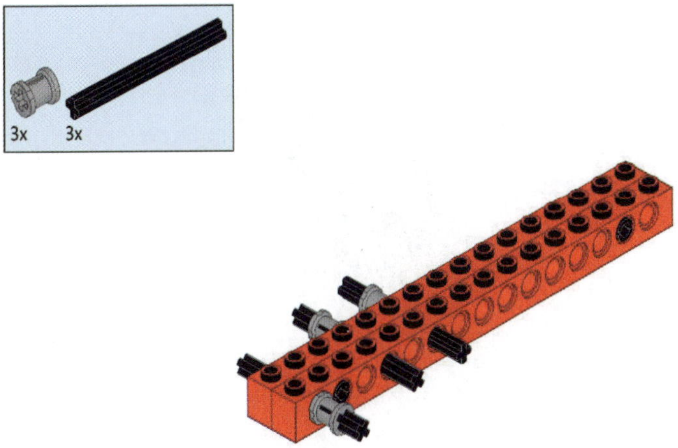

3

4

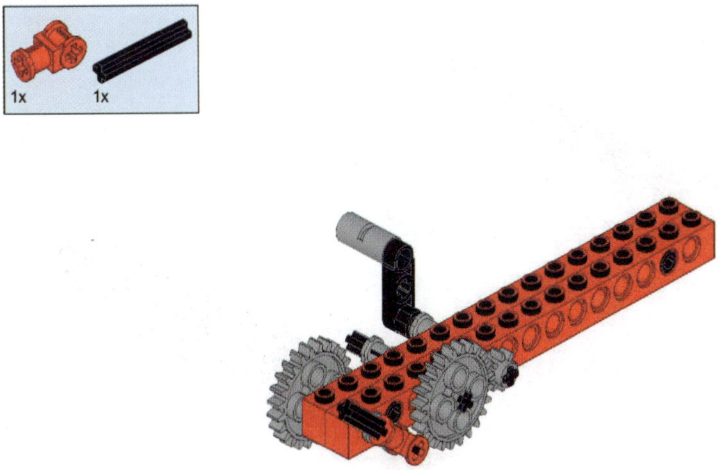

齿轮组合 6

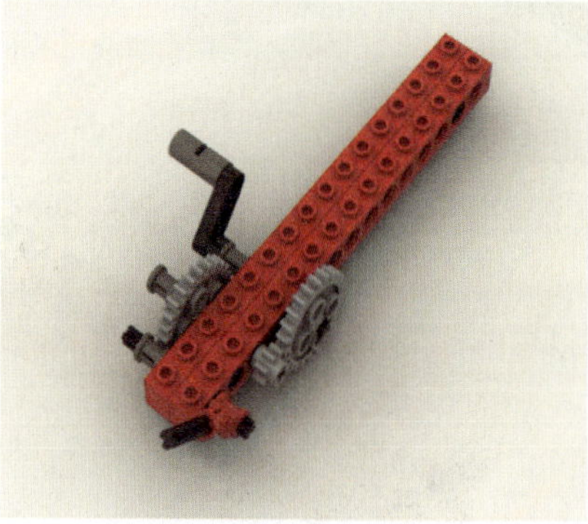

1. 需要的零件

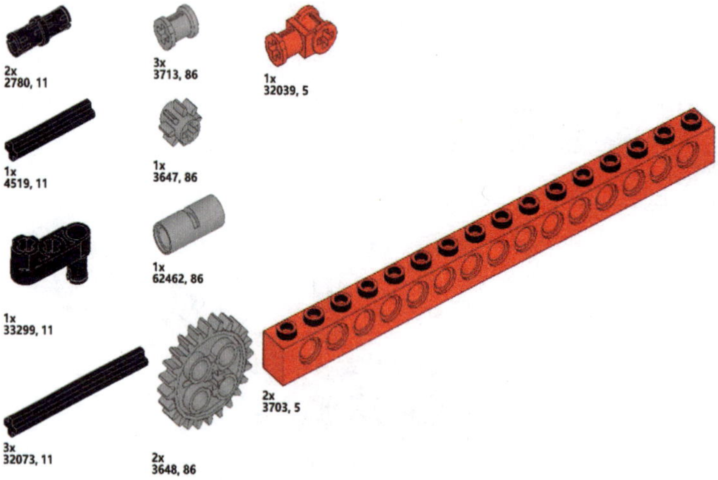

2. 搭建步骤

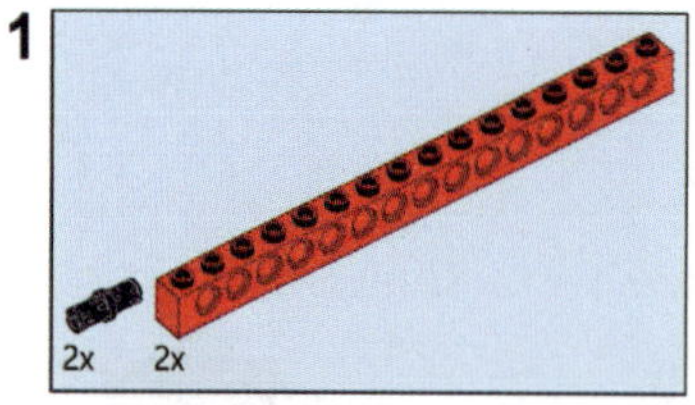

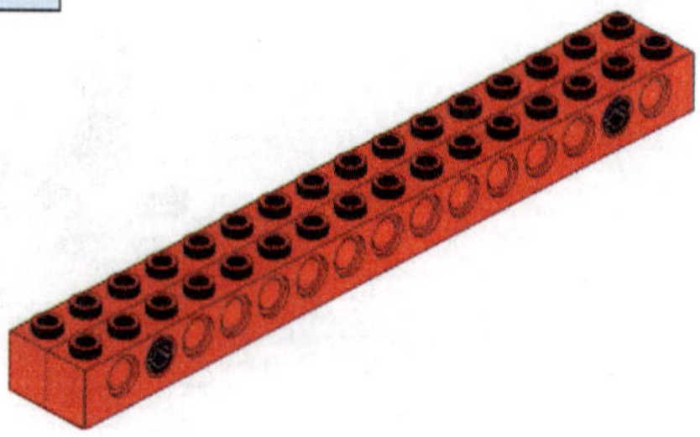

2

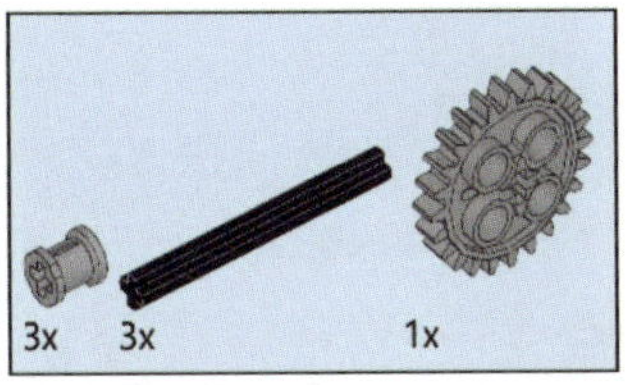

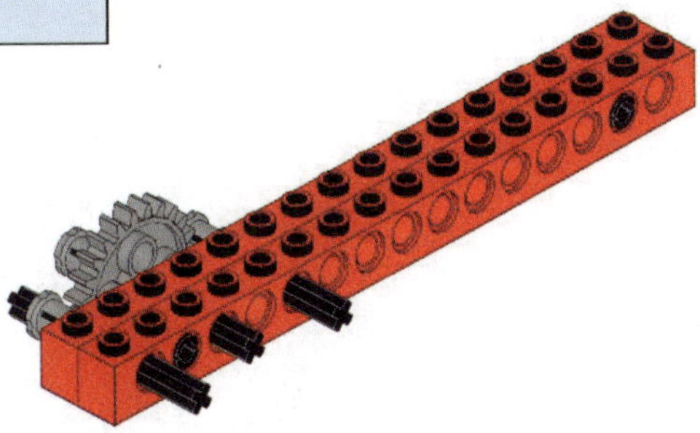

3

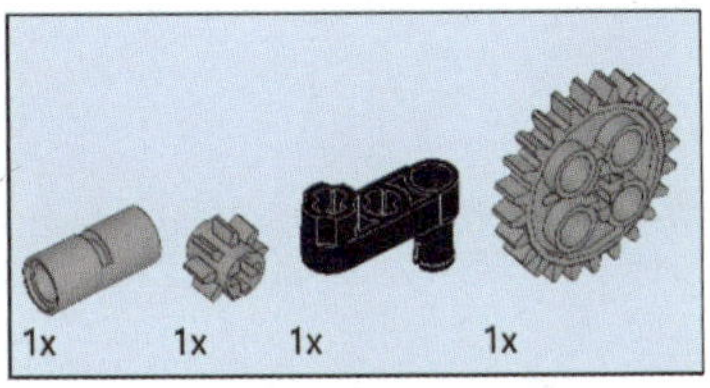

4

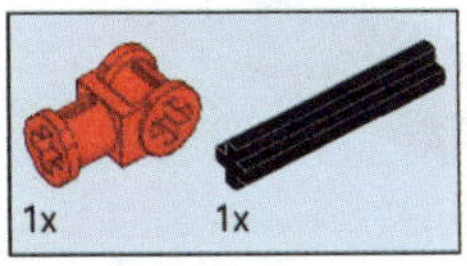

齿轮组合 7

1. 需要的零件

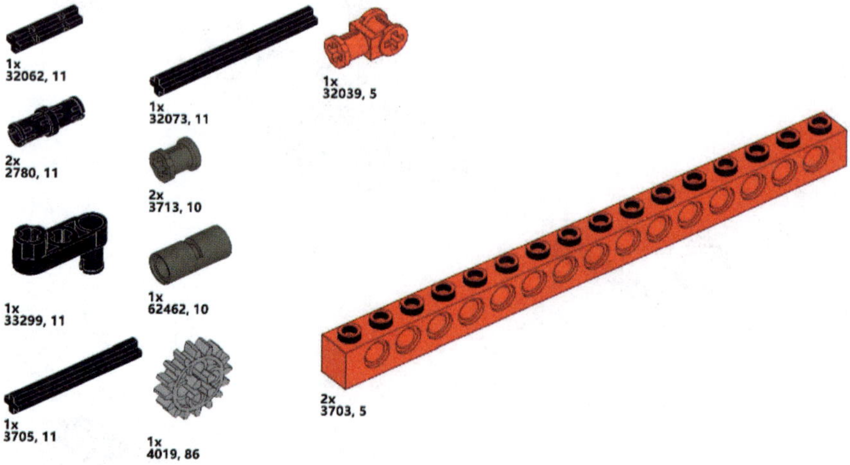

2. 搭建步骤

1

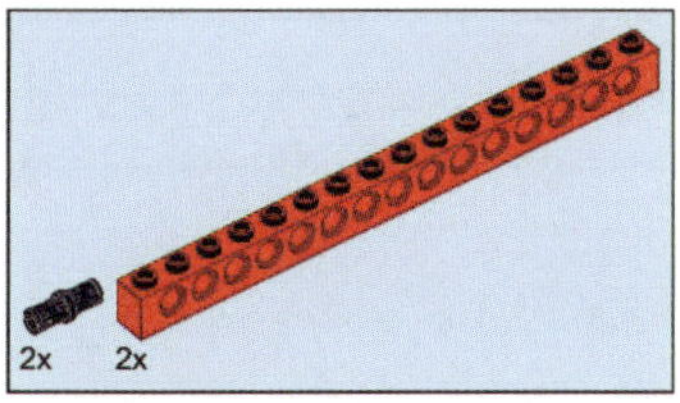

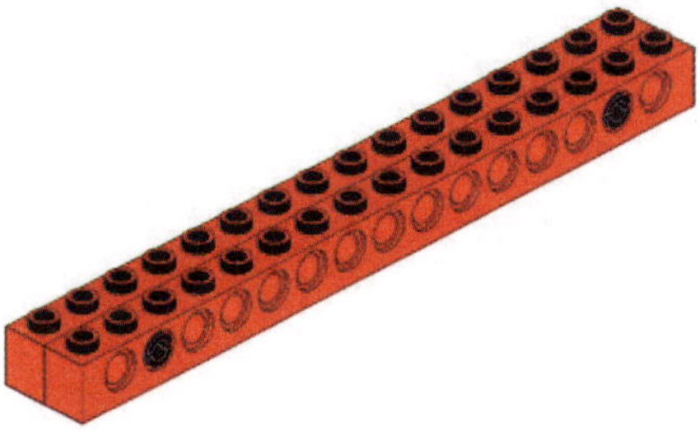

2

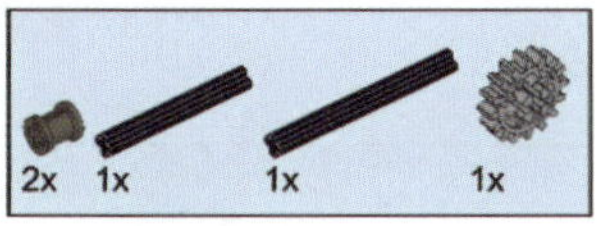

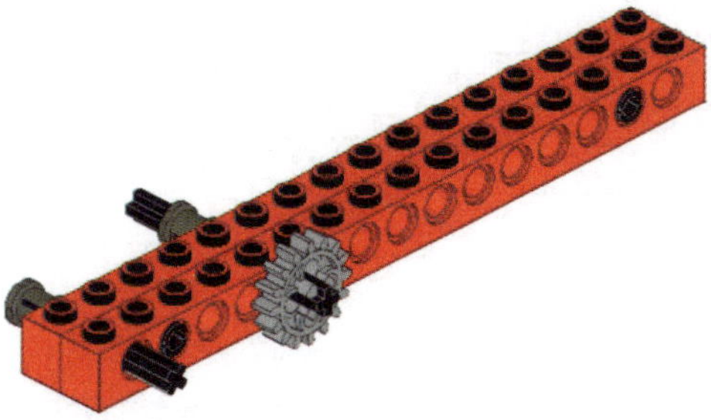

3

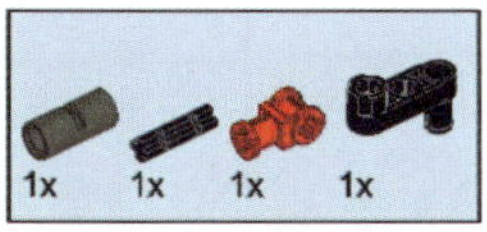

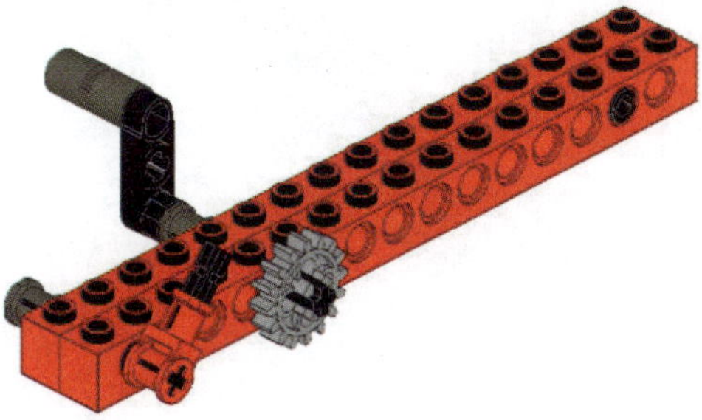

二、教学实践

课题名称	齿轮组合
教学目标	**知识与技能目标：** 1. 结合实际生活，说出齿轮组合的结构特点。 2. 观察齿轮组合，了解变速、转向、省力、传动作用。 3. 能搭建不同类型的齿轮组合。 **过程与方法目标：** 1. 通过搭建不同的齿轮组合，发散思维，激发想象力。 2. 通过小组合作实践，培养合作能力。 **情感与价值观目标：** 培养创新精神，提高实践能力
案例分析	此课是后续部分搭建乐高模型的基础
教学重、难点	运用齿轮组的变速、转向、省力、传动作用搭建不同的齿轮组合
教学方法	演示法、自主探究法、小组合作法
教学准备	准备好课件、视频、搭建的零件及一个搭建好的齿轮组合

教学过程

环节	教学内容	教师活动	学生活动	设计意图
情景导入（8分钟）	1. 展示视频、动画及搭建好的齿轮组合。  2. 列举齿轮组合在实际生活中的应用	1. 展示视频、动画。 2. 提问：大家在生活中看见的齿轮组合有哪些？	观看视频，回答问题	激发学生兴趣，引导学生思考

续表

环节	教学内容	教师活动	学生活动	设计意图
探究新知（15 分钟）	1. 观察齿轮组合需要哪些零件。 2. 分析不同类型的齿轮组合的作用。 3. 探究齿轮组合的作用：变速、转向、省力、传动等	1. 提问：搭建齿轮组合需要哪些零件？这些零件的作用是什么？ 2. 讲解齿轮组合的作用：变速、转向、省力、传动等	观察实物，思考讨论，回答问题，列举齿轮组合的作用	提高观察能力和联想能力
实物搭建（30 分钟）	用实物展示齿轮组合的最终效果、组成及细节，指导学生完成齿轮组合的搭建	展示实物，引导学生观察、搭建齿轮组合	观察实物，动手搭建	培养学生的实践能力
拓展延伸（30 分钟）	将 4 ~ 5 名学生分为一组，每个小组搭建不同的齿轮组合	指导学生搭建不同的齿轮组合，避免重复	分组讨论，搭建不同的齿轮组合	培养学生的团队合作能力和创新精神
总结评价（7 分钟）	展示学生搭建的不同齿轮组合并点评	展示并点评每个齿轮组合的特点	展示本组作品并评价其他组的作品	增强学生学习机器人搭建这门课的信心
教学反思	（提示：授课教师根据实际教学情况填写）			

第十二节 搅拌器

搅拌器

一、案例设计

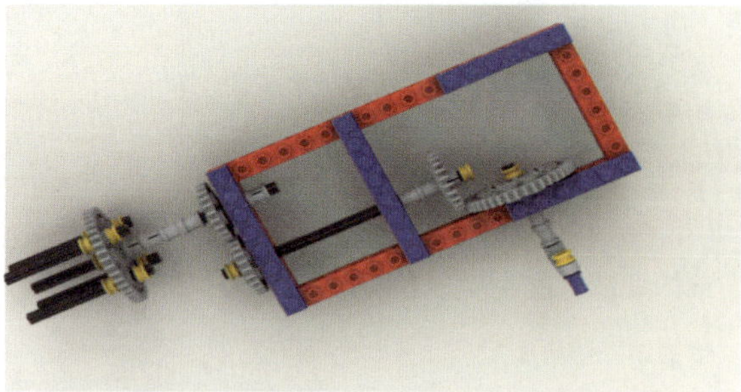

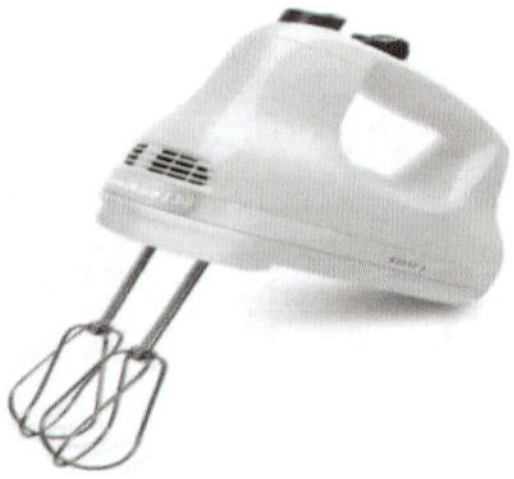

1. 需要的零件

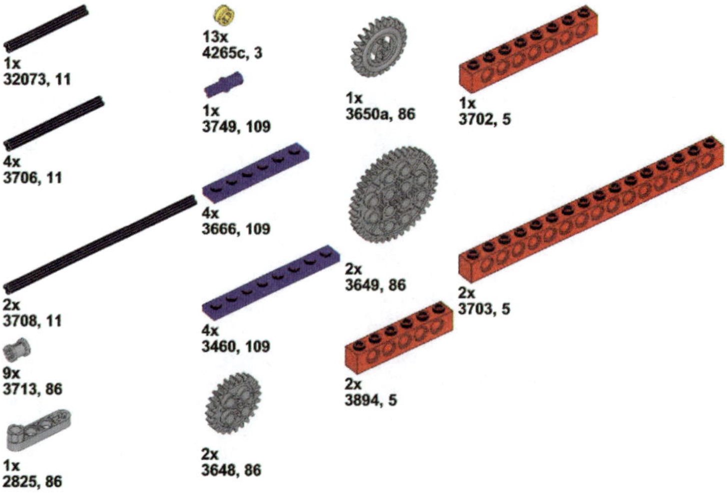

2. 搭建步骤

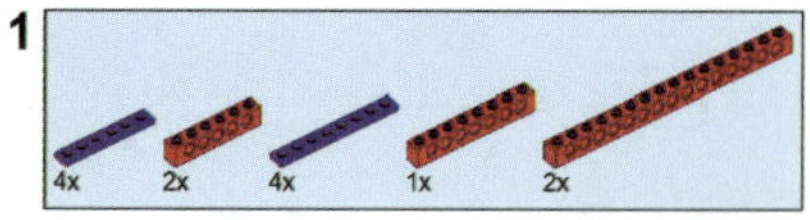

2

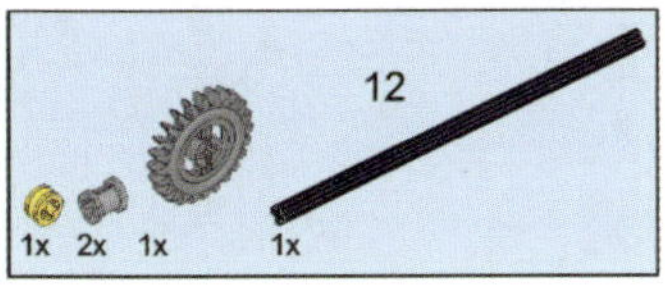

3

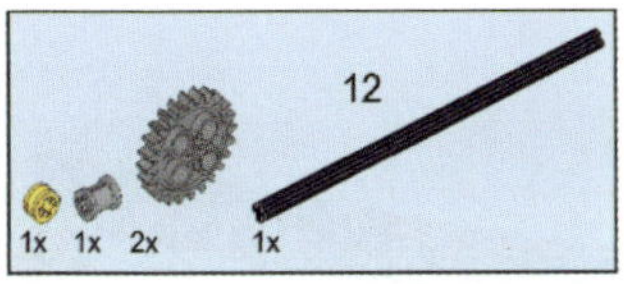

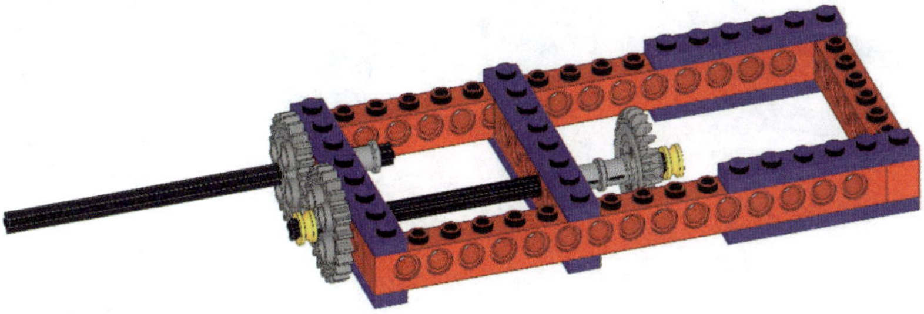

4

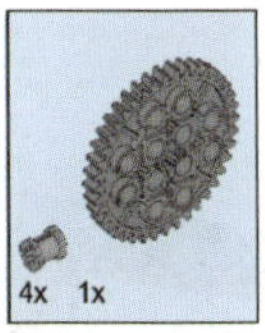

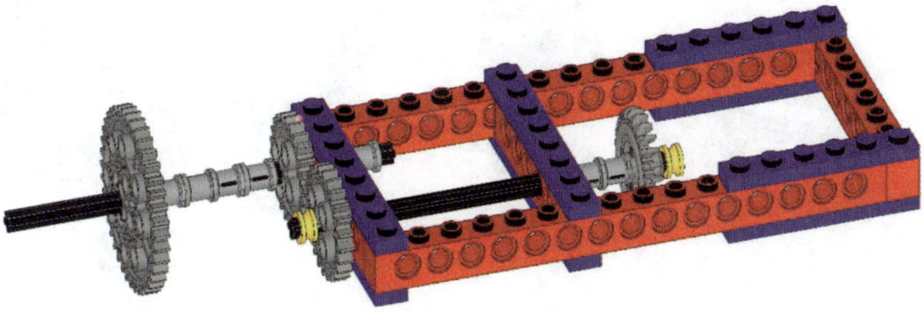

5

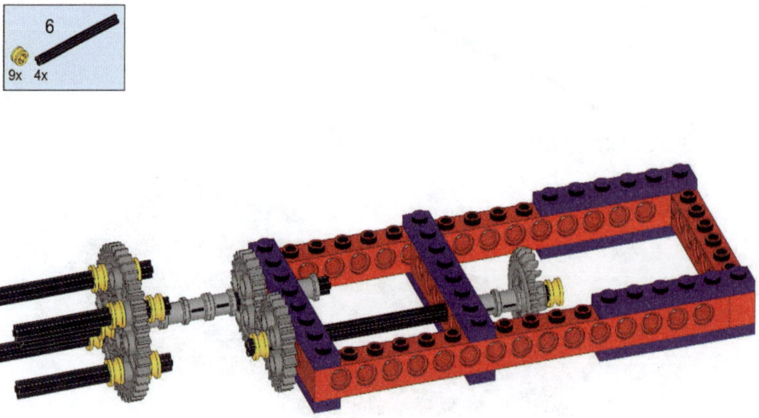

6

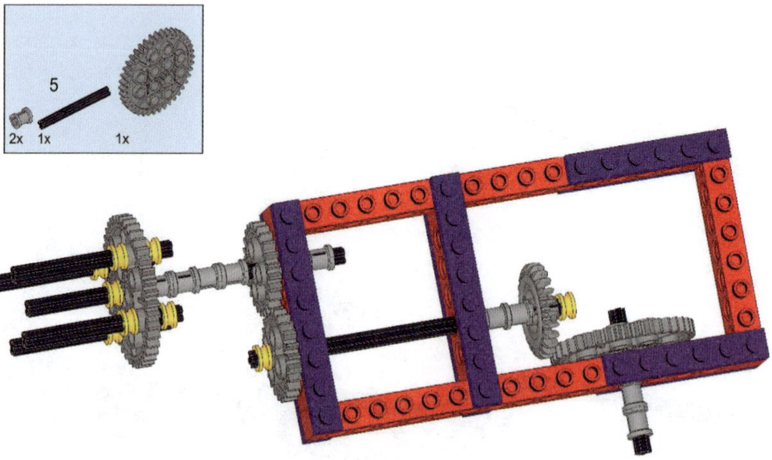

7

二、教学实践

课题名称	**搅拌器**
教学目标	**知识与技能目标：** 1. 结合实际生活，能说出搅拌器的结构特点。 2. 观察搅拌器结构，了解不同大小的齿轮相互啮合，如何实现变速传动。 3. 运用不同大小的齿轮相互啮合实现变速传动的原理，搭建快速或慢速的搅拌器。 **过程与方法目标：** 1. 通过思考和实践，培养学生分析问题、自主探索、解决问题的能力和创造能力。 2. 通过小组合作完成搅拌器的搭建与改造，培养学生合作探究的能力和动手能力。 **情感与价值观目标：** 激发对科学知识的探究欲望并从中获得自我成就感，提升自信心
案例分析	在学习了齿轮组合原理的基础上，进一步了解并掌握不同大小的齿轮组合产生的转速不同
教学 重、难点	运用不同大小的齿轮相互啮合实现变速传动的原理，搭建搅拌器
教学方法	讲授法、小组合作学习法、任务驱动法
教学准备	课件、教案、视频、不同类型搅拌器的图片、学生搭建搅拌器所需要的零件

教学过程

环节	教学内容	教师活动	学生活动	设计意图
情景导入 （7分钟）	观看视频和图片，讨论搅拌器的内部结构	1. 播放用搅拌器做蛋糕的视频。 2. 展示不同类型搅拌器的图片。 3. 提出问题：搅拌器的内部结构是什么样的呢？	1. 观看使用搅拌器的视频。 2. 观察搅拌器的图片。 3. 思考并回答问题	引起学生思考，激发学生学习兴趣
探究新知 （18分钟）	1. 搭建搅拌器所需的零件。 2. 搅拌器主要零件的特征和作用。	1. 提出问题：搭建搅拌器所需的零件都有哪些？ 2. 分析搅拌器主要零件的特征和作用。	思考并回答问题	培养学生综合分析、自主探索知识的能力

续表

环节	教学内容	教师活动	学生活动	设计意图
探究新知（18分钟）	3. 齿轮相互啮合的变速传动	3. 结合搅拌器的结构特点，引出不同大小的齿轮相互啮合可以实现变速传动。大齿轮带动小齿轮能实现加速传动，小齿轮带动大齿轮能实现减速传动。 4. 分析如何运用大小齿轮相互啮合的变速传动，搭建出一个快速或者慢速的搅拌器		
实物搭建（30分钟）	搭建搅拌器	1. 展示搭建的关键步骤。 2. 将学生分为4人一组，小组合作进行自主搭建。 3. 指导学生解决搭建过程中遇到的问题	1. 观看搭建步骤。 2. 小组合作进行搭建	学生在合作探究的基础上完成搭建，培养合作探究的能力和动手能力
拓展延伸（25分钟）	改进自己的搅拌器，搭建出一个速度更快或者更慢的搅拌器	布置小组合作任务，要求学生小组讨论并合作，搭建出三角履带结构	思考问题，动手搭建	通过思考和实践，培养学生分析问题、解决问题的能力和创造能力
总结评价（10分钟）	1. 展示学生搭建好的搅拌器作品。 2. 对学生的作品进行评价。 3. 了解搅拌器的种类，会搭建搅拌器，通过实践操作，学会使用搅拌器	1. 组织学生展示作品。 2. 总结作品完成情况，提出搭建中遇到的问题。 3. 引导学生观察生活中的搅拌器的类型，并学会使用搅拌器	1. 展示自己的作品。 2. 观察生活中的搅拌器的类型，学会使用搅拌器	巩固知识，培养学生的表达能力，提高对本门课程的兴趣
教学反思	（提示：授课教师根据实际教学情况填写）			

第十三节 陀螺与陀螺发射器

陀螺与
陀螺发射器

一、案例设计

1. 需要的零件

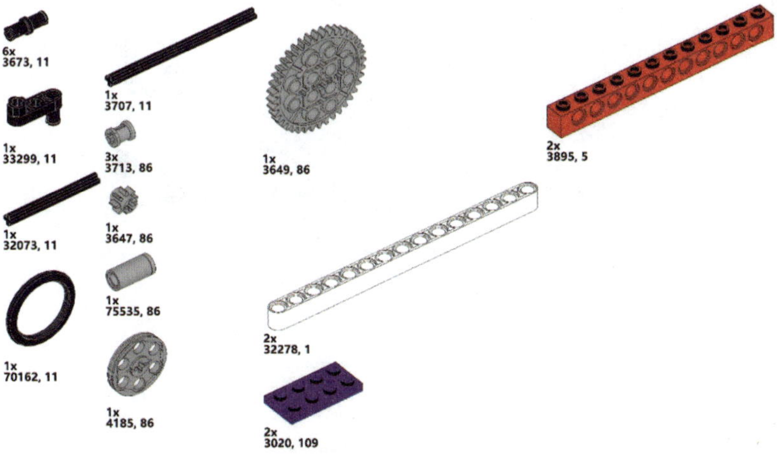

2. 搭建步骤

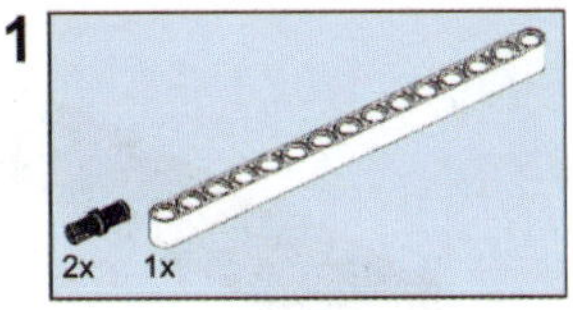

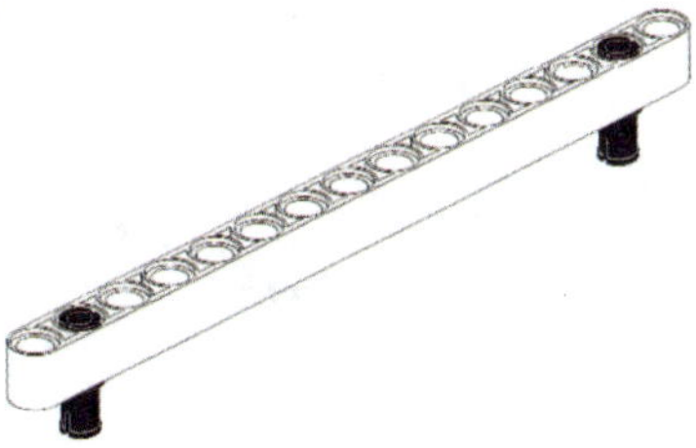

2

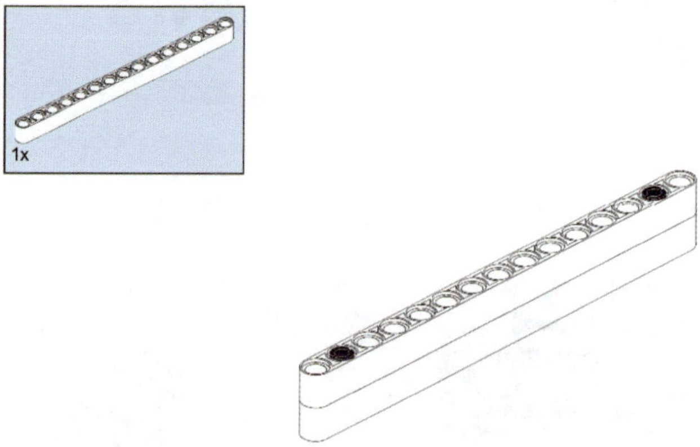

3

4

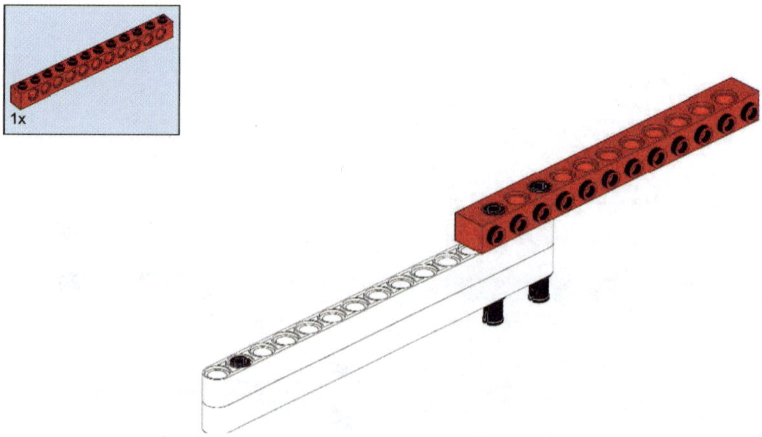

5

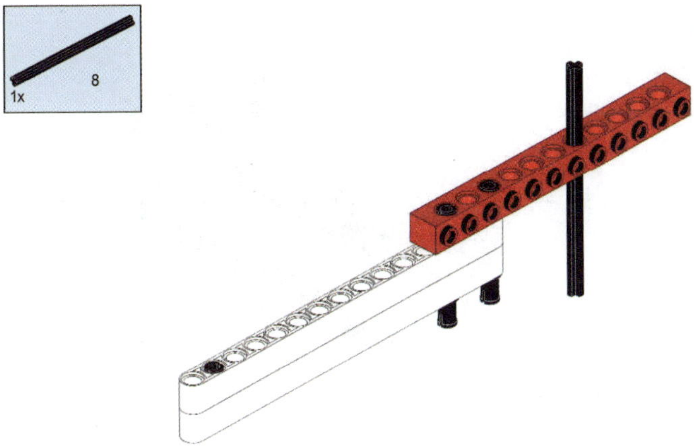

6

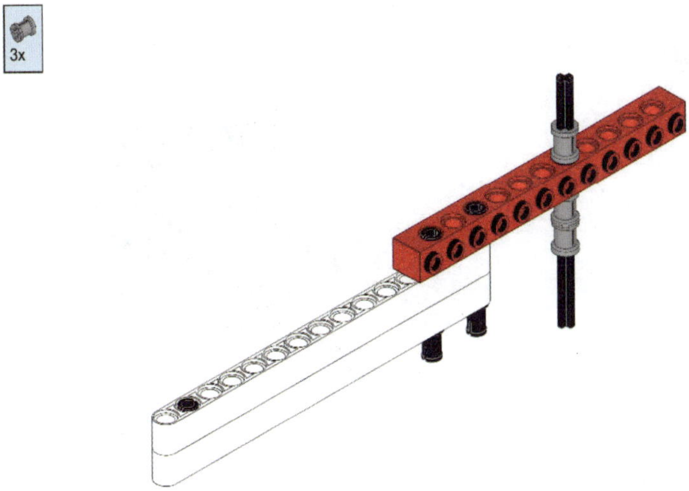

7

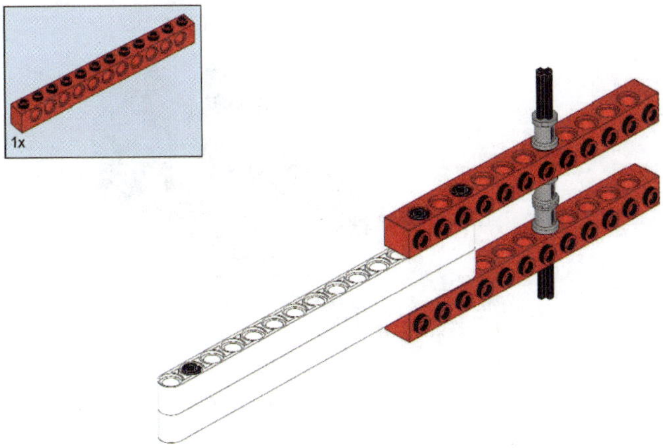

8

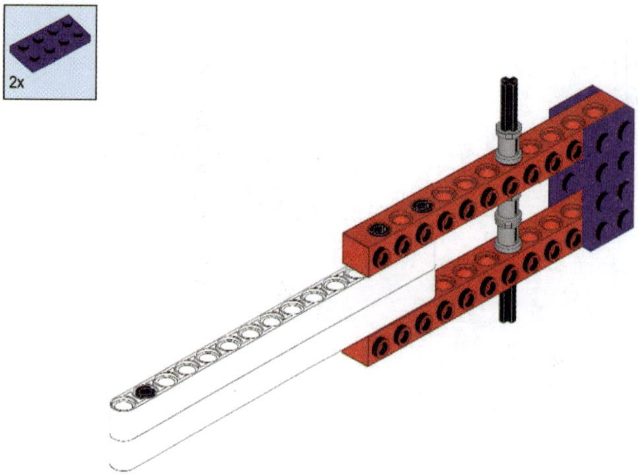

9

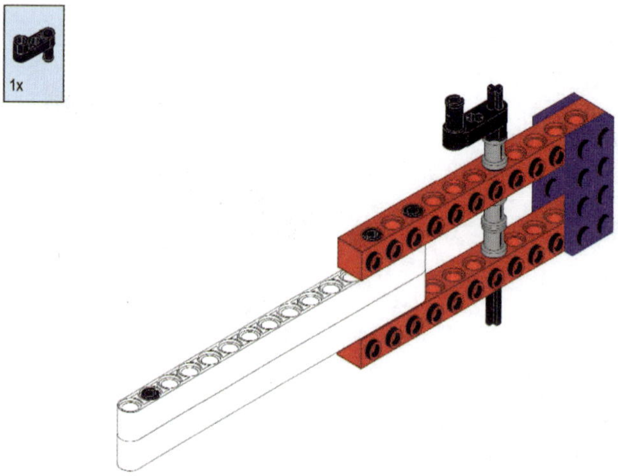

10

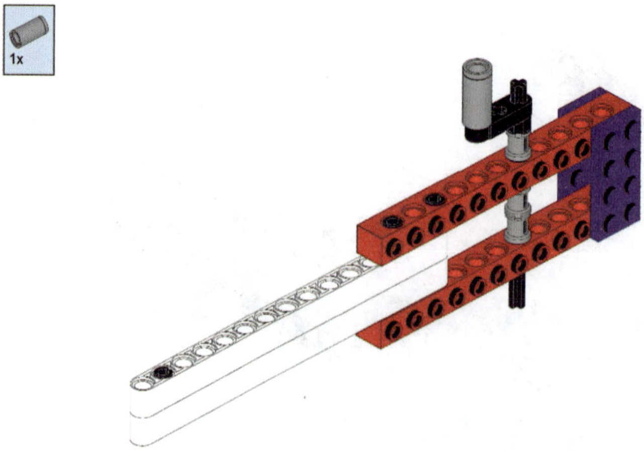

11

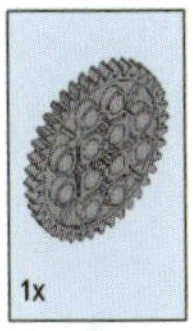

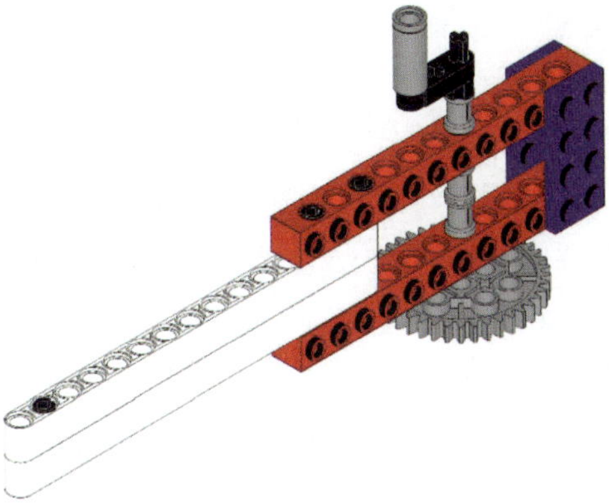

12

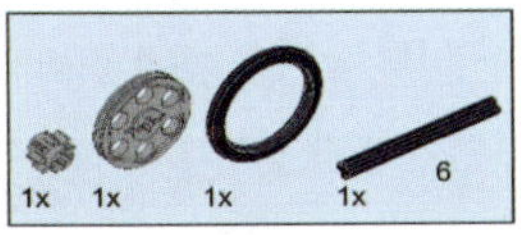

搭 建 陀 螺

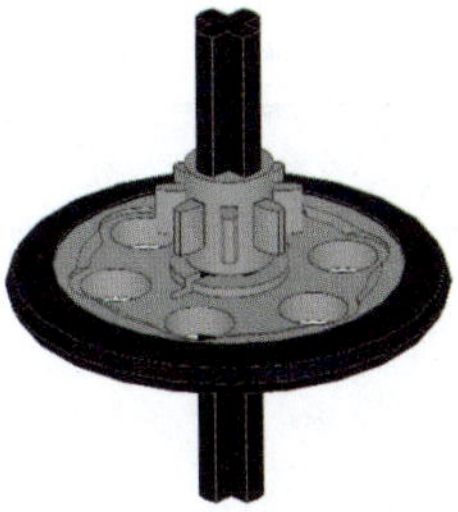

二、教学实践

课题名称	**陀螺与陀螺发射器**
教学目标	**知识与技能目标：** 1. 认识陀螺的物理运动，并搭建陀螺。 2. 掌握大齿轮带动小齿轮可以增加转速，小齿轮带动大齿轮可以降低转速的原理，搭建陀螺发射器。 **过程与方法目标：** 通过陀螺与陀螺发射器的搭建，培养学生的观察能力、思考能力、动手能力和探究问题、解决问题的能力，形成合作探究和实事求是的学习态度。 **情感与价值观目标：** 形成探索的精神和科学研究的态度
案例分析	是对齿轮组合的进一步延伸与拓展
教学 重、难点	运用大齿轮带动小齿轮可以增加转速，小齿轮带动大齿轮可以降低转速的原理，搭建陀螺发射器
教学方法	演示法、小组合作法、自主探究法
教学准备	准备好陀螺的图片、课件、学生搭建陀螺与陀螺发射器所需要的零件

教学过程

环节	教学内容	教师活动	学生活动	设计意图
情景导入 （10分钟）	提出问题，展示搭建好的陀螺实物 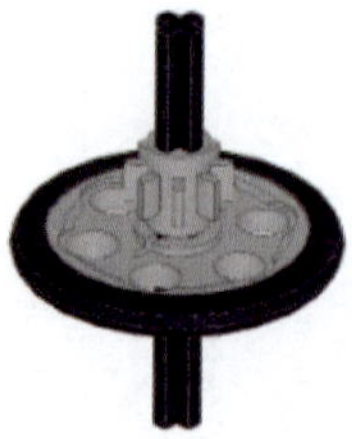	1. 提问：大家会玩陀螺吗？（引出陀螺） 2. 提问：有哪些方法可以使陀螺转动起来？哪种方法陀螺转动得更快？（引出发射器）	观看实物，共同讨论，回答问题	吸引学生的关注，引发思考

续表

环节	教学内容	教师活动	学生活动	设计意图
探究新知（20 分钟）	齿轮传动原理在陀螺发射器中的应用	教师通过不同大小齿轮的搭配，让学生观察齿轮转动速度的快慢。得出结论：大齿轮带动小齿轮可以增加转速，小齿轮带动大齿轮可以降低转速	认真听讲，探索新知	探索新知，掌握原理
实物搭建（20 分钟）	教师展示搭建好的陀螺与陀螺发射器实物，让学生用零件进行搭建	1. 教师展示搭建好的陀螺与陀螺发射器。 2. 将学生分成 4 人一组，引导学生观察、模仿并动手搭建陀螺与陀螺发射器	观察陀螺和陀螺发射器的结构，探究完成搭建	培养学生的观察能力、思考能力和动手操作能力
拓展延伸（25 分钟）	小组竞赛：小组合作设计和改进陀螺，当陀螺发射器条件相同时，使陀螺转得快并且转得久	将学生分成 4 人一组，要求每个小组通过查找资料，在规定时间内完成小组竞赛题目	学生探究设计实现一个转得快且转得久的陀螺	培养学生的探究问题、解决问题的能力
总结评价（15 分钟）	展示并点评学生搭建的陀螺与陀螺发射器	展示并点评学生的陀螺作品，做总结： 1. 加大陀螺质量； 2. 降低陀螺的重心； 3. 陀螺脚采用光滑的材质	各组相互展示并比较	通过成果的展示，肯定学生的工作，提高学生的获得感
教学反思	（提示：授课教师根据实际教学情况填写）			

第十四节 割草机

割草机

一、案例设计

1. 需要的零件

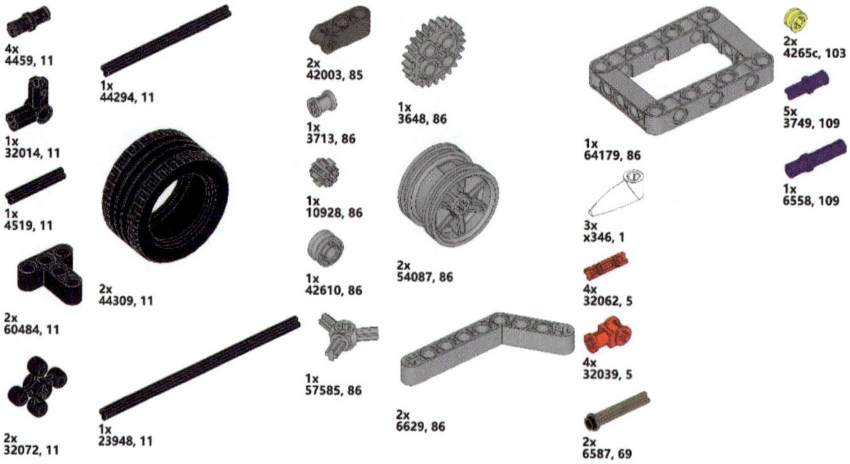

2. 搭建步骤

1

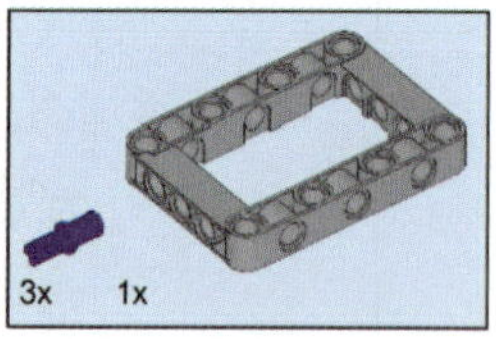

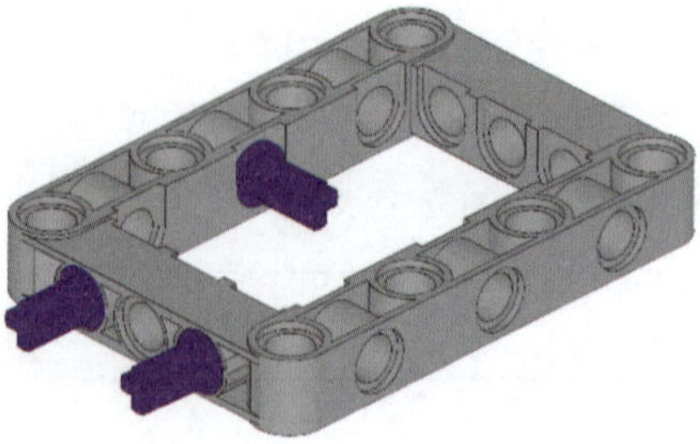

2

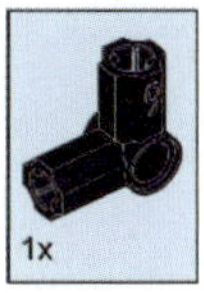

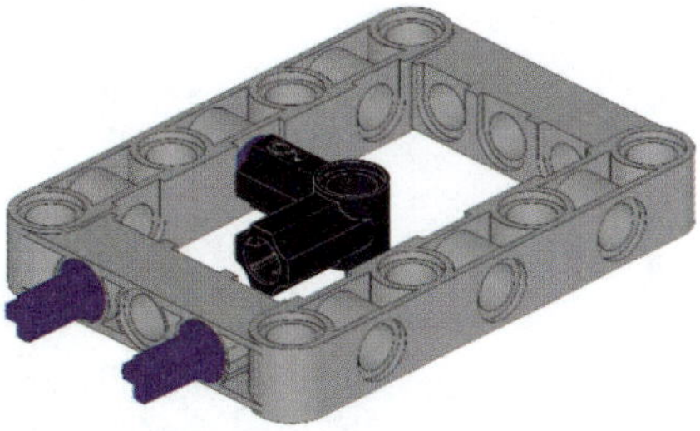

3

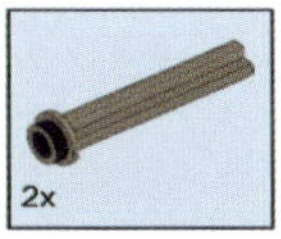

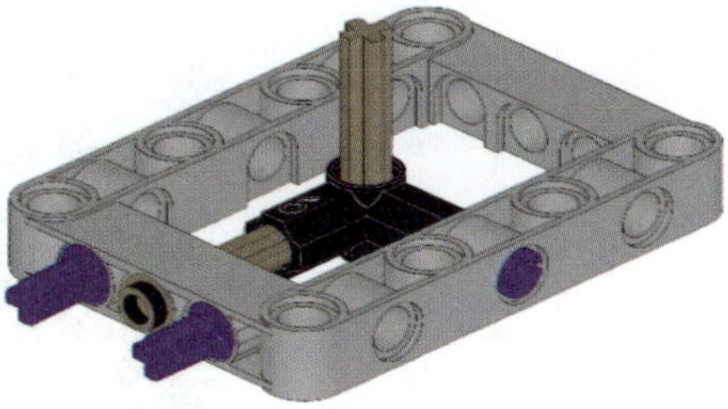

4

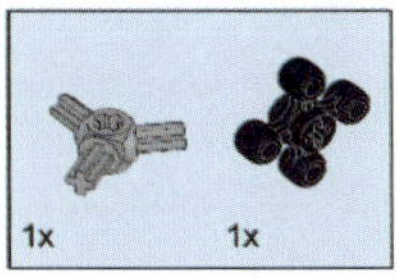

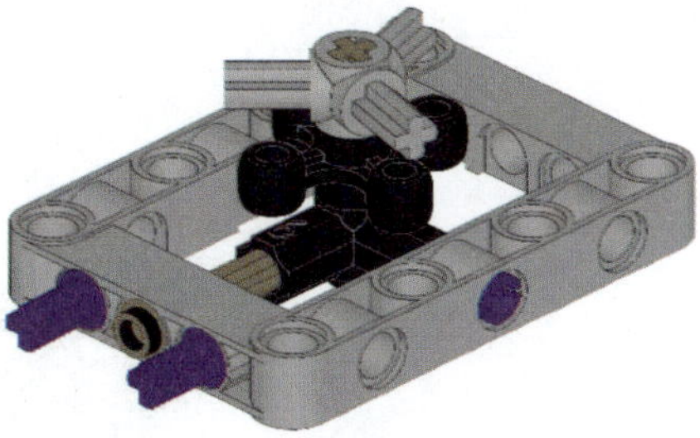

5

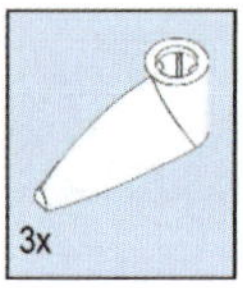

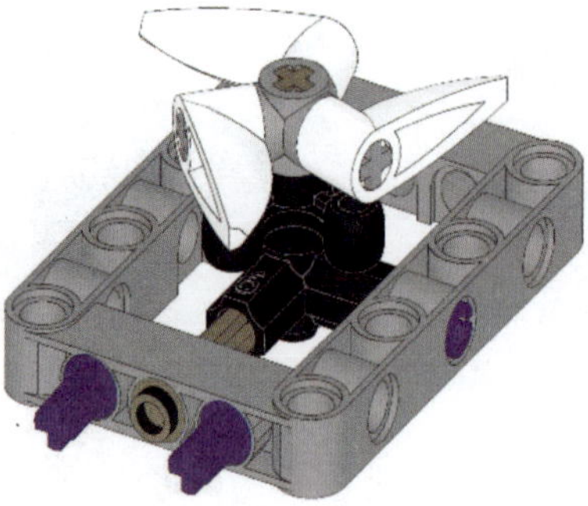

6

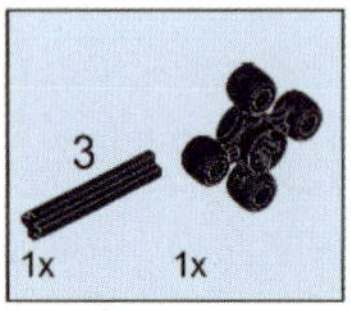

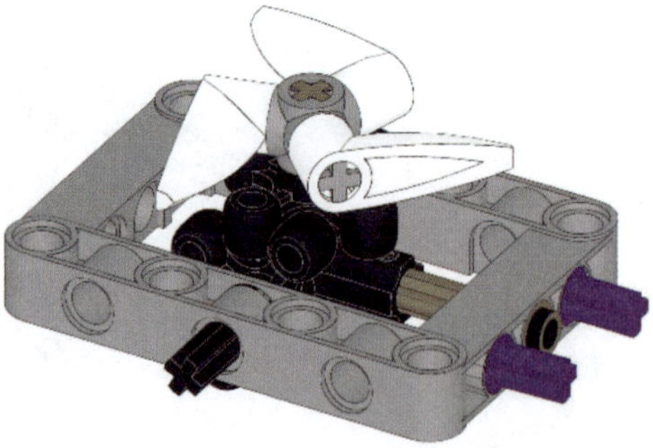

7

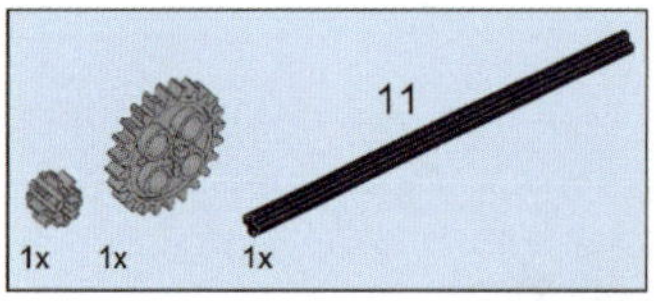

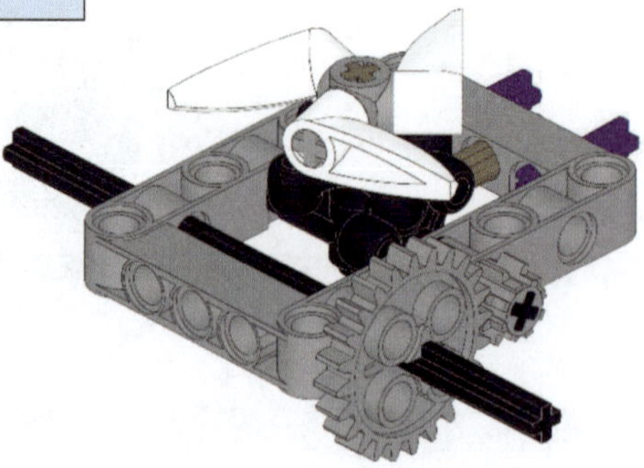

8

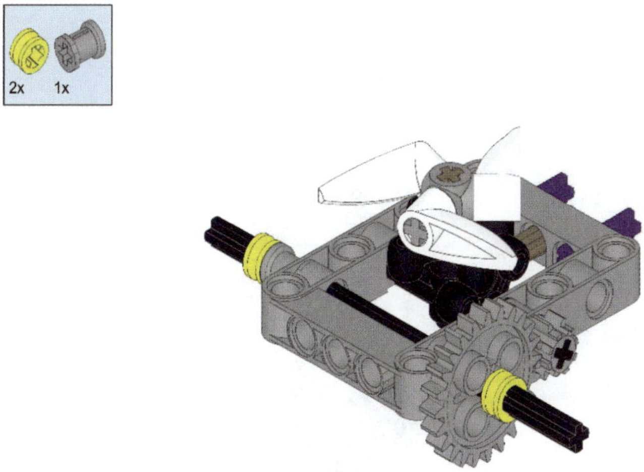

9

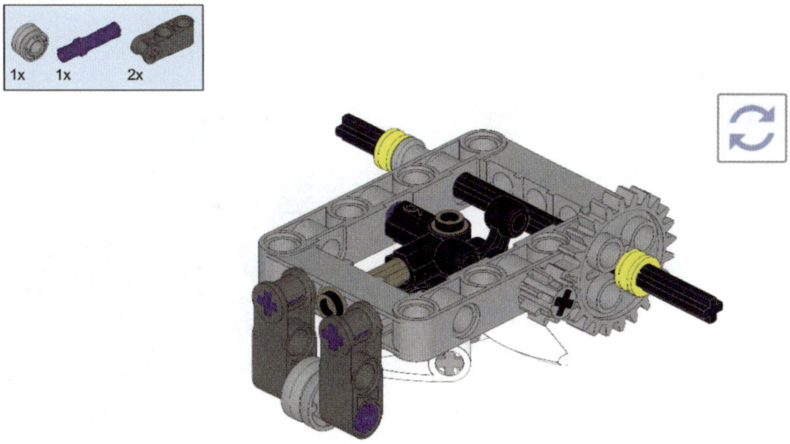

10

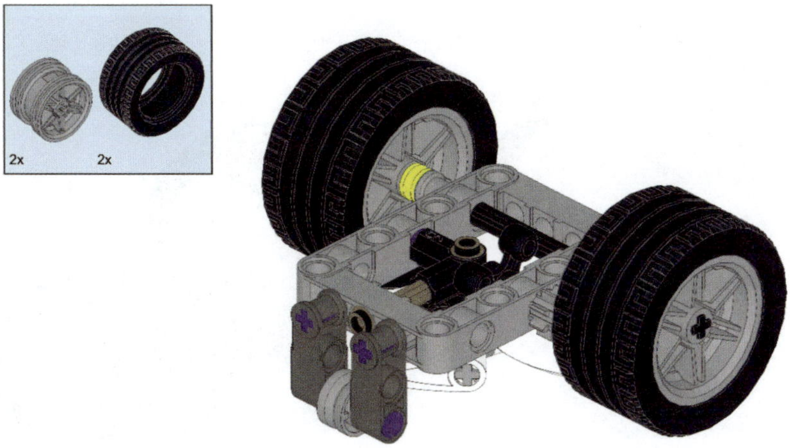

11

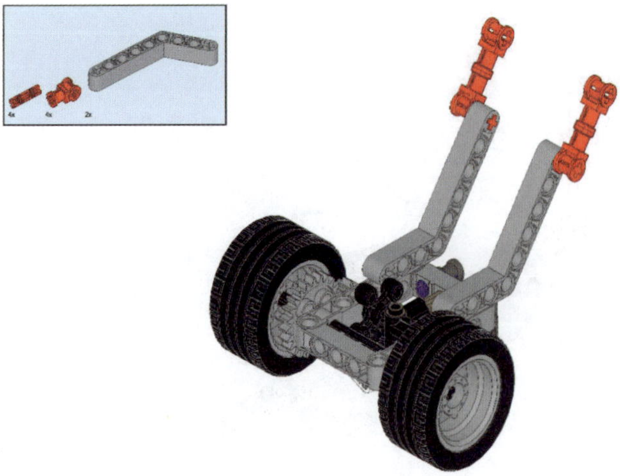

12

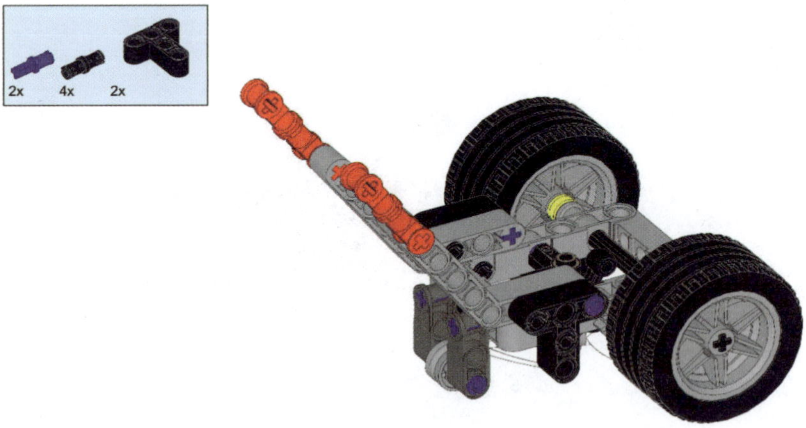

13

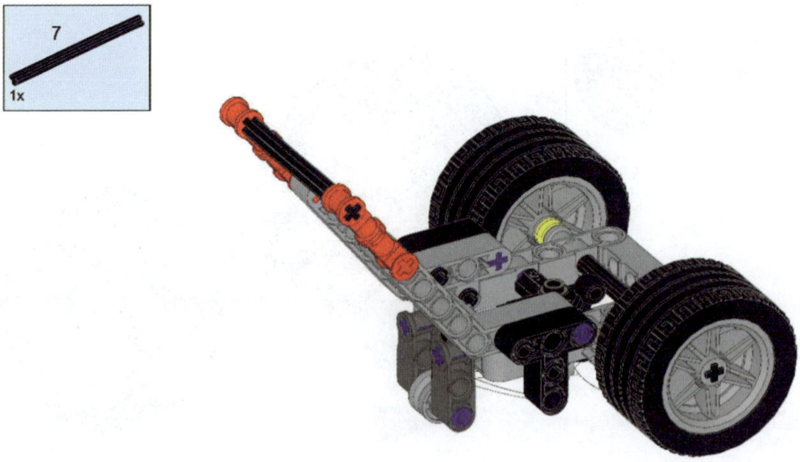

二、教学实践

课题名称	割草机
教学目标	**知识与技能目标：** 1. 观察割草机的工作方式，理解齿轮的变向及传动在割草机中起到的作用。 2. 通过搭建割草机，学习齿轮变向及传动的结构特点。 3. 在割草机的基础上，运用齿轮的变向及传动，设计实现风扇功能。 **过程与方法目标：** 1. 通过观看图片和视频了解割草机，并讨论研究齿轮在割草机中起到什么作用，锻炼观察能力和思考能力。 2. 通过实际搭建割草机，在动手过程中锻炼观察能力、模仿能力和动手能力。 3. 进一步利用齿轮的传动和变向，在割草机上加装风扇功能，在探究解决问题的过程中锻炼解决问题的能力。 **情感与价值观目标：** 齿轮在现代机械系统中起到了非常重要的作用，通过对齿轮基本作用的学习，激发深入学习齿轮系统的热情
案例分析	在前面关于齿轮的案例中，我们已经了解齿轮的作用，这节课将继续研究齿轮在实际生活中的运用，通过对割草机的学习、搭建及设计，深入了解割草机的传动作用和变向作用
教学重、难点	利用齿轮的传动作用和变向作用设计齿轮系统
教学方法	讲授法、讨论法、探究法、案例分析法、直观演示法、任务驱动法
教学准备	准备好割草机的图片及视频、齿轮组的搭建组件

教学过程

环节	教学内容	教师活动	学生活动	设计意图
情景导入（5分钟）	1. 播放割草机工作的视频，展示割草机的图片。 2. 讨论割草机为什么要用到齿轮，引导出齿轮起到传动和变向作用的结论	1. 播放视频，展示图片。 2. 提出问题：割草机中的齿轮起到什么作用？	1. 观看图片和视频。 2. 讨论并回答问题，得出齿轮能传动及变向的结论	点明学习内容，引发学习兴趣，构建问题情境，锻炼观察能力和思考能力

续表

环节	教学内容	教师活动	学生活动	设计意图
探究过程（15 分钟）	教师引导学生观察、使用不同的齿轮，以相互垂直的方式搭出简单的螺旋桨齿轮系统，探究出结论：齿轮不仅有传动的作用，还能变向，改变的方向由齿轮啮合方式决定	1. 提出探究目标：制作简易的螺旋桨齿轮系统，观察工作方式。 2. 引导学生探究不同齿比啮合方式与方向的关系。 3. 得出齿轮变向的结论	1. 明确探究目标。 2. 探究完成简易螺旋桨齿轮系统。体验不同类型的齿轮不同方向下啮合的变向。 3. 理解齿轮变向的原理	理解基本原理，动手探究实现，互动协作讨论，锻炼思考能力和探究能力
实物搭建（20 分钟）	教师展示割草机的关键搭建步骤，引导学生思考割草机为什么要用到齿轮结构	1. 分析并展示割草机的核心——齿轮部分的搭建。 2. 指导学生完成搭建	1. 理解、观察、联系并记忆搭建方法。 2. 动手实践完成搭建	锻炼观察能力、模仿能力，提高动手操作能力
拓展延伸（30 分钟）	设置场景需求为割草机运作者需要吹风。运用齿轮的传动与变向作用，加装风扇功能	1. 提出任务：在割草机的基础上加装风扇。 2. 引导学生查找资料，分析设计，完成搭建	1. 明确任务，并分小组讨论。 2. 查找资料，讨论设计，探究实践，搭建作品	对原理进行实践运用，提高解决问题的能力
总结评价（10 分钟）	评价、比较学生设计完成的割草机作品。齿轮系统的作用非常多，不同的齿轮不同的搭配组合可以得出不同的功能，需要根据需求巧妙进行设计	1. 点评学生作品。 2. 提出根据功能需求进行齿轮系统的设计要求，对学生提出期望	1. 观摩其他同学的作品，比较自己的作品。 2. 激发起对本课内容及齿轮系统的兴趣	通过评价，总结本课表现及学习效果，激发学生进一步学习的兴趣
教学反思	（提示：授课教师根据实际教学情况填写）			

第十五节 游标卡尺

游标卡尺

一、案例设计

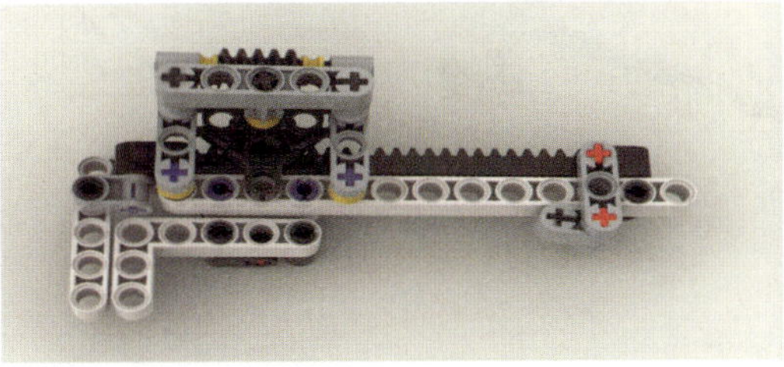

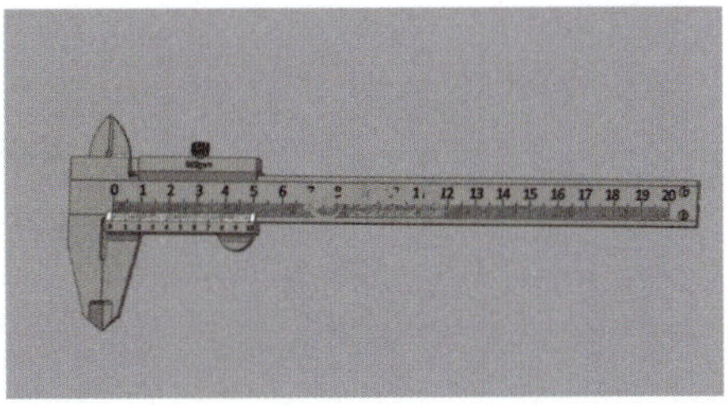

1. 需要的零件

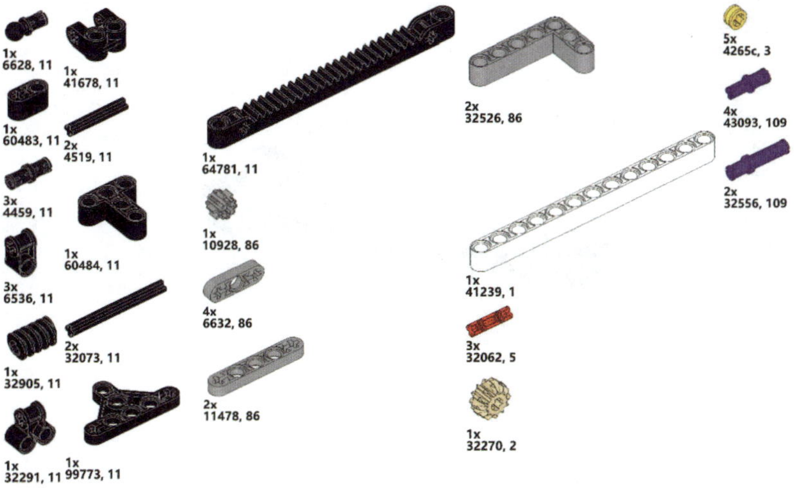

2. 搭建步骤

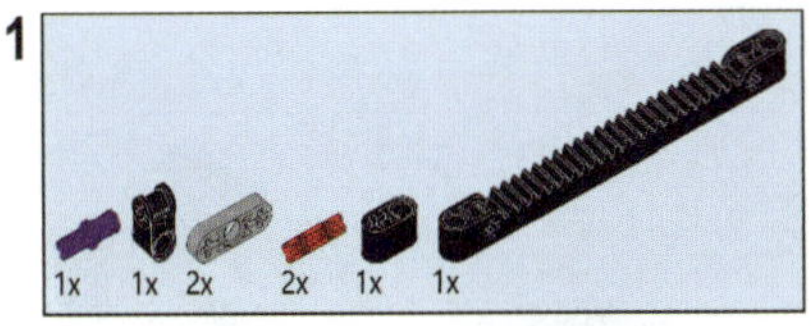

2

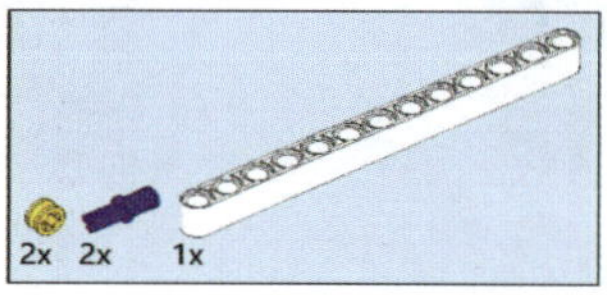

3

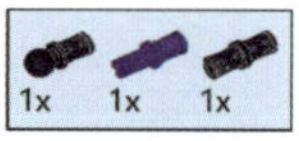

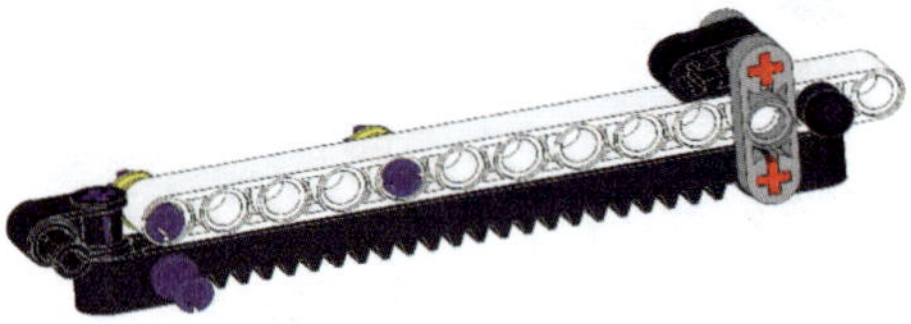

4

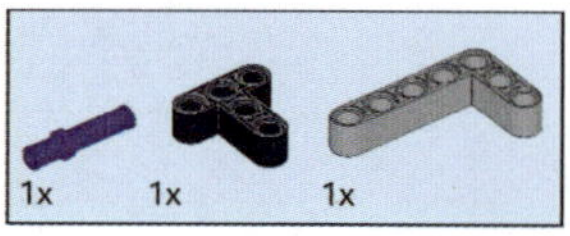

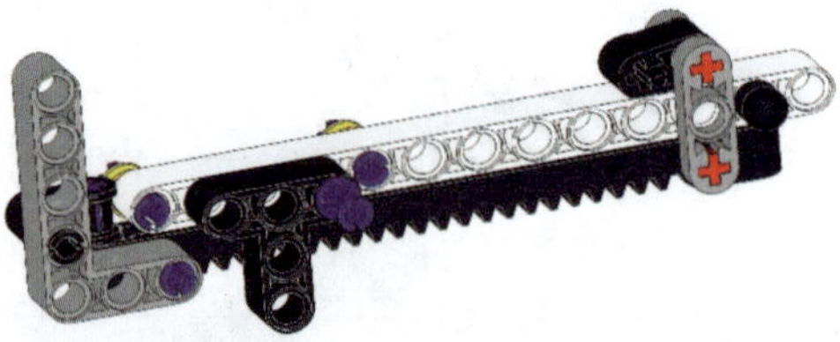

5

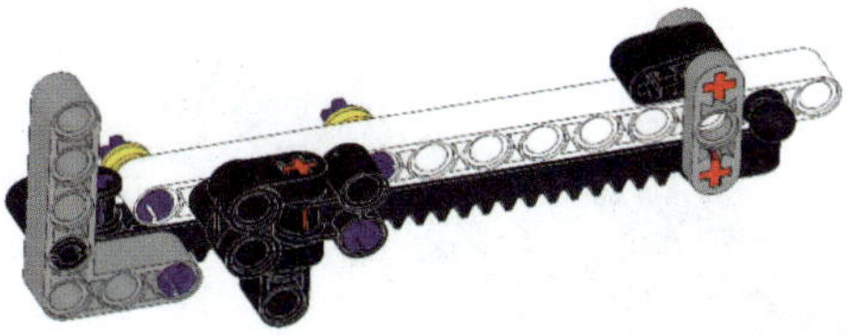

6

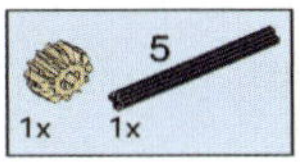

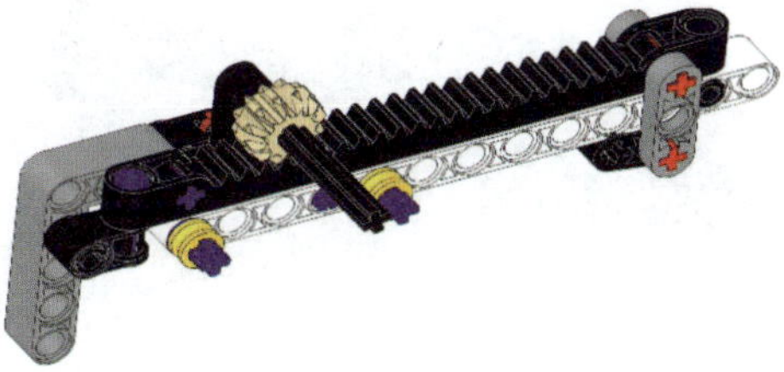

7

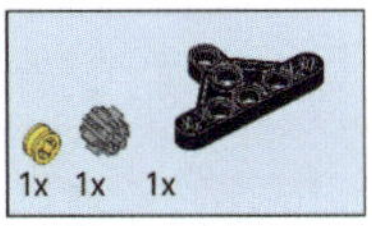

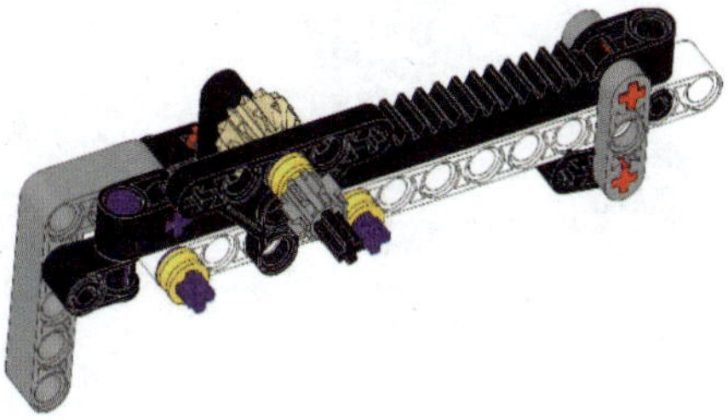

8

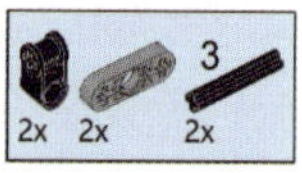

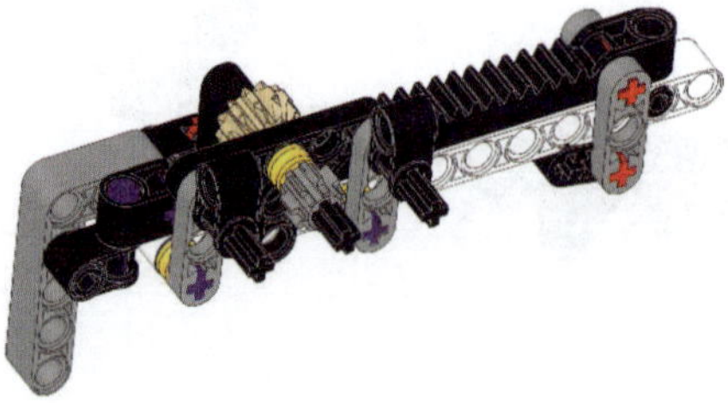

9

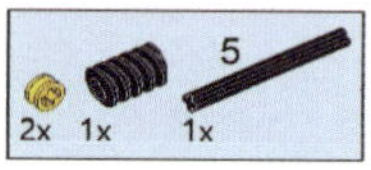

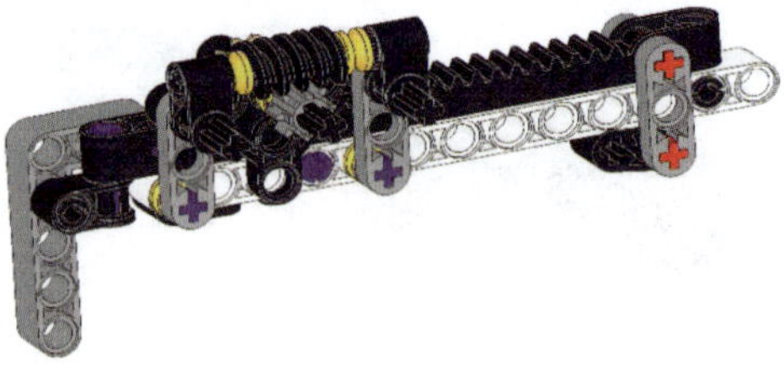

10

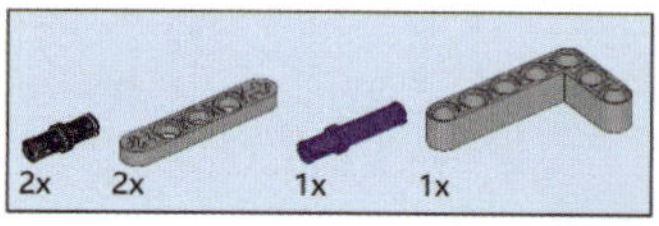

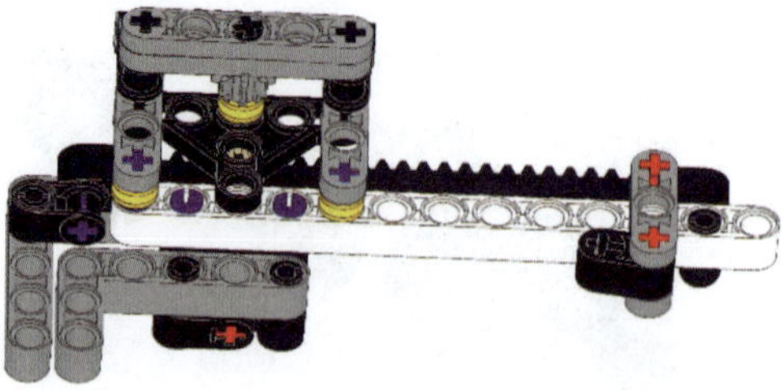

二、教学实践

课题名称	游标卡尺
教学目标	**知识与技能目标：** 1. 能观察并说出生活中的蜗杆和齿条结构。 2. 观察通过蜗杆实现位移的精确控制，通过齿条实现运动方向的变换。 3. 通过蜗杆和齿条搭建游标卡尺。 **过程与方法目标：** 1. 通过搭建游标卡尺，认识并掌握齿条和蜗杆的使用方法，培养观察能力和动手能力。 2. 分组将齿条、蜗杆配合齿轮进行不同组合的搭配使用，探究齿条和蜗杆在不同机械结构中所起的作用，培养创造性思维，加强分工合作能力以及分析总结能力。 **情感与价值观目标：** 通过游标卡尺的搭建，培养对机械结构的兴趣以及自主探究精神
案例分析	在了解齿轮的基础上，引入蜗杆和齿条，并学习蜗杆、齿条在机械结构中的应用
教学 重、难点	应用蜗杆和齿条搭建游标卡尺
教学方法	演示法、小组合作法、任务驱动法、自主探究法
教学准备	准备好课件、教案，游标卡尺若干，学生搭建游标卡尺需要的零件

教学过程

环节	教学内容	教师活动	学生活动	设计意图
情景导入 （5分钟）	1. 展示游标卡尺实物。 2. 讨论游标卡尺的结构，引出蜗杆和齿条。 3. 使用游标卡尺	1. 学生4～5人一组，每组至少发放一把游标卡尺，让学生观察游标卡尺的结构特点。 2. 提问：游标卡尺的主要结构是什么？ 3. 演示游标卡尺的使用方法，让学生使用游标卡尺对书本厚度进行测量并在测量过程中观察游标卡尺的工作过程	1. 观察游标卡尺的结构并回答问题。 2. 用游标卡尺进行实物测量	认识蜗杆和齿条，培养学生的观察能力，激发学生的学习兴趣

续表

环节	教学内容	教师活动	学生活动	设计意图
探究新知 （15分钟）	1. 观察蜗杆和齿条的结构特征。 2. 思考并分析游标卡尺中蜗杆和齿条的运动方式和作用	1. 问题：蜗杆、齿条有哪些结构特征？ 2. 问题：蜗杆和齿条在游标卡尺中具有什么样的运动方式？ 3. 问题：蜗杆和齿条如何通过配合实现游标卡尺的精密测量？ 4. 待各小组分析并讨论出结果后，随机提问小组成员回答问题，进行点评	1. 观察蜗杆和齿条的结构特征。 2. 操作游标卡尺，观察蜗杆和齿条在游标卡尺中的运动方式和作用。 3. 回答问题	了解蜗杆、齿条的结构和运动方式，培养观察能力、探究能力和问题分析总结能力，加强小组合作能力，提高表达能力
实物搭建 （30分钟）	搭建游标卡尺	1. 展示游标卡尺具体搭建步骤（见二维码资源）。 2. 指导学生搭建游标卡尺。 3. 引导学生解决搭建过程中遇到的问题	分工合作进行搭建	培养动手能力，加强学生的合作能力
拓展延伸 （30分钟）	布置使用蜗杆和齿条进行不同机械结构的搭建任务	1. 提出搭建要求：以小组为单位，以精确控制位移或者改变运动方式为目标，搭建简单的机械结构；所使用的零件种类、数量不限，但必须包含蜗杆或齿条。 2. 引导学生进行设计和搭建。 3. 让各小组对自己作品的设计思路和功能进行介绍。 4. 对各小组作品进行点评，引导学生思考和理解蜗杆、齿条在不同机械结构中的作用	1. 完成搭建任务，并介绍作品。 2. 体会与感悟蜗杆、齿条在不同机械结构中的作用	进一步加深对蜗杆、齿条运动方式和作用的认识，培养创造性思维和对机械结构的兴趣
总结评价 （10分钟）	1. 展示各小组游标卡尺作品并进行点评。 2. 总结各小组在设计搭建中遇到的问题	1. 组织学生将游标卡尺作品放于讲台进行展示。 2. 对各小组游标卡尺作品的外观和功能进行点评。 3. 对各小组在搭建中遇到的问题进行总结	学生展示搭建好的游标卡尺	培养学生对机械结构的兴趣
教学反思	（提示：授课教师根据实际教学情况填写）			

第十六节 安全门

安全门

一、案例设计

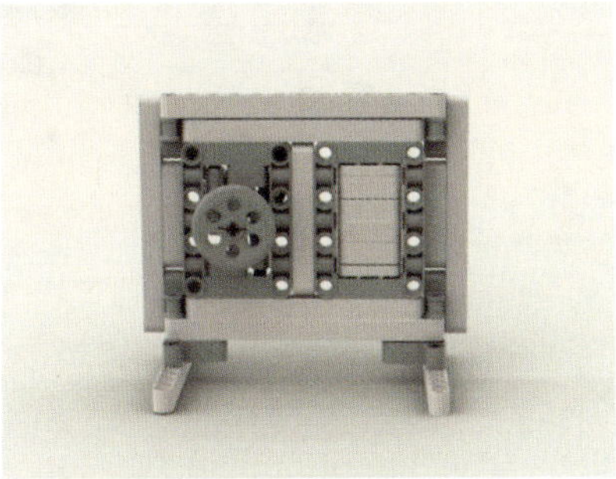

1. 需要的零件

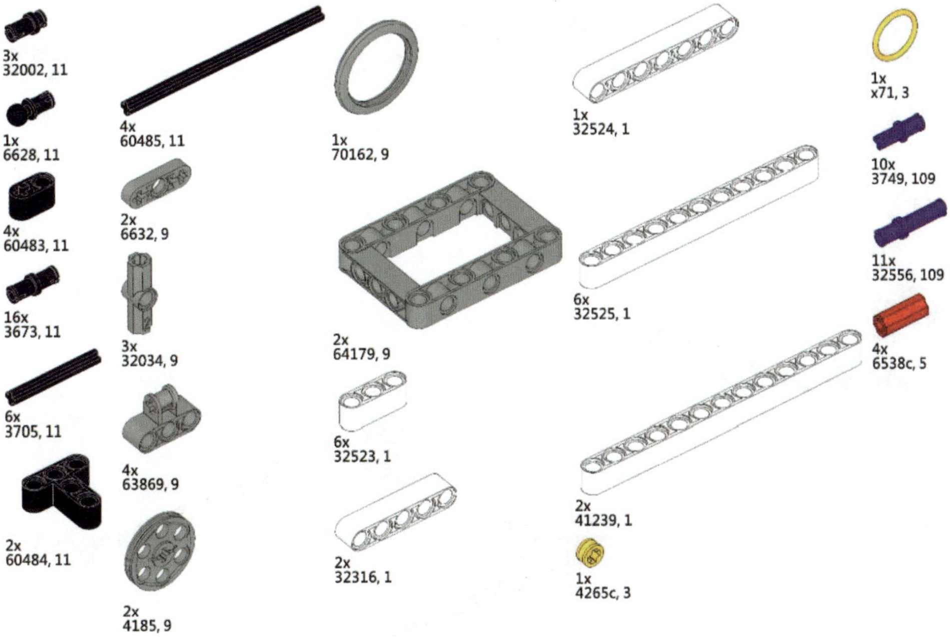

2. 搭建步骤

1

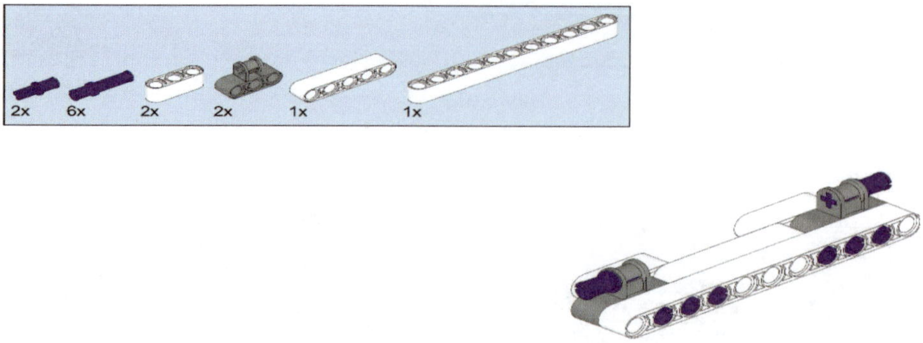

2

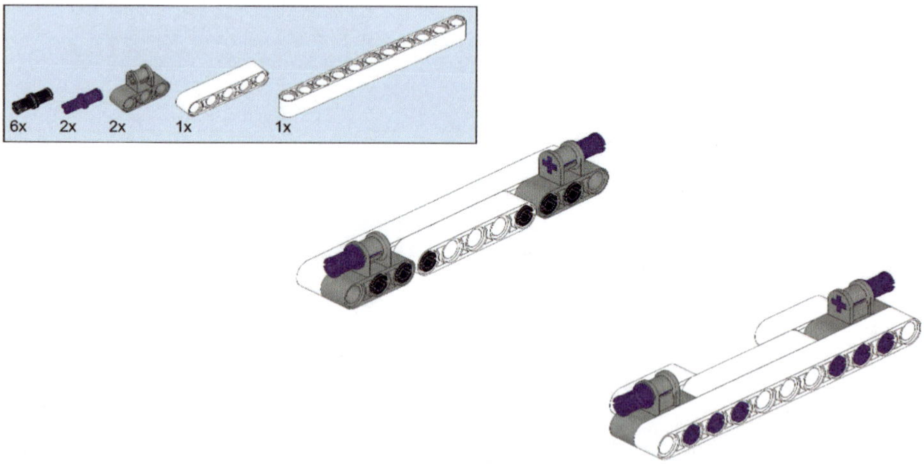

3

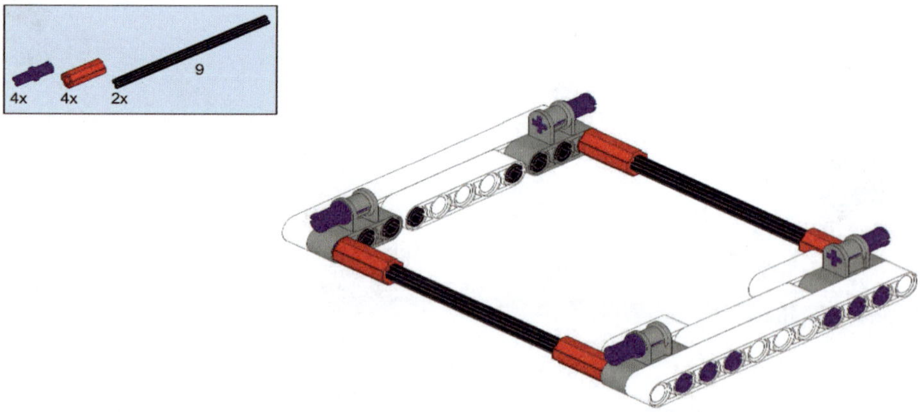

4

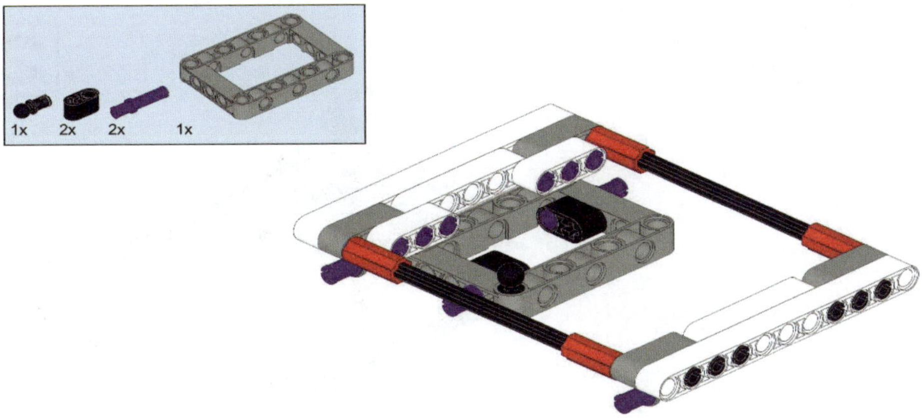

5

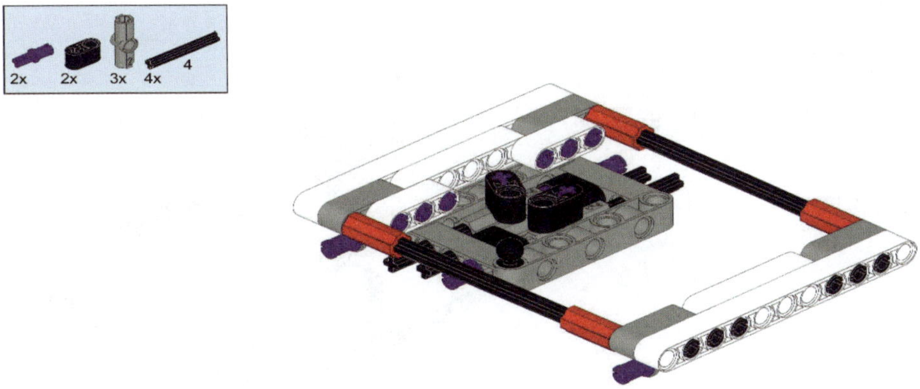

6

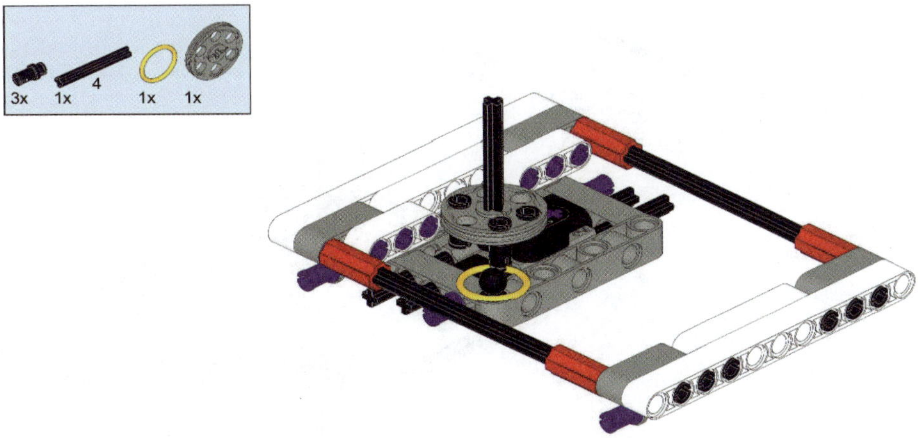

7

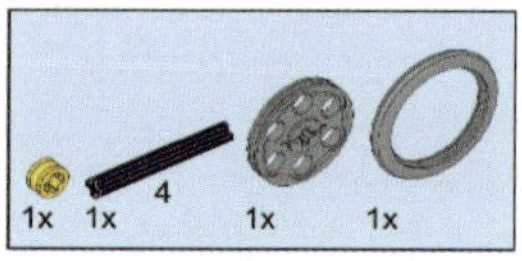

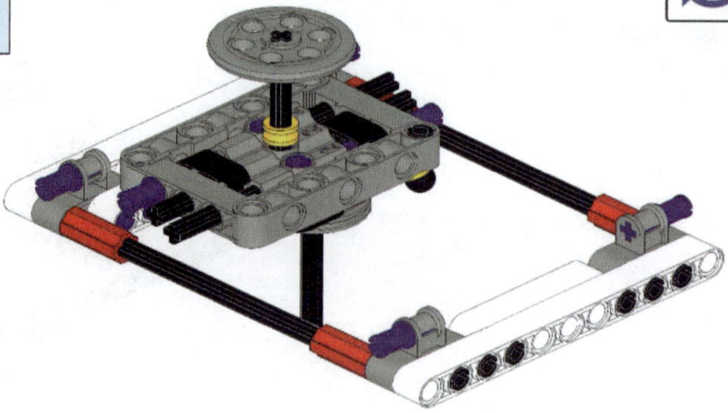

8

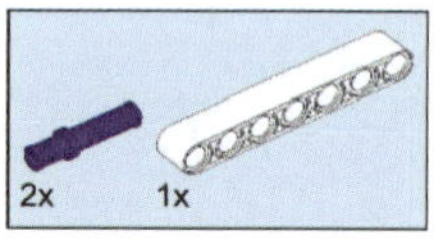

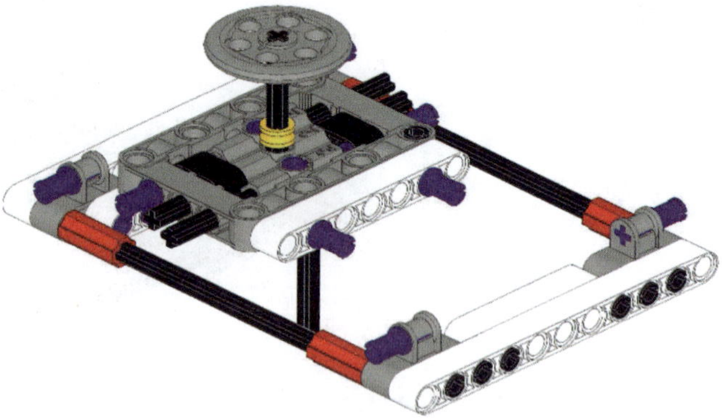

9

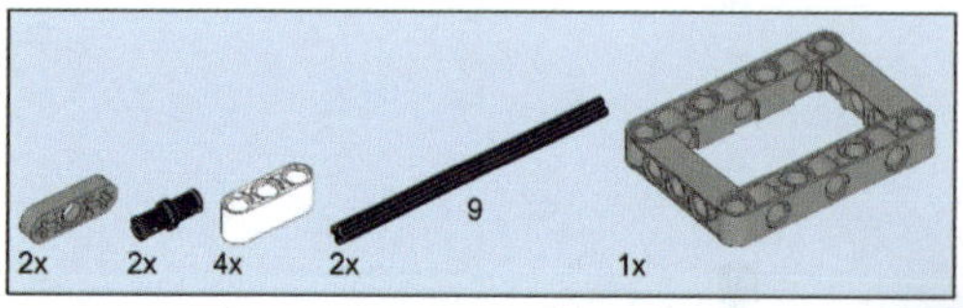

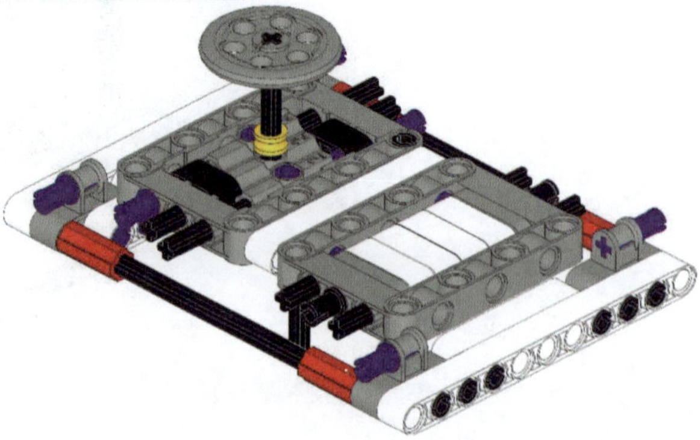

10

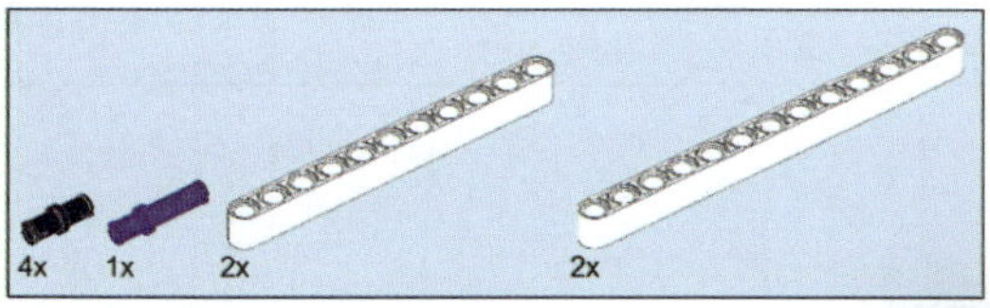

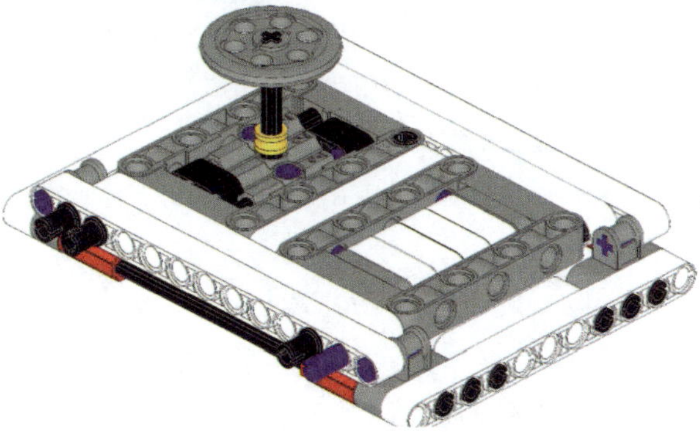

11

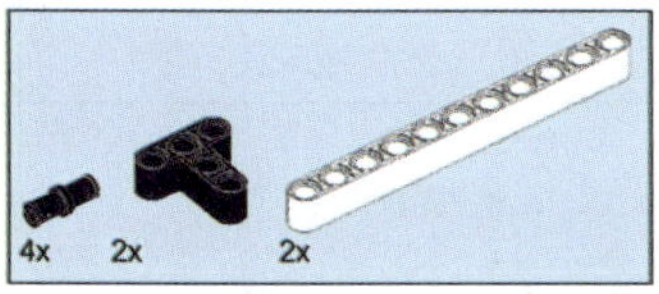

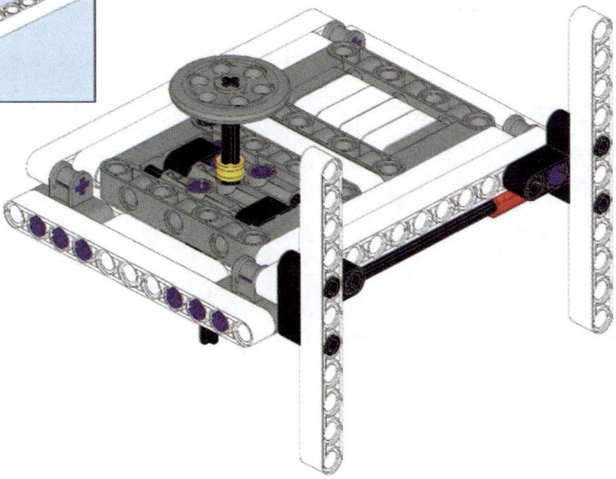

二、教学实践

课题名称	**安全门**
教学目标	**知识与技能目标：** 1. 结合实际生活，能说出安全门的结构特点。 2. 观察安全门结构中如何能将门锁死。 3. 运用安全门门锁的锁死结构，搭建安全门。 **过程与方法目标：** 1. 通过思考和实践，培养学生分析问题、自主探索、解决问题的能力和创造能力。 2. 通过小组合作完成安全门的搭建与改造，培养学生合作探究的能力和动手能力。 **情感与价值观目标：** 激发学生对科学知识的探究欲望并从中获得自我成就感，提升自信心
案例分析	了解安全门的基本结构和作用，认识安全门的锁死结构
教学重、难点	运用安全门门锁的锁死结构，搭建安全门
教学方法	讲授法、小组合作学习法、任务驱动法
教学准备	准备好课件、教案、图片、学生搭建安全门需要的零件

教学过程

环节	教学内容	教师活动	学生活动	设计意图
情景导入（5分钟）	观看视频和图片，讨论安全门的结构特点	1. 展示不同类型的安全门的图片。 2. 提出问题：安全门和普通的门有什么区别？	1. 观看图片。 2. 思考并回答问题	激发学生学习的兴趣，提高主动参与性

续表

环节	教学内容	教师活动	学生活动	设计意图
探究新知 （20分钟）	1. 搭建安全门所需的零件。 2. 安全门主要零件的特征和作用。 3. 安全门门锁的锁死结构	1. 提出问题：搭建安全门所需的零件都有哪些？ 2. 分析安全门主要零件的特征和作用。 3. 结合安全门的结构特点，引出安全门门锁的锁死结构。 4. 分析如何运用安全门门锁的锁死结构，搭建安全门	思考并回答问题	培养学生综合分析、自主探索知识的能力
实物搭建 （30分钟）	搭建安全门	1. 展示搭建的关键步骤。 2. 引导学生自主搭建。 3. 指导学生解决搭建过程中的问题	1. 观看搭建步骤。 2. 小组合作进行搭建	学生在合作探究的基础上完成搭建，培养学生合作探究的能力和动手能力
拓展延伸 （25分钟）	改进搭建的安全门，利用齿轮垂直啮合开门 / 关门	布置任务，让学生讨论并实践	思考问题，动手搭建	通过思考和实践，培养学生分析问题、解决问题的能力和创造能力
总结评价 （10分钟）	1. 展示学生搭建好的安全门作品。 2. 对学生作品进行评价。 3. 观察生活中安全门的应用场景	1. 组织学生展示作品。 2. 总结作品完成情况，提出搭建中遇到的问题。 3. 引导学生观察生活中安全门的应用场景，学会如何开关安全门	1. 展示自己的作品。 2. 观察生活中安全门的应用场景，学会如何开关安全门	巩固知识，培养学生的表达能力，提高学生对本门课程的兴趣
教学反思	（提示：授课教师根据实际教学情况填写）			

第四章

教育机器人教学案例（动力机械）

第一节 单电机驱动结构

单电机
驱动结构

一、案例设计

1. 需要的零件

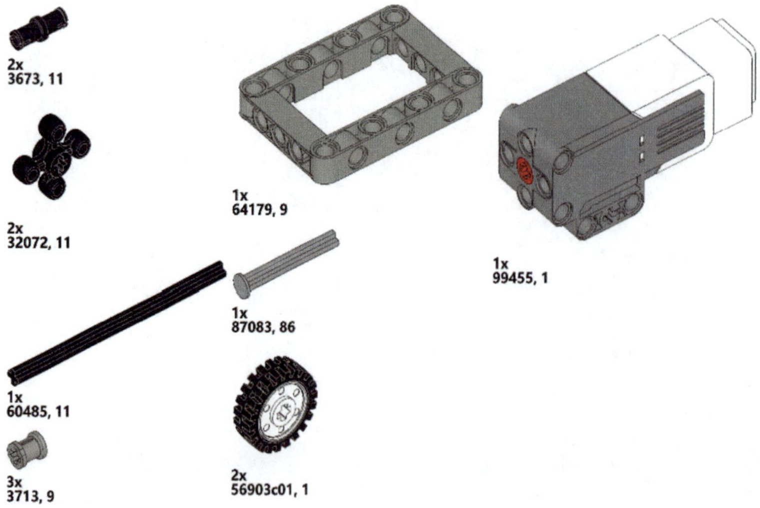

2. 搭建步骤

1

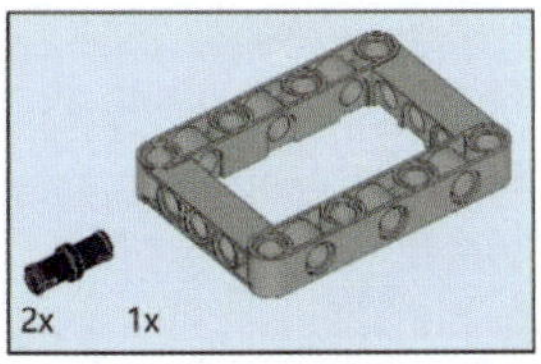

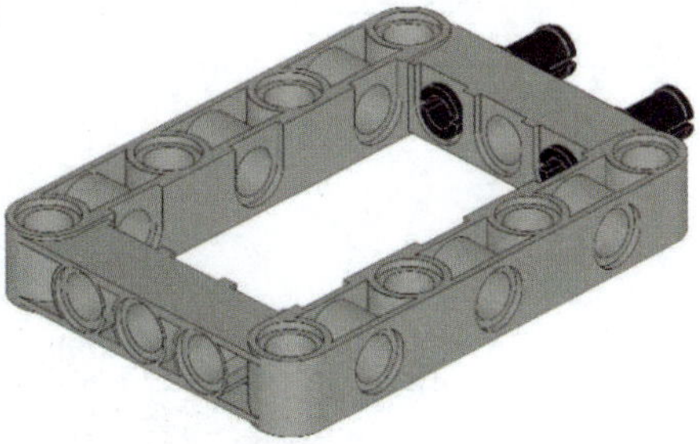

2

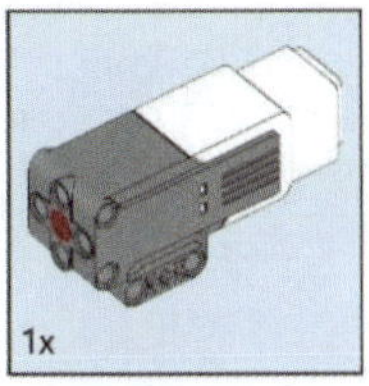

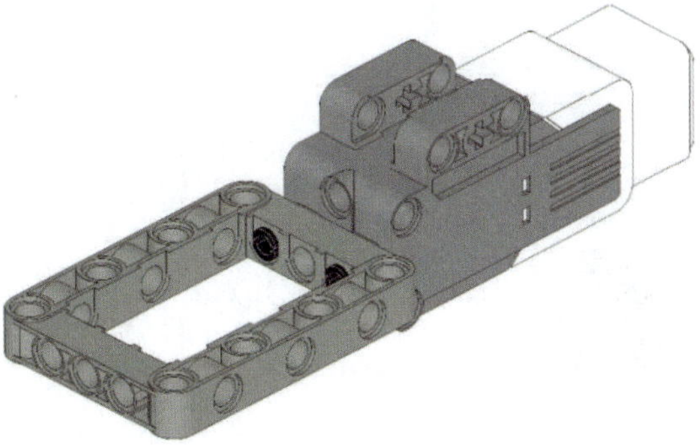

3

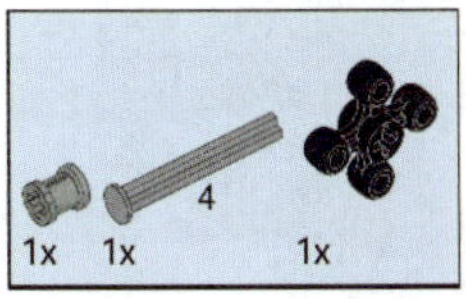

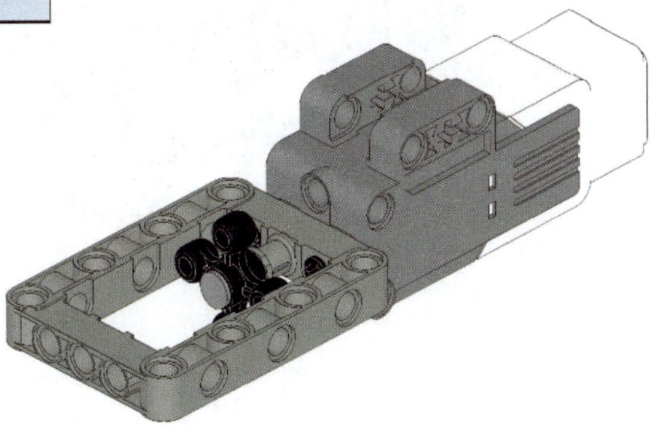

4

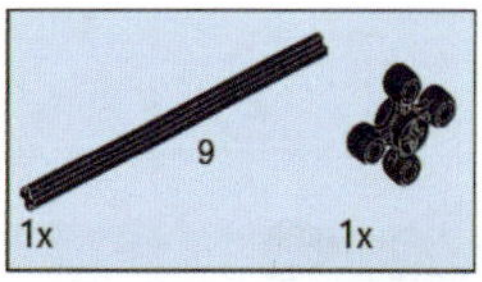

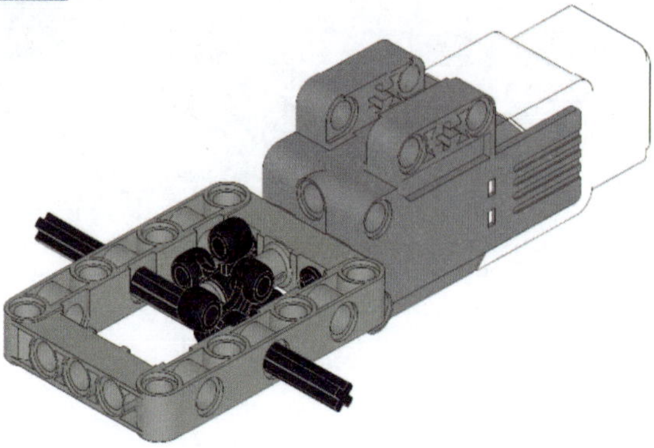

5

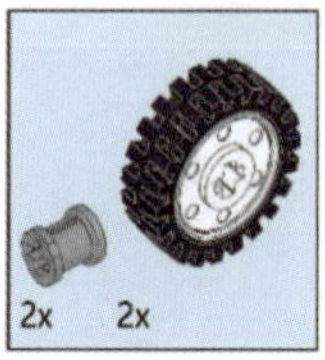

二、教学实践

课题名称	单电机驱动结构
教学目标	**知识与技能目标：** 1. 结合实际生活，能说出汽车是如何驱动的。 2. 观察电机如何起到驱动作用。 3. 运用单电机驱动结构的原理搭建驱动小车。 **过程与方法目标：** 通过搭建单电机驱动小车，培养学生的观察能力和表达交流能力，以及探究知识的主动性、创造性。 **情感与价值观目标：** 培养学生学习机械知识的兴趣
案例分析	认识电机的基本工作原理
教学重、难点	运用单电机驱动结构的原理搭建驱动小车
教学方法	演示法、自主探究法、游戏法
教学准备	提前准备好课件、教案、单电机驱动的乐高小车图片及学生搭建作品需要的零件

教学过程

环节	教学内容	教师活动	学生活动	设计意图
情景导入（4分钟）	1. 展示图片。   2. 提出问题	1. 展示单电机驱动的乐高小车图片。 2. 将学生分为4人一组，提出问题：小车是如何进行驱动的？指导学生分组讨论	1. 观看单电机驱动的乐高小车图片。 2. 围绕小车是如何进行驱动的问题进行分组讨论，并回答问题	培养学生的观察能力，提升学生互相协作的能力

续表

环节	教学内容	教师活动	学生活动	设计意图
探究新知（15 分钟）	1. 思考搭建单电机驱动结构所需的零件都有哪些。 2. 分析这些零件的作用。 3. 分析如何安装固定马达，搭建出单电机驱动结构	通过提问，引导学生讨论搭建所需零件和如何安装固定马达，搭建出单电机驱动结构	回答问题，分析得出固定马达的方式和搭建单电机驱动结构的方法	提高学生对马达的兴趣，培养学生探索知识的能力
实物搭建（30 分钟）	搭建单电机驱动结构	展示单电机驱动结构的搭建步骤，引导学生自主搭建并解决学生搭建过程中遇到的问题	观看搭建步骤，并进行搭建	培养学生学习机械知识的兴趣
拓展延伸（35 分钟）	1. 完成单电机驱动小车车身的搭建。 2. 竞技比赛，比较谁的小车跑得更快	1. 通过任务法，布置学生完成单电机驱动小车的搭建。 2. 组织学生参加比赛	1. 动手搭建单电机驱动小车的车身部分。 2. 参加比赛	增加课堂的趣味性，激发学生的主动性和创造性
总结评价（6 分钟）	1. 展示学生搭建好的小车。 2. 对学生作品进行评价	1. 组织学生展示作品。 2. 鼓励学生的创新性，奖励优秀作品。 3. 总结作品完成情况，提出在搭建过程中遇到的问题	展示自己的作品	培养学生的口头交流表达能力，鼓励学生不断创新、勇于创造
教学反思	（提示：授课教师根据实际教学情况填写）			

第二节 双电机驱动小车

双电机
驱动小车

一、案例设计

1. 需要的零件

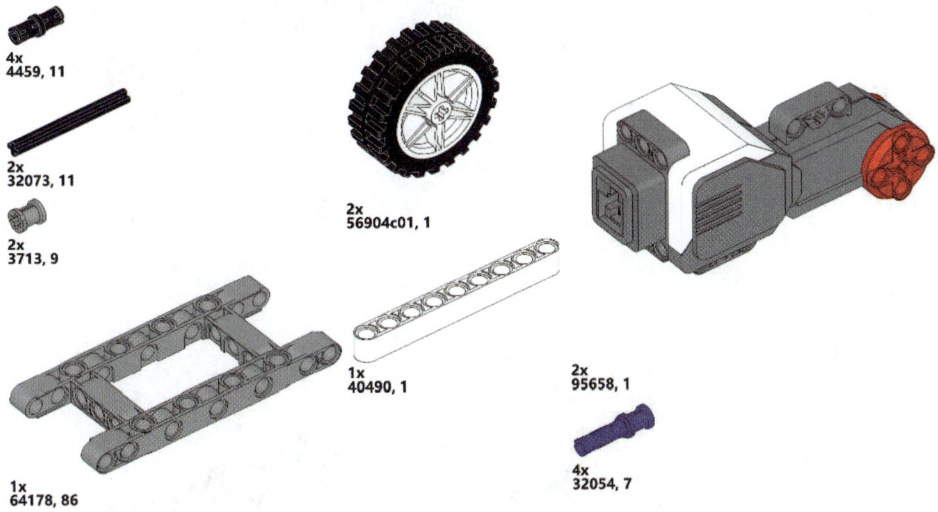

2. 搭建步骤

1

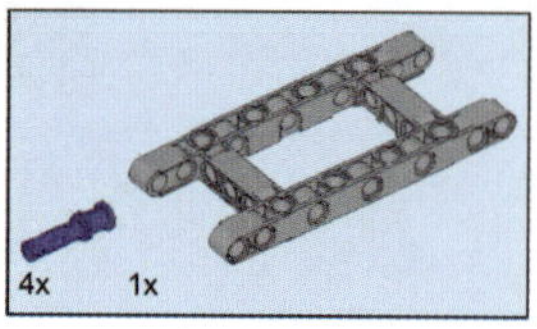

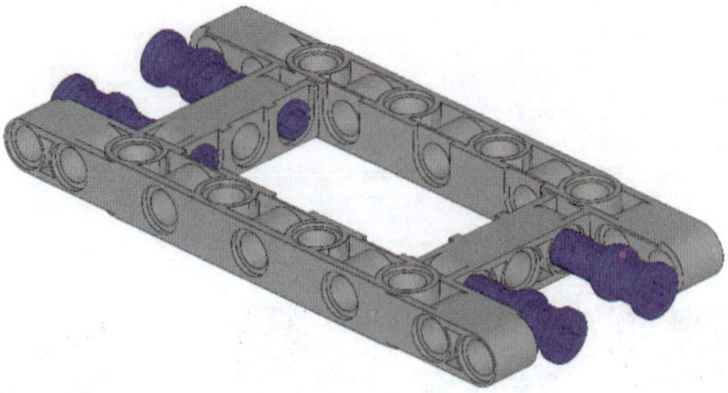

2

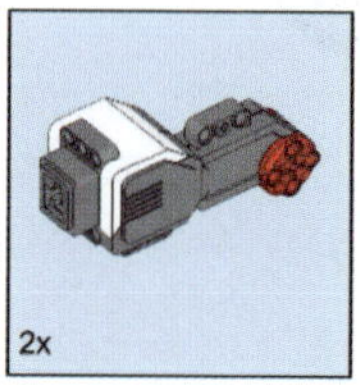

3

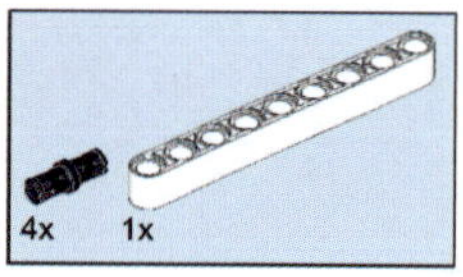

4

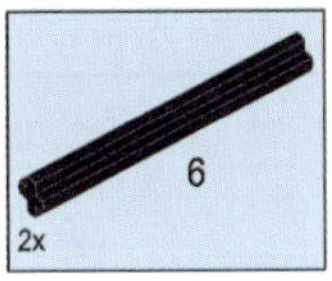

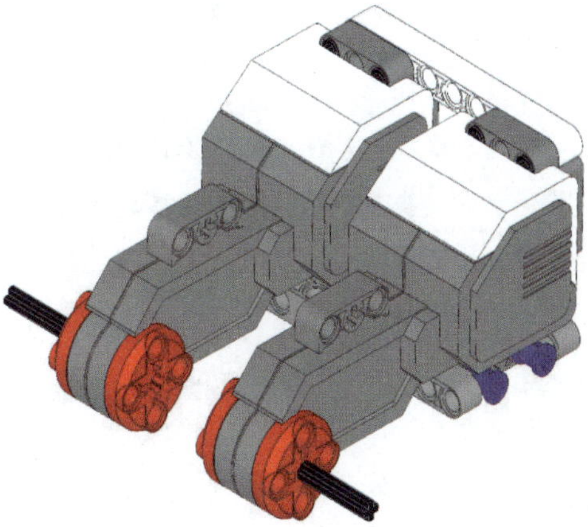

5

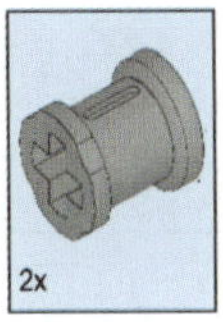

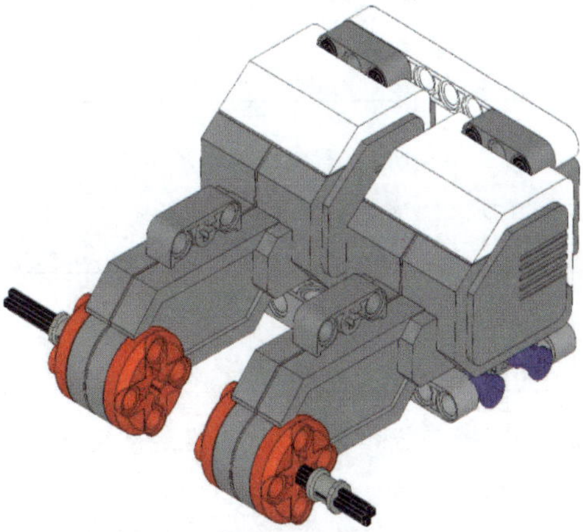

6

二、教学实践

<table>
<tr><td>课题名称</td><td colspan="4">双电机驱动小车</td></tr>
<tr><td>教学目标</td><td colspan="4">知识与技能目标：
1. 能说出双电机驱动设备的同步运行原理。
2. 能运用双电机驱动结构的原理搭建驱动小车。
过程与方法目标：
1. 通过小组合作搭建双电机驱动小车，掌握双电机驱动小车驱动方式与同步运行方法，培养合作探究能力、动手能力，以及分析问题、解决问题的能力和创造能力。
2. 通过小组讨论以及作品展示与点评，提高语言表达能力和分析能力。
情感与价值观目标：
通过完成实例搭建和小组拓展任务，激发学生的学习兴趣和主动参与性，从中获得自我提升感</td></tr>
<tr><td>案例分析</td><td colspan="4">在认识了单电机的基本工作原理的基础上，进一步了解并掌握双电机驱动设备的同步运行与应用方法</td></tr>
<tr><td>教学
重、难点</td><td colspan="4">能运用双电机驱动结构的原理搭建驱动小车</td></tr>
<tr><td>教学方法</td><td colspan="4">演示法、小组合作学习法、任务驱动法</td></tr>
<tr><td>教学准备</td><td colspan="4">课件、教案、视频、双电机驱动小车的图片及学生搭建双电机驱动小车需要的零件</td></tr>
<tr><td colspan="5">教学过程</td></tr>
<tr><td>环节</td><td>教学内容</td><td>教师活动</td><td>学生活动</td><td>设计意图</td></tr>
<tr><td>情景导入
（7分钟）</td><td>展示双电机驱动小车工作相关图片和视频，并通过提问导入学习主题</td><td>1. 双电机驱动小车工作图片和视频。
2. 提出问题：小车是如何实现同步运行的？</td><td>1 观看图片和视频。
2. 回答问题</td><td>激发学生的学习兴趣和主动参与性</td></tr>
</table>

续表

环节	教学内容	教师活动	学生活动	设计意图
探究新知（18分钟）	1. 思考搭建双电机驱动小车所需的零件都有哪些？ 2. 分析这些零件的特征和作用。 3. 分析如何正确搭建出双电机驱动小车	1. 提出问题，引导学生思考。 2. 与学生共同探究	思考、讨论并回答问题	培养学生综合分析、自主探索知识的能力
实物搭建（30分钟）	搭建双电机驱动结构	1. 展示双电机驱动小车搭建的关键步骤。 2. 引导学生观察、模仿，动手搭建双电机驱动小车	1. 观察搭建步骤，了解各部分元件的作用。 2. 模仿并动手搭建双电机驱动小车	学生在合作探究的基础上完成搭建，培养合作探究的能力和动手能力
拓展延伸（25分钟）	改进自己的双电机驱动小车，在运行稳定的情况下使速度变得更快	布置任务，指导学生讨论并实践	思考问题，动手搭建，改进作品	通过思考和实践，培养学生分析问题、解决问题的能力和创造能力
总结评价（10分钟）	1. 展示学生搭建好的双电机驱动小车作品。 2. 对学生作品进行评价。 3. 观察生活中应用双电机驱动的相关机械设备	1. 组织学生展示作品。 2. 总结作品完成情况，提出搭建过程中遇到的问题。 3. 引导学生观察生活中可以应用双电机驱动的机械设备	1. 展示自己的作品。 2. 观察生活中可以应用双电机驱动的相关机械设备	巩固知识，培养学生的表达能力，提高对本门课程的兴趣
教学反思	（提示：授课教师根据实际教学情况填写）			

第三节 四轮驱动车

四轮驱动车

一、案例设计

1. 需要的零件

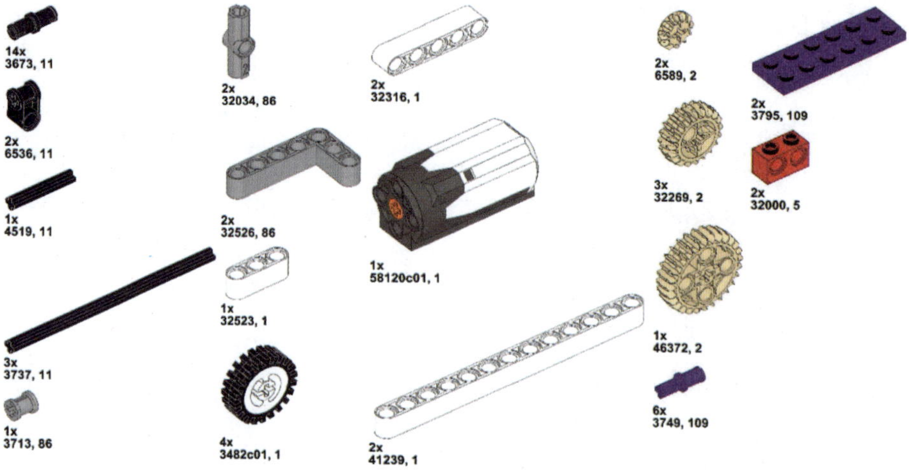

2. 搭建步骤

1

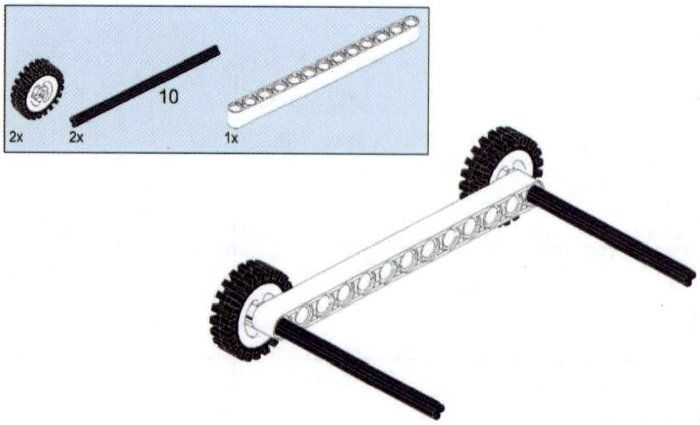

2

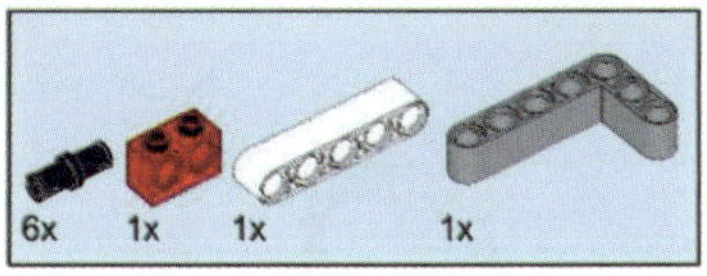

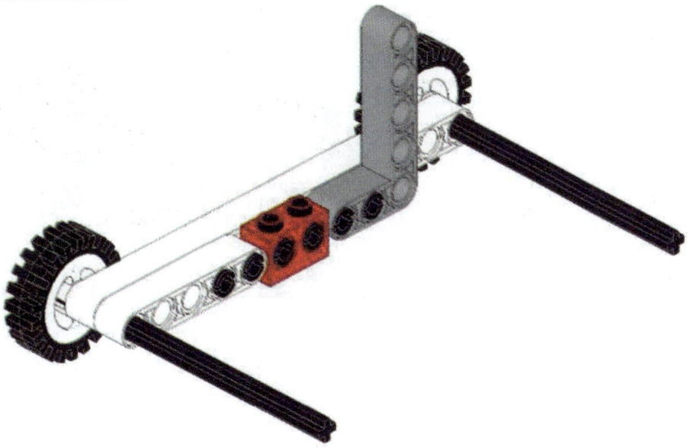

3

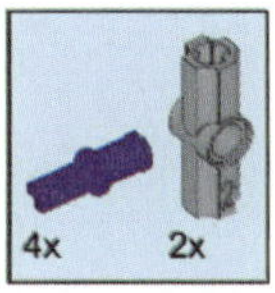

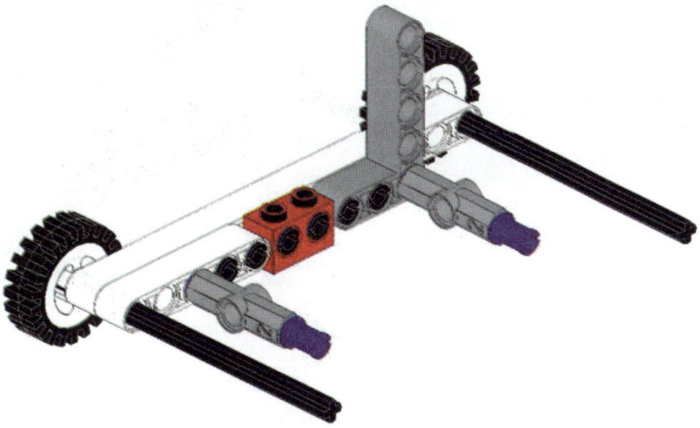

4

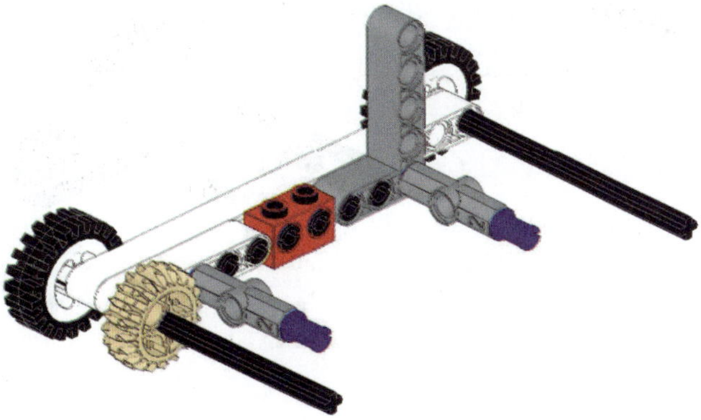

5

6

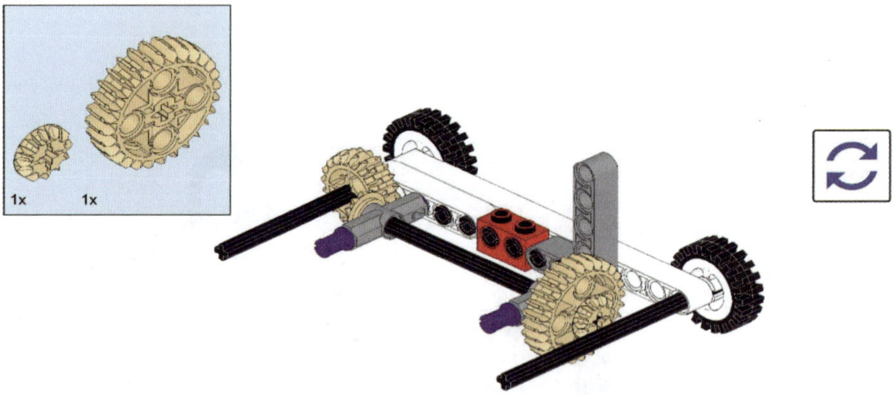

7

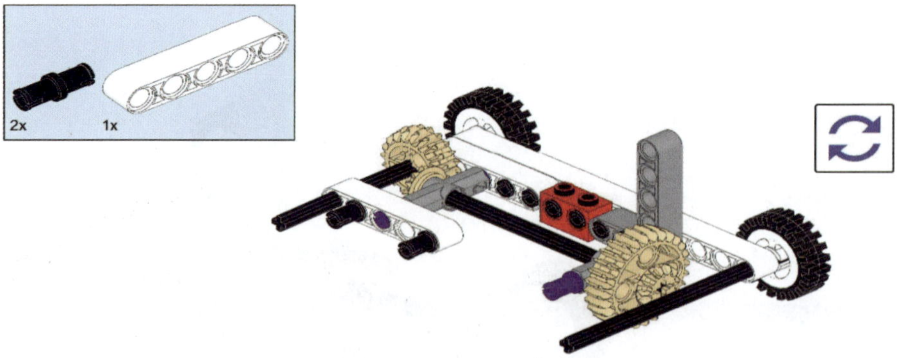

8

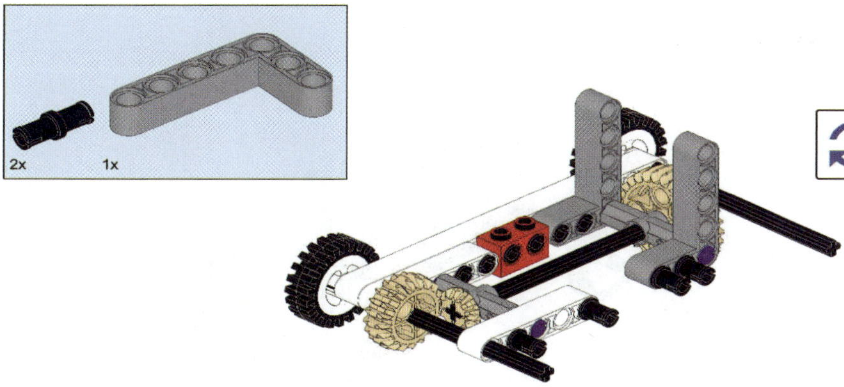

9

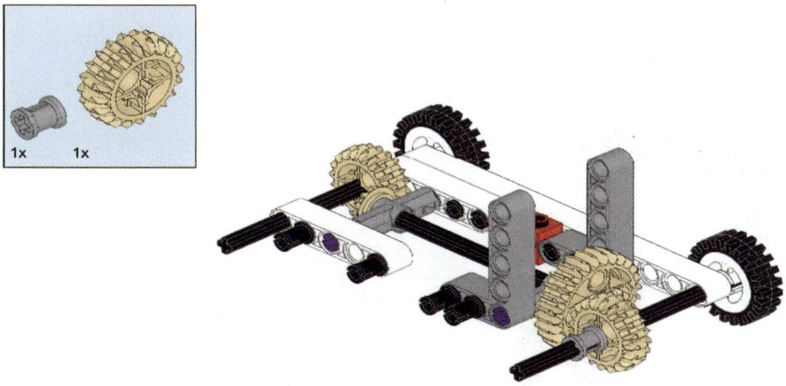

10

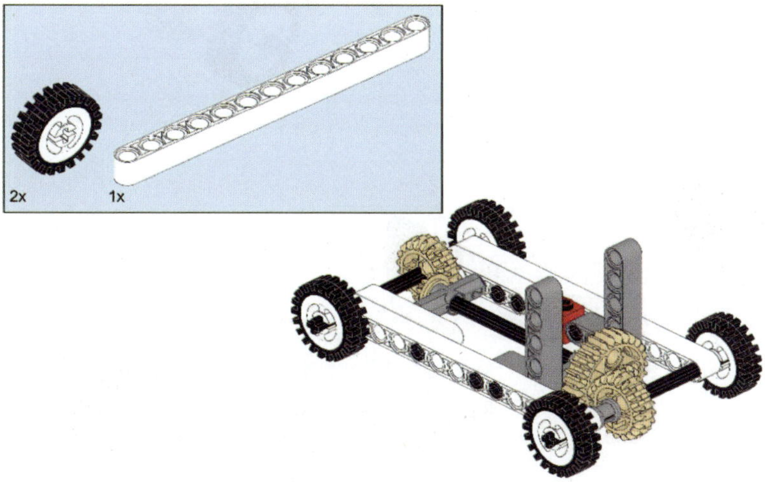

11

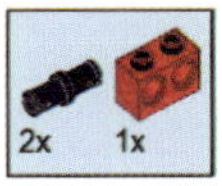

12

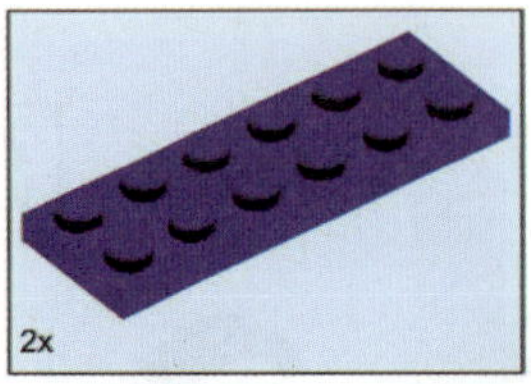

13

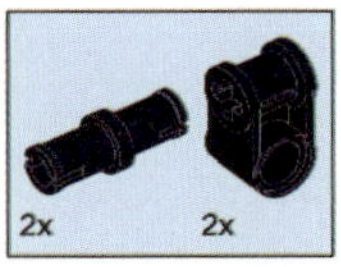

14

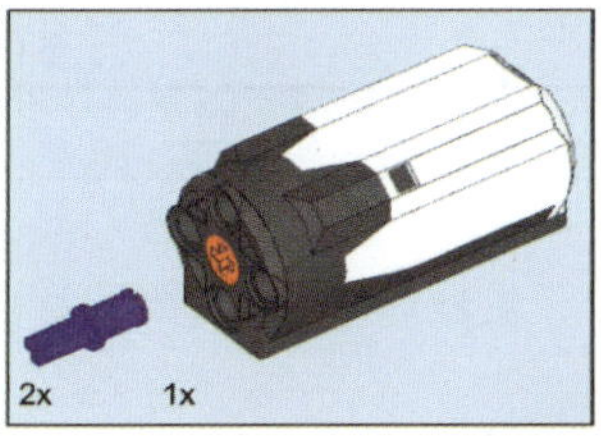

15

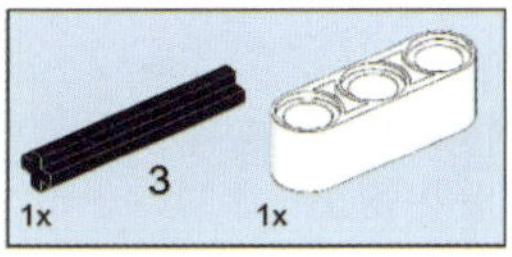

16

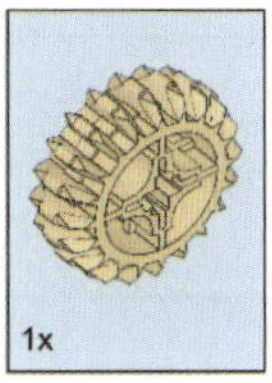

二、教学实践

课题名称	**四轮驱动车**
教学目标	**知识与技能目标：** 1. 观察马达通过齿轮带动物体运动的现象，能理解马达及齿轮的结合形成动力机械物体的结构特点。 2. 通过搭建四轮驱动车，掌握马达及齿轮结构结合形成动力小车的特点及原理。 3. 利用齿轮系统及马达的特点，设计不同结构的小车，参与小车竞速比赛。 **过程与方法目标：** 1. 通过观察及体验马达的工作，思考并讨论马达结合齿轮工作有什么特点，从而锻炼观察能力和思考能力。 2. 通过实际搭建四轮驱动小车，在动手过程中锻炼观察能力、模仿能力和动手能力。 3. 利用齿轮系统及马达的特点，设计不同结构的小车，通过参与小车竞速比赛，在探究解决问题的过程中锻炼学生解决问题的能力。 **情感与价值观目标：** 对马达这一现代机械的动力驱动核心产生兴趣，引发对相关结构的思考，从而对现代机械结构及齿轮系统产生探究兴趣
案例分析	在“基础机构”案例中，我们已经体验到齿轮系统的结构及作用，如果对齿轮提供动力的不是人力，而是电能转换的机械能，就能产生诸多的动力机械产品。这节课将齿轮系统及马达结合起来，通过四轮驱动车的学习、设计及搭建，深入了解马达驱动的齿轮系统的工作原理
教学重、难点	通过搭建四轮驱动车，掌握马达及齿轮结构结合形成动力小车的特点及原理。在此基础上设计不同结构的小车，参与小车竞速比赛
教学方法	讲授法、讨论法、探究法、案例分析法、直观演示法、任务驱动法
教学准备	准备好马达、齿轮、车轮等搭建组件，以及马达带动齿轮系统运作的动图和简易小车的图片

教学过程

环节	教学内容	教师活动	学生活动	设计意图
情景导入 (5 分钟)	1. 展示小车的图片及马达带动齿轮从而驱动轮子运转的动图。 2. 讨论马达在其中起到的作用	1. 展示图片及动图。 2. 提出问题：马达的主要作用是什么？	1. 观看图片。 2. 讨论并回答问题	点明学习内容，引发学习兴趣，构建问题情境，锻炼观察能力和思考能力

续表

环节	教学内容	教师活动	学生活动	设计意图
问题探究（15分钟）	教师引导学生利用马达自制简易风扇，掌握马达组件的正反转、低高速的使用方法	1. 提出探究目标：制作简易风扇。 2. 引导学生探究马达控制电机的各按钮的作用	1. 明确探究目标。 2. 探究完成简易风扇制作，并掌握马达控制电机的各按钮的作用	理解基本原理，动手探究实现，互动协作讨论，锻炼思考能力和探究能力
实物搭建（20分钟）	教师展示四轮驱动车的关键搭建步骤，引导学生思考：当马达的旋转方向与轮子的运动方向不同时，该如何解决	1. 分析并展示四轮驱动车关键部分的搭建。 2. 指导学生完成搭建	1. 理解、观察、联系并记忆搭建方法。 2. 动手实践完成搭建	锻炼观察能力、模仿能力，提高动手操作能力
拓展延伸（40分钟）	1. 运用齿轮系统及马达的特点，结合之前学过的结构知识，设计不同结构的小车。 2. 进行小车竞速比赛。在比赛中提高学生的设计能力及解决问题的能力	1. 提出任务：设计不同结构的小车。 2. 组织比赛	1. 明确任务，并分小组讨论。 2. 查找资料，讨论设计，探究实践，搭建作品，改进作品，参与比赛	对原理进行实践运用，提高解决问题的能力
总结评价（10分钟）	评价、比较学生设计完成的四轮驱动车作品，分析学生获胜的关键原因，从而得出结论：机械动力产品需要合理的结构设计，同时需要各方面的知识。提高学生对现代机械结构的兴趣	1. 点评学生作品。 2. 提出四轮驱动车相应的机械结构知识，对学生提出期望	1. 观摩其他同学的作品，比较自己的作品。 2. 激发对本课内容及动力机械结构进一步学习的兴趣	通过评价总结本课表现及学习效果，激发学生进一步学习的兴趣
教学反思	（提示：授课教师根据实际教学情况填写）			

第四节 履带结构

履带结构

一、案例设计

1. 需要的零件

2. 搭建步骤

1

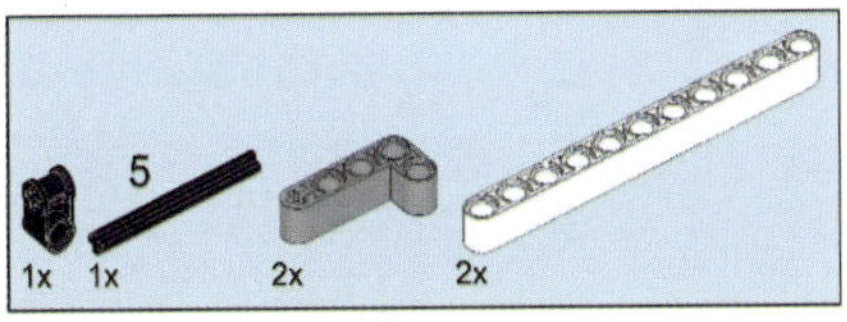

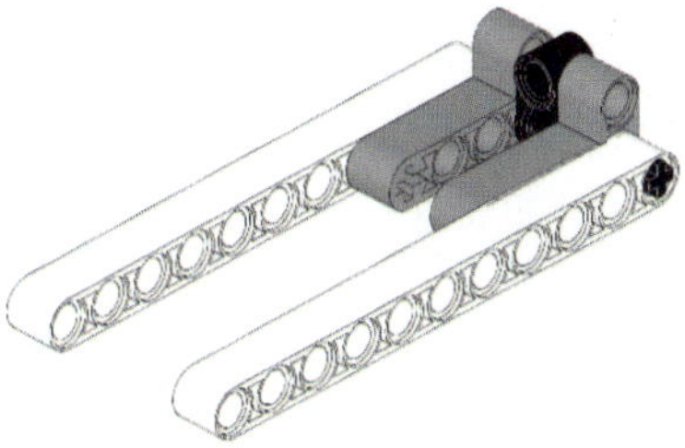

2

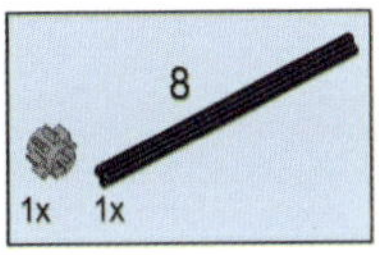

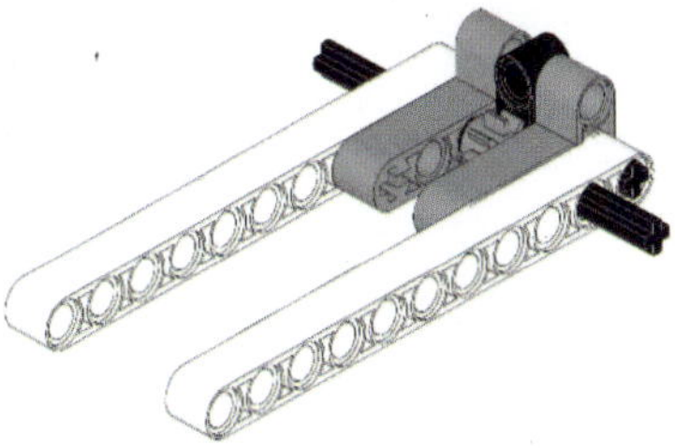

3

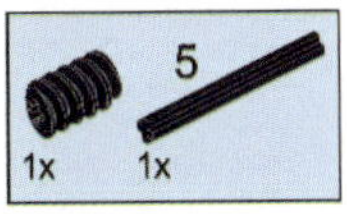

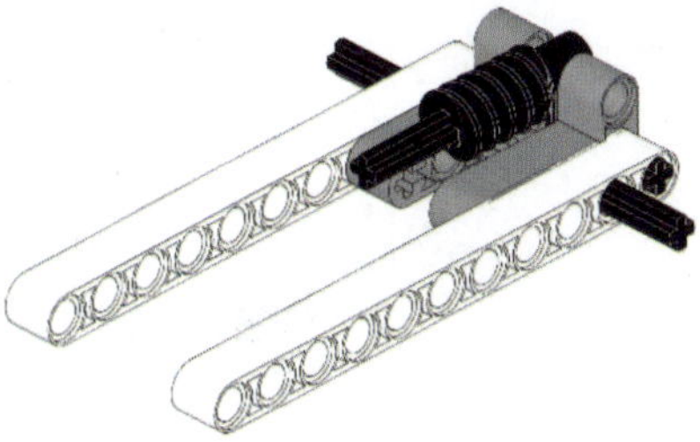

4

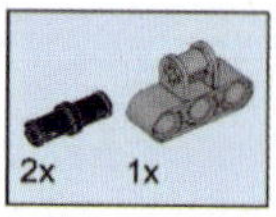

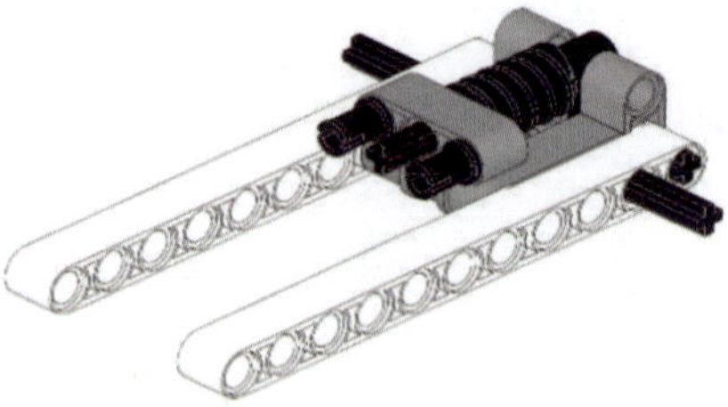

5

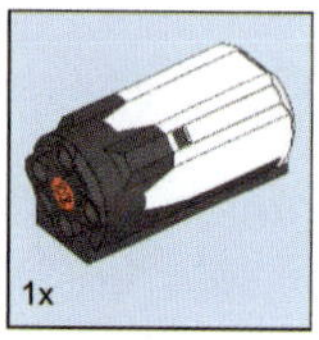

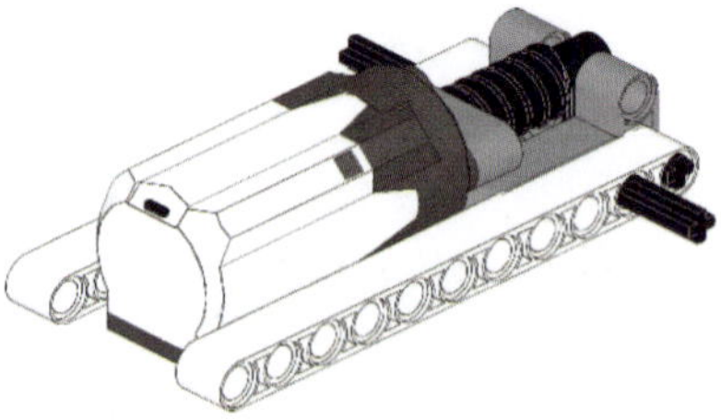

6

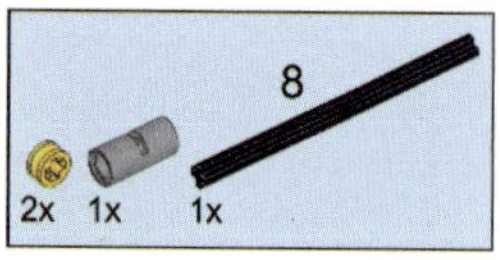

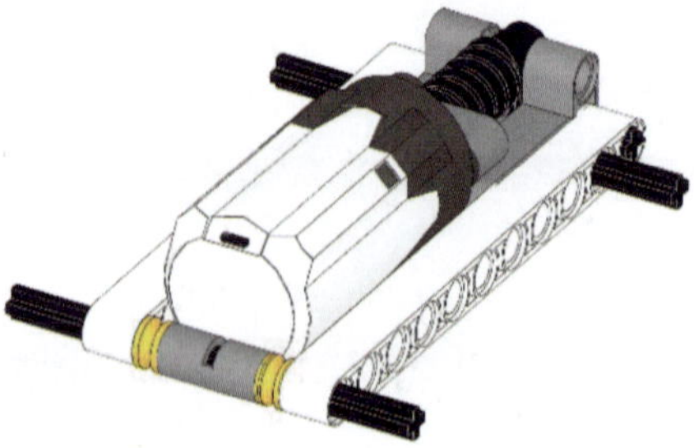

7

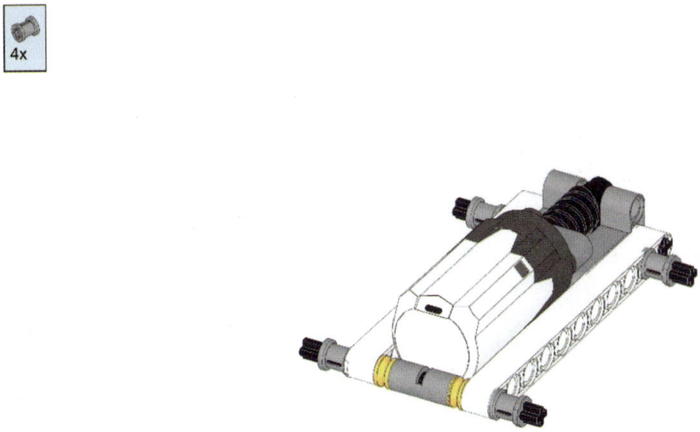

8

9

二、教学实践

课题名称	**履带结构**
教学目标	**知识与技能目标：** 1. 能结合生活实际，说出履带结构的特点。 2. 观察履带结构的传动原理，履带会降低车辆的行驶阻力，通过与地面的相互作用，将地面的牵引力、附着力和地面制动力传递给车体，以保证车辆的正常运动。 3. 将履带片连接成履带，搭建出履带结构。 **过程与方法目标：** 1. 通过思考和实践，培养学生分析问题、自主探索、解决问题的能力和创造能力。 2. 通过小组合作完成履带结构的搭建与改造，培养学生合作探究的能力和动手能力。 **情感与价值观目标：** 激发学生对科学知识的探究欲望，培养实事求是的科学态度和探索精神
案例分析	认识履带结构，在搭建履带结构的基础上进一步了解如何将履带结构应用于生活实际当中
教学 重、难点	将履带片连接成履带，搭建出履带结构
教学方法	讲授法、小组合作学习法、任务驱动法
教学准备	准备好课件、教案、不同类型的履带装置的图片及学生搭建履带结构需要的零件

教学过程

环节	教学内容	教师活动	学生活动	设计意图
情景导入 （7 分钟）	观看视频和图片，讨论履带结构的特点	1. 播放坦克在山地战场行驶的视频。 2. 展示不同类型的履带式机械装置或设备的图片。 3. 提出问题：履带结构有什么特点？	1.观看视频。 2.观看图片。 3. 思考并回答问题	激发学生学习的兴趣和主动参与性

续表

环节	教学内容	教师活动	学生活动	设计意图
探究新知（18分钟）	1. 履带结构所需的零件。 2. 履带结构主要零件的特征和作用。 3. 履带结构的传动原理	1. 提出问题：搭建履带结构所需的零件都有哪些？ 2. 分析履带结构主要零件的特征和作用。 3. 结合履带结构的特点，引出履带结构的传动原理。 4. 分析如何将履带片连接成履带，搭建出一个履带结构	思考并回答问题。分析出如何利用所需零件搭建出履带结构	培养学生综合分析、自主探索知识的能力
实物搭建（30分钟）	搭建履带结构	1. 展示搭建的关键步骤。 2. 将学生分为4人一组，小组合作进行自主搭建。 3. 指导学生解决搭建过程中遇到的问题	1. 观看搭建步骤。 2. 小组合作进行搭建	学生在合作探究的基础上完成搭建，培养学生合作探究的能力和动手能力
拓展延伸（25分钟）	改进履带结构，搭建出一个三角履带结构	布置小组合作任务，要求学生小组讨论并合作搭建出三角履带结构	思考问题，动手搭建	通过思考和实践，培养学生分析问题、解决问题的能力和创造能力
总结评价（10分钟）	1. 展示学生搭建好的履带结构作品。 2. 对学生作品进行评价。 3. 了解履带结构的应用场景，会搭建出履带结构	1. 组织学生展示作品。 2. 总结作品完成情况，提出搭建中遇到的问题。 3. 引导学生观察生活中履带结构的应用场景	1. 展示自己的作品。 2. 观察生活中履带结构的应用场景	巩固知识，培养学生的表达能力，提高学生对本门课程的兴趣
教学反思	（提示：授课教师根据实际教学情况填写）			

第五节 小车带动的摆动

小车带动的摆动

一、案例设计

1. 需要的零件

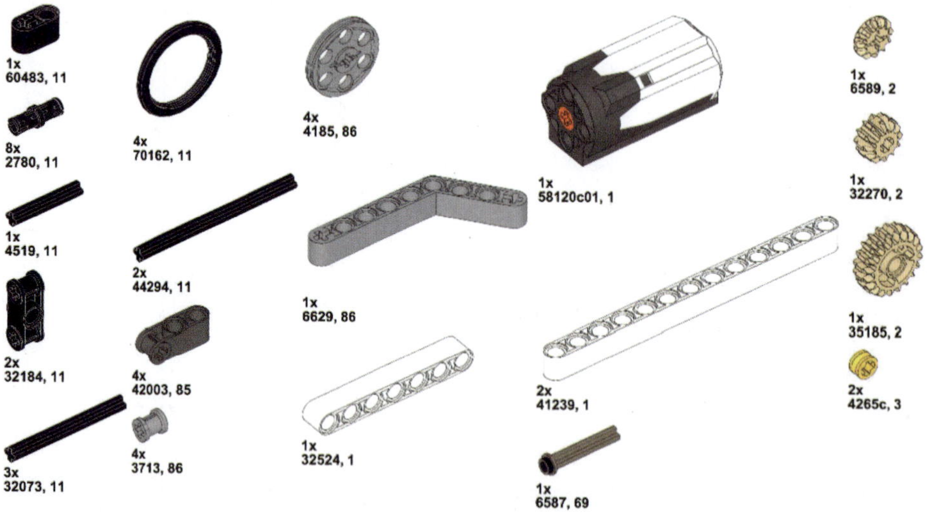

2. 搭建步骤

1

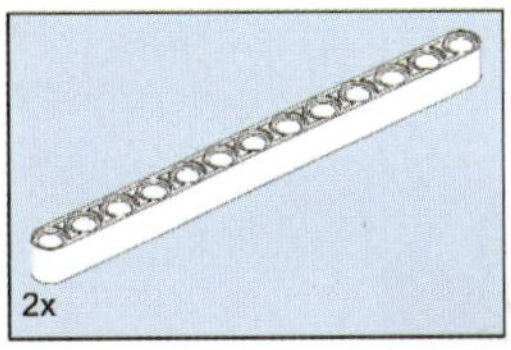

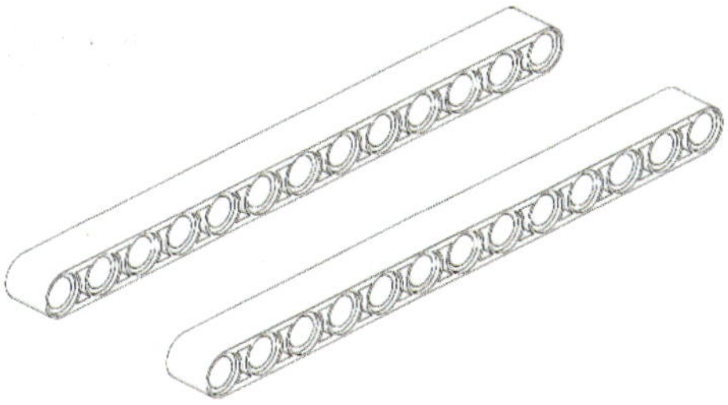

2

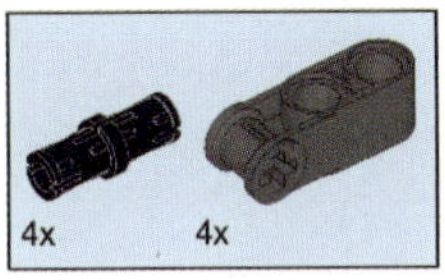

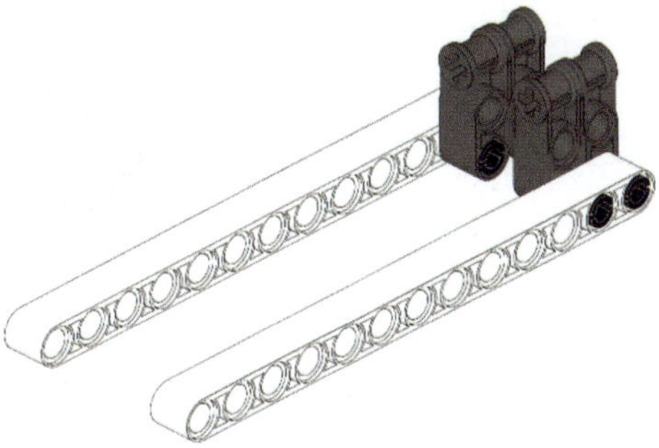

3

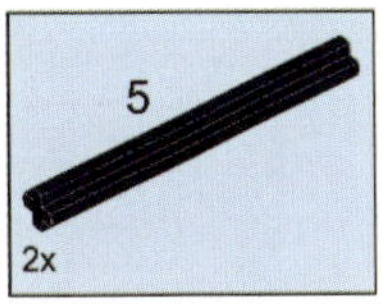

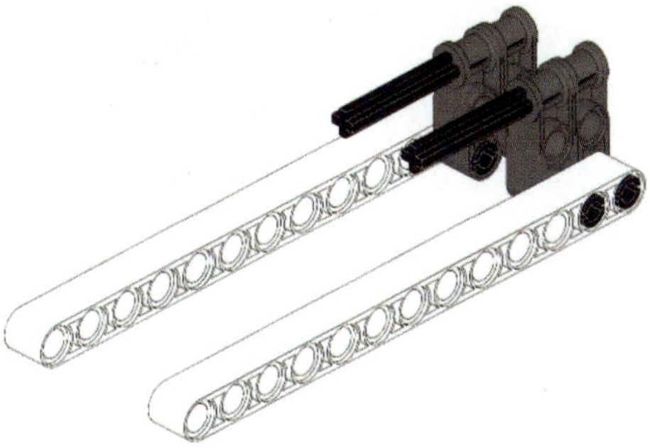

4

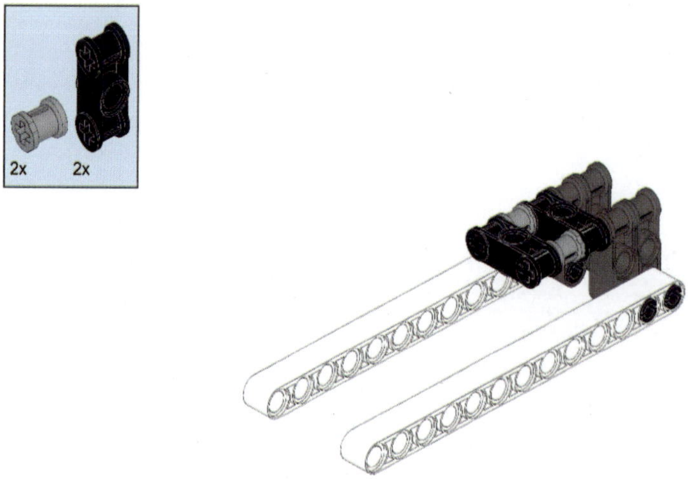

5

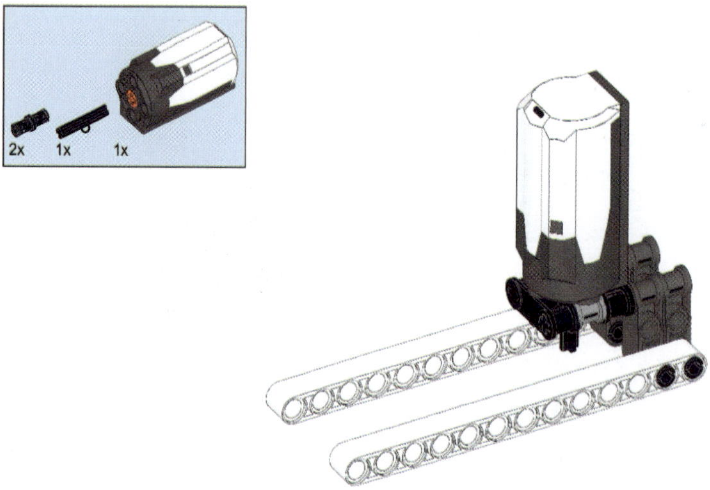

6

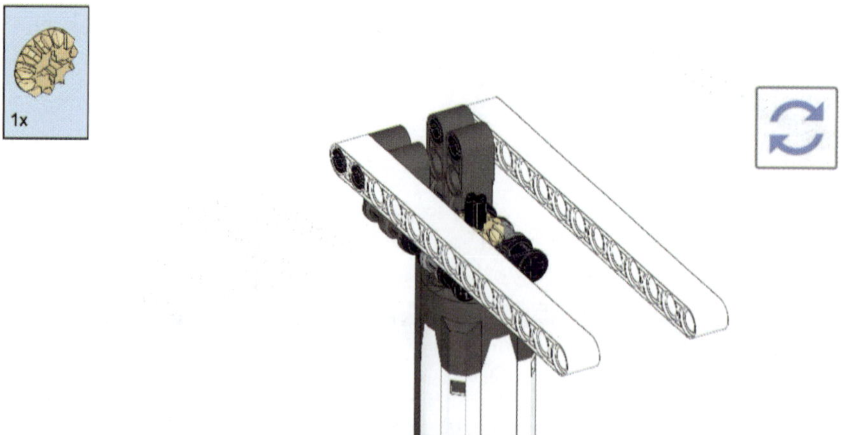

7

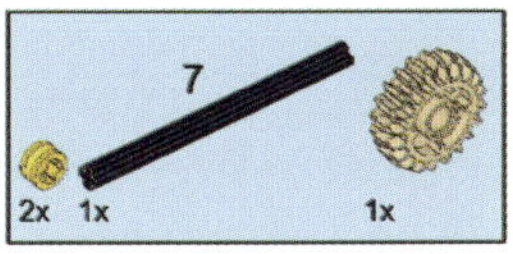

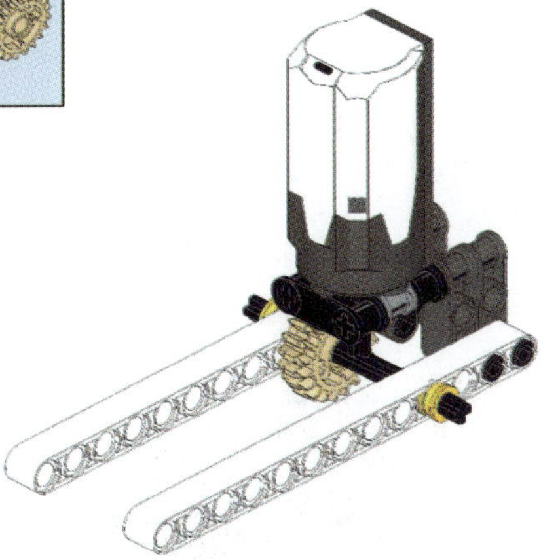

8

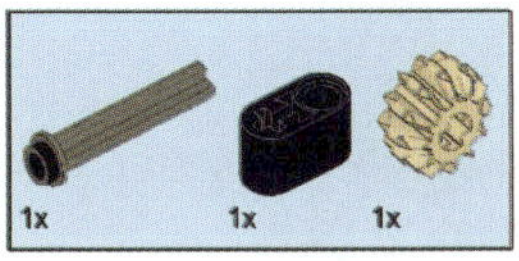

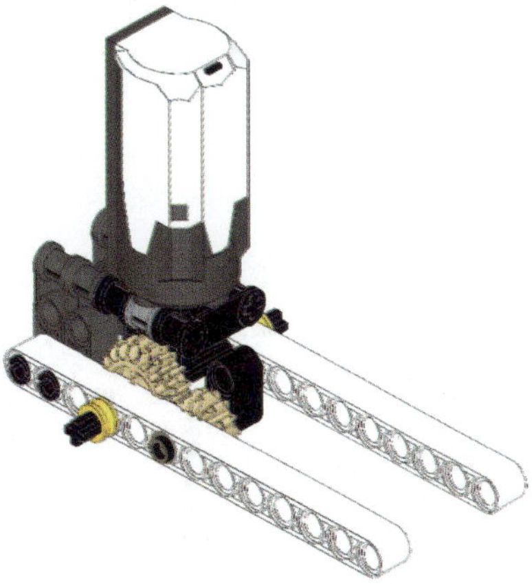

9

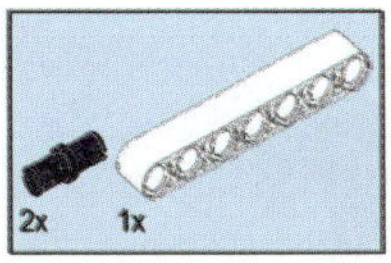

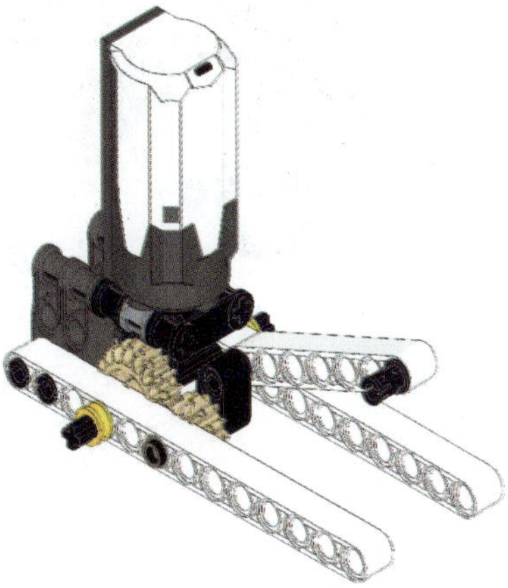

10

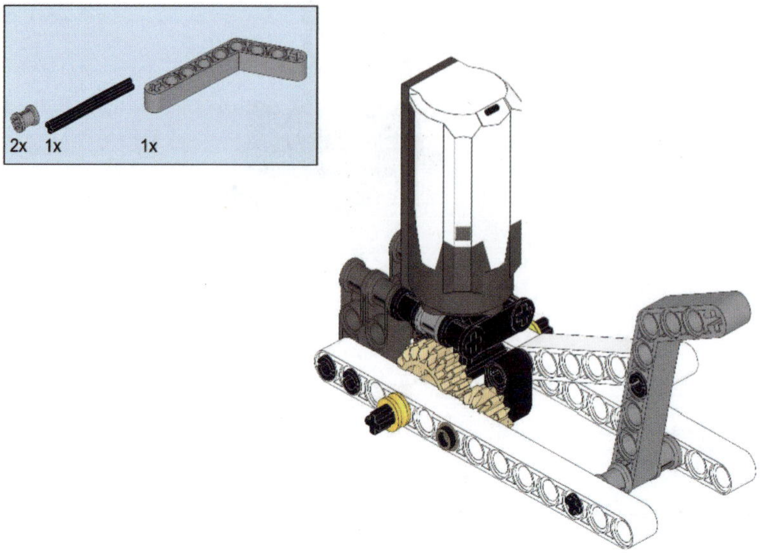

11

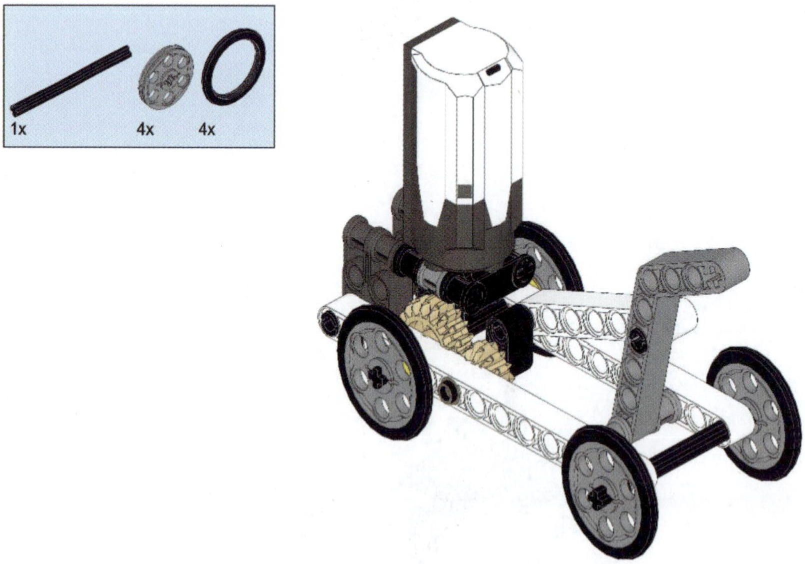

二、教学实践

课题名称	小车带动的摆动			
教学目标	**知识与技能目标：** 1. 结合生活实际，能举例说明生活中应用连杆的例子。 2. 观察小车的图片和视频，能说出连杆所起的作用。 3. 理解并应用连杆的原理搭建小车作品。 **过程与方法目标：** 1. 在完成小车搭建的过程中，掌握连杆的特征和原理，能合理使用组件，培养学生的观察能力、思考能力和动手操作能力。 2. 能通过使用电机改变连杆转动的方向，实现小车 1 分钟摆动 10 次，培养学生合作、探究和解决问题的能力。 3. 通过作品展示和生生互评，培养学生的表达能力和自主学习能力。 **情感与价值观目标：** 培养学生的探索精神，提高学生的自信心，增强学生对机器人学习的兴趣			
案例分析	本课题是综合训练案例			
教学重、难点	理解并应用连杆的原理搭建小车作品			
教学方法	演示法、小组合作学习法			
教学准备	提前准备好课件、教案、辅助教学资料及学生搭建作品需要的零件			
教学过程				
环节	教学内容	教师活动	学生活动	设计意图
情景导入（5 分钟）	展示小车的图片和播放有关小车摆动的视频。以讨论的方式让学生学习小车的结构	向学生提问：图片和视频中的小车与现实中的哪些车有哪些相似之处？	观察小车的图片和视频，思考并回答小车由哪些结构组成	通过图片和视频展示及问答的方式导入新课，引发学生思考，激发学生的学习兴趣

续表

环节	教学内容	教师活动	学生活动	设计意图
探究新知（20分钟）	1. 通过讨论小车的组成，分析连杆的结构及作用。 2. 通过提问方式，让学生举例说出生活中类似的例子	1. 通过讨论小车结构的组成，分析连杆结构由小头、大头和连杆杆身组成，连杆的作用是把活塞与曲轴联接起来，使活塞的往复直线运动变为曲柄的回转运动，以输出动力。 2. 提问：举例说出生活中类似的例子	1. 讨论小车由哪些结构组成，理解连杆的结构及作用。 2. 列举说出生活中类似小车的例子	培养学生的观察能力、独立思考能力和表达能力。要求掌握连杆的作用并能举例说明生活中应用连杆的例子
实物搭建（30分钟）	搭建小车带动的摆动	1. 展示小车带动的摆动的关键搭建步骤。 2. 指导学生观察、模仿，动手搭建。 3. 引导学生思考连杆的工作原理	1. 观察各部分元件的作用。 2. 模仿并动手搭建小车带动的摆动。 3. 思考并理解连杆的工作原理	培养学生的观察能力、思考能力和动手操作能力。要求理解并应用连杆的原理搭建小车作品
拓展延伸（25分钟）	通过小组合作学习法搭建小车作品，要求小车1分钟摆动10次	1. 指导学生分组，要求4人一组。 2. 指导学生完成小车的搭建，要求小车1分钟摆动10次	以小组合作探究方式，搭建小车作品，实现小车1分钟摆动10次	培养学生观察思考、合作探究和解决问题的能力
总结评价（10分钟）	1. 作品展示与点评。 2. 复习与巩固教学重点	1. 鼓励小组主动展示作品以及点评其他小组作品。 2. 对小组作品进行点评。 3. 进一步说明连杆的工作原理及其在实际生活中的应用	1. 以小组为单位展示作品以及点评其他小组作品。 2. 理解连杆的工作原理及其在实际生活中的应用	1. 通过生生互评、教师评价，增强学生的自信心和表达能力。 2. 巩固重点知识，并使其与学生生活实际相联系，增强学生的学习兴趣
教学反思	（提示：授课教师根据实际教学情况填写）			

第六节 悬挂系统

悬挂系统

一、案例设计

1. 需要的零件

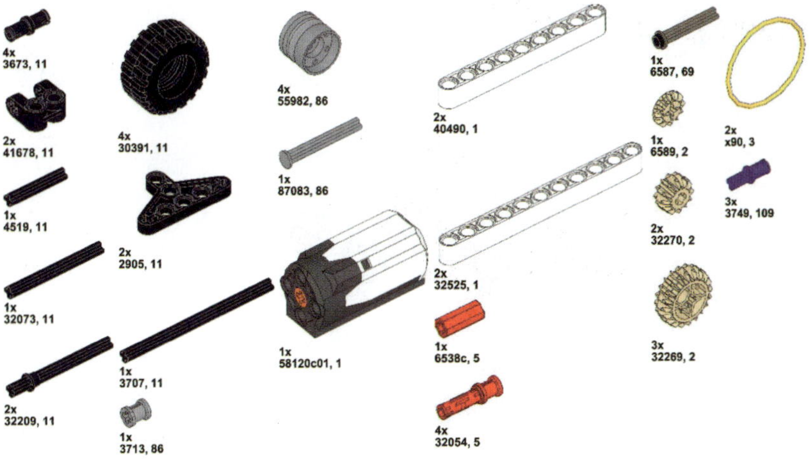

2. 搭建过程

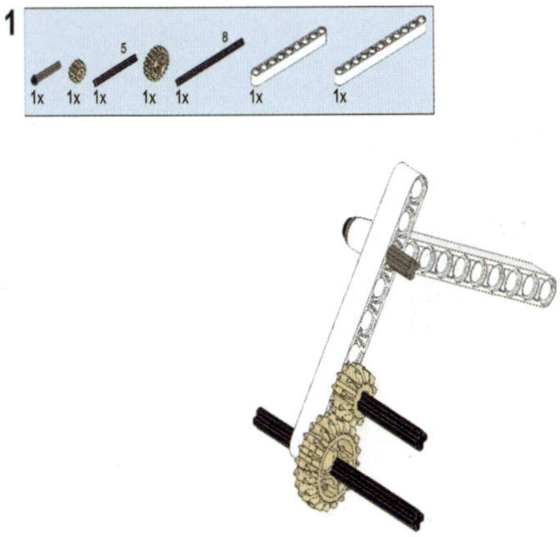

2

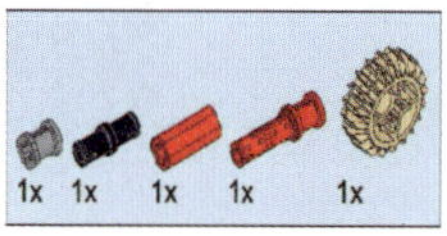

3

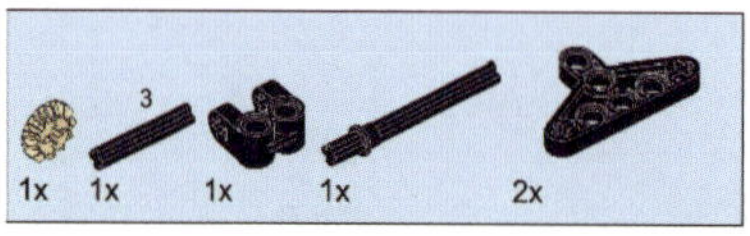

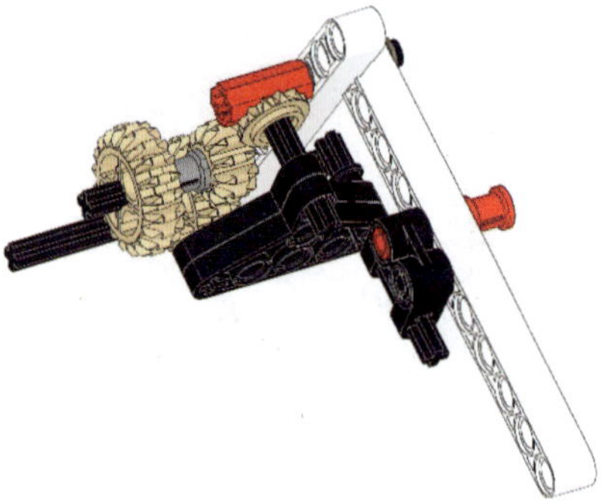

4

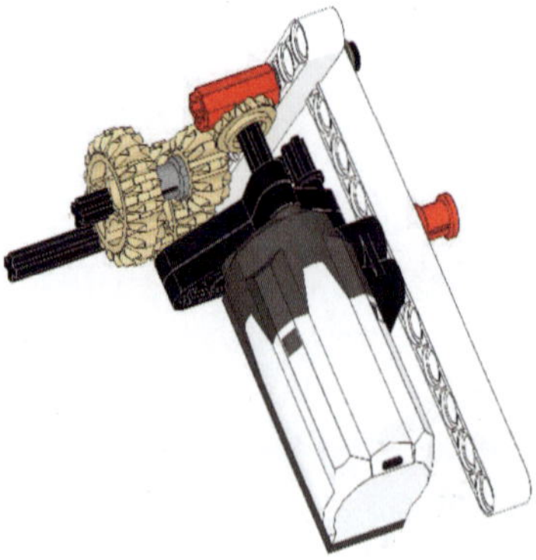

5

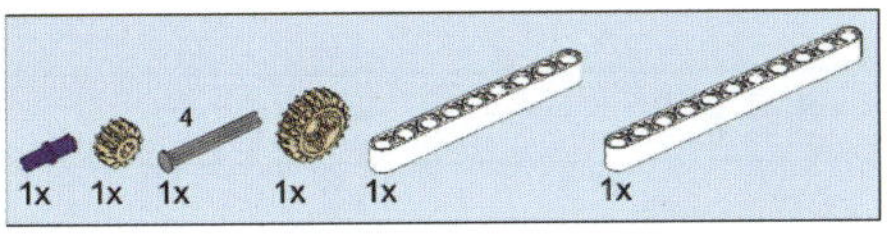

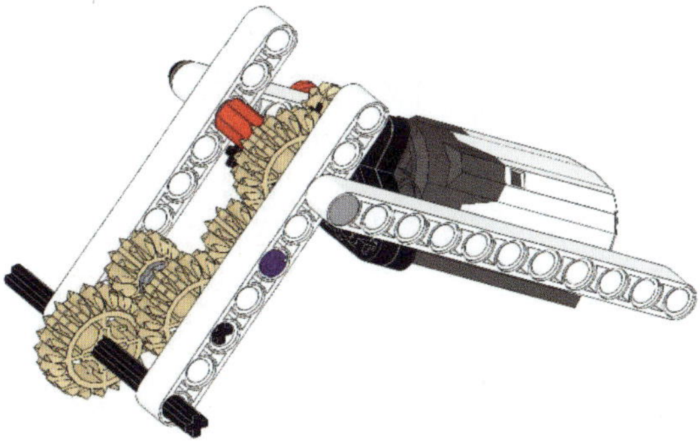

6

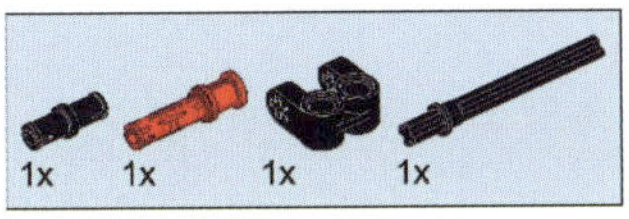

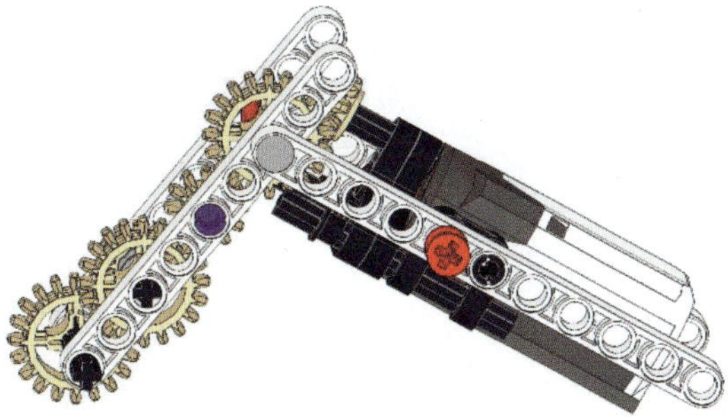

7

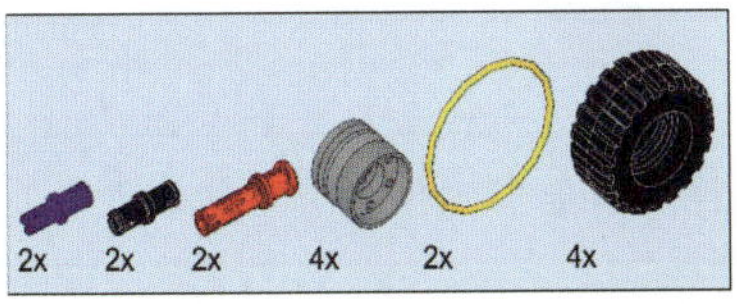

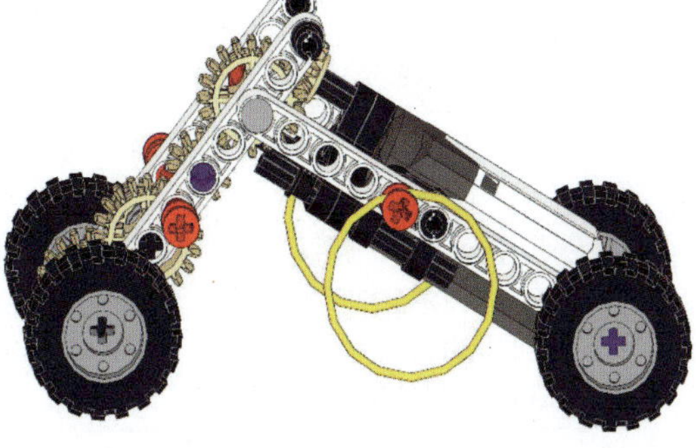

二、教学实践

课题名称	悬挂系统
教学目标	**知识与技能目标：** 1. 了解悬挂系统的功能。 2. 理解不同弹簧或橡皮筋与齿轮之间的作用力不同会影响传输速度和防振效果。 3. 能合理使用齿轮组和弹簧搭建悬挂系统。 **过程与方法目标：** 1. 在完成悬挂系统小车搭建的过程中，能理解并应用悬挂系统的功能，提高学生的思考能力和动手操作能力。 2. 通过设计不同规格的弹簧或橡皮筋与齿轮，搭建出不同传输速度和防振效果的悬挂系统，培养学生的观察、合作、探究和解决问题的能力。 3. 通过小组讨论以及作品展示与点评，提高学生的语言表达能力。 **情感与价值观目标：** 1. 通过小组活动，激发学生的发散性思维，积极探索悬挂系统的有关知识与科技原理，培养学生对科学技术探索的兴趣。 2. 通过完成实例搭建和小组拓展任务，体验成功的喜悦，增强学生学习的积极性，提升学生对机器人学习的乐趣
案例分析	本课题是综合训练案例
教学 重、难点	能合理使用齿轮组和弹簧搭建悬挂系统
教学方法	演示法、小组合作学习法
教学准备	提前准备好课件、教案、辅助教学资料及学生搭建作品需要的零件

教学过程				
环节	教学内容	教师活动	学生活动	设计意图
情景导入（5分钟）	展示越野车相关图片和播放有关具有悬挂系统的汽车的视频，并通过提问导入学习主题	播放图片和视频，提出问题：汽车主要由哪些部件组成？	观看图片和视频，回答问题	激发学生的好奇心和学习兴趣

续表

环节	教学内容	教师活动	学生活动	设计意图
探究新知（20分钟）	1. 思考悬挂系统所需的零件都有哪些。 2. 分析悬挂系统结构中各零件的作用。 3. 分析不同弹簧或橡皮筋与齿轮之间的作用力对传输速度和防振效果有何影响	提出问题，引导学生讨论并回答问题	思考、讨论并回答问题	1. 帮助学生了解搭建悬挂系统所需的零件和如何搭建悬挂系统结构。 2. 培养学生独立思考的能力
实物搭建（30分钟）	搭建悬挂系统	1. 展示悬挂系统搭建的关键步骤。 2. 引导学生观察、模仿，动手搭建悬挂系统	1. 观察搭建示范，了解各部分元件的作用。 2. 模仿并动手搭建悬挂系统	培养学生的观察能力、思考能力和动手操作能力
拓展延伸（25分钟）	小组合作学习：要求学生通过改变不同弹簧或橡皮筋与齿轮之间的作用力，搭建不同传输速度和防振效果的悬挂系统	1. 指导学生组建4人小组。 2. 指导学生搭建不同传输速度和防振效果的悬挂系统	小组合作探究：通过改变不同弹簧或橡皮筋与齿轮之间的作用力，完成不同传输速度和防振效果的悬挂系统的搭建	培养学生观察、合作、探究和解决问题的能力。实现搭建不同传输速度和防振效果的悬挂系统
总结评价（10分钟）	1. 小组展示与点评。 2. 教师点评。 3. 知识强化	1. 鼓励小组主动展示作品以及点评其他小组作品。 2. 教师对小组作品进行点评。 3. 知识强化：进一步说明悬挂系统的原理及在实际生活中的应用	1. 小组展示作品以及点评其他小组作品。 2. 理解悬挂系统的原理及在实际生活中的应用	增强学生的自信心和表达能力。巩固与强化知识重点，并实现与现实生活相联系，以增强学生学习的积极性
教学反思	（提示：授课教师根据实际教学情况填写）			

第七节 往复运动车

往复运动车

一、案例设计

1. 需要的零件

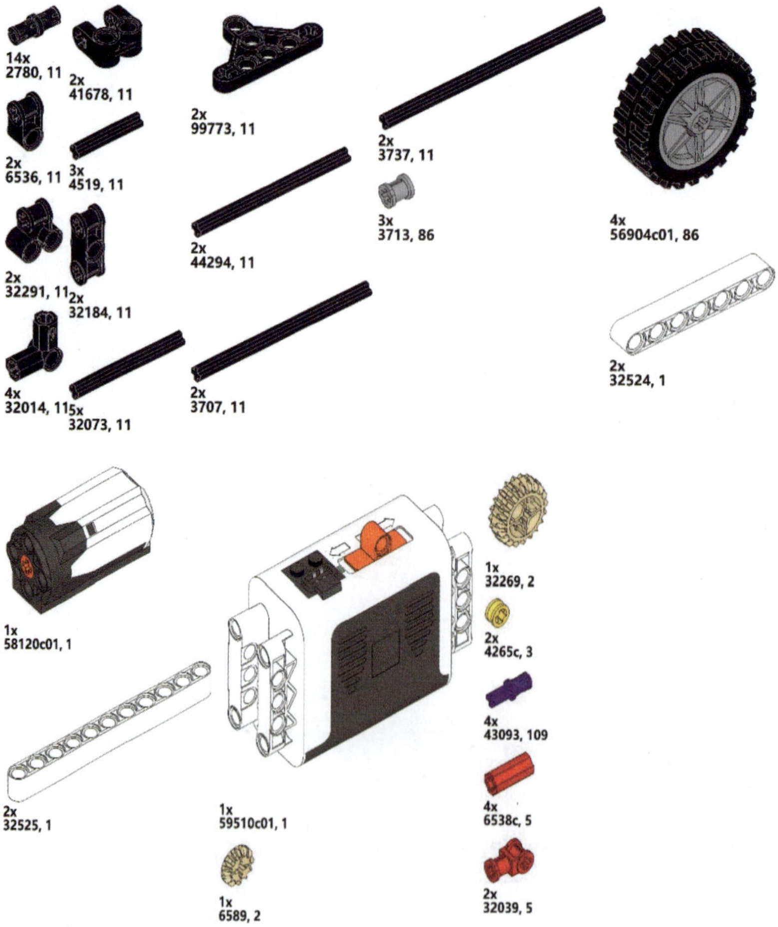

2. 搭建步骤

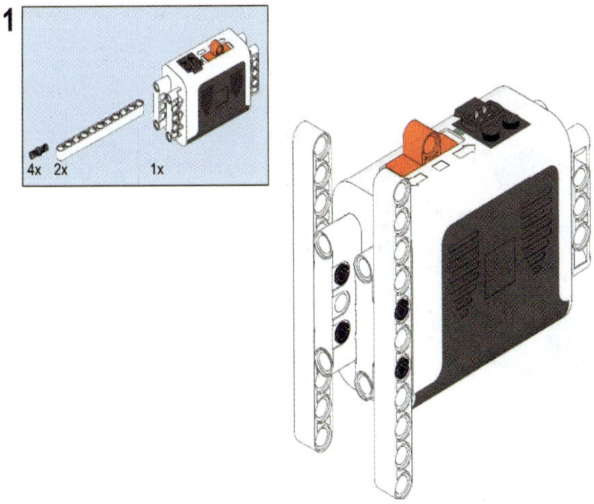

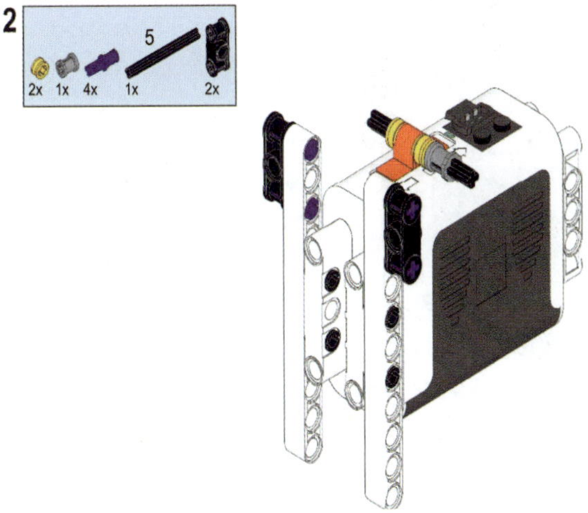

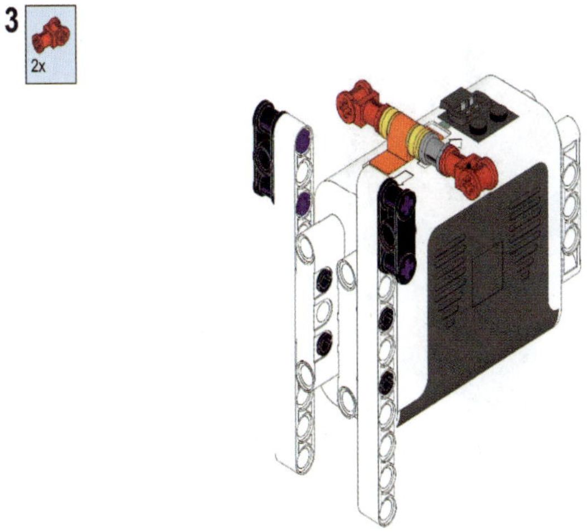

4

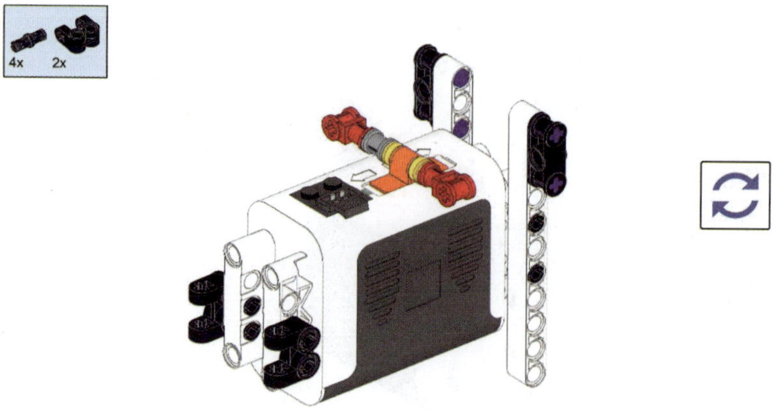

5

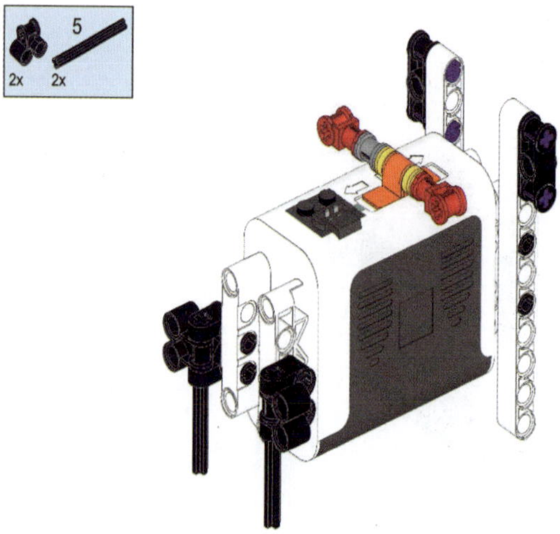

6

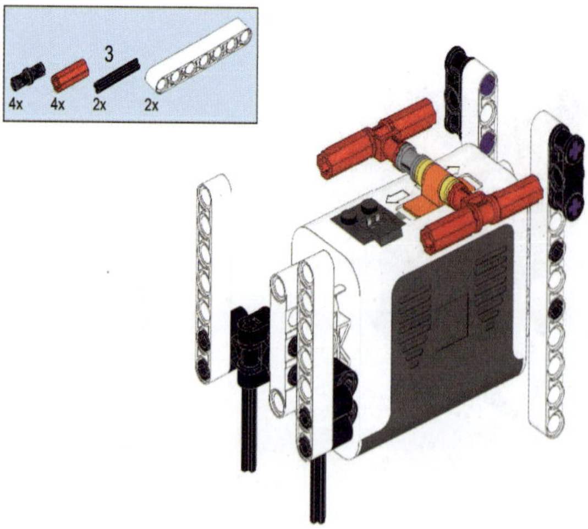

7

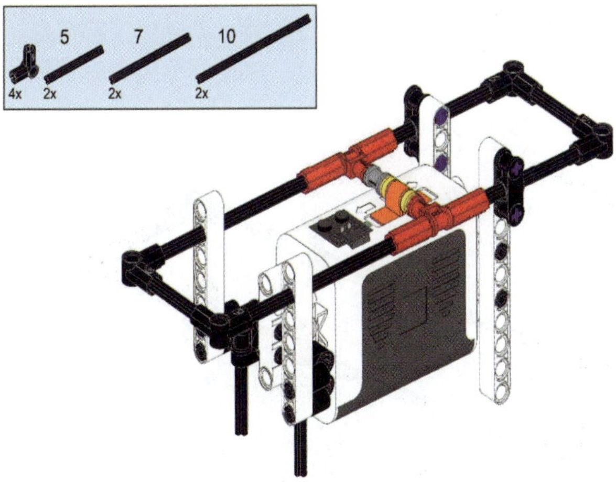

8

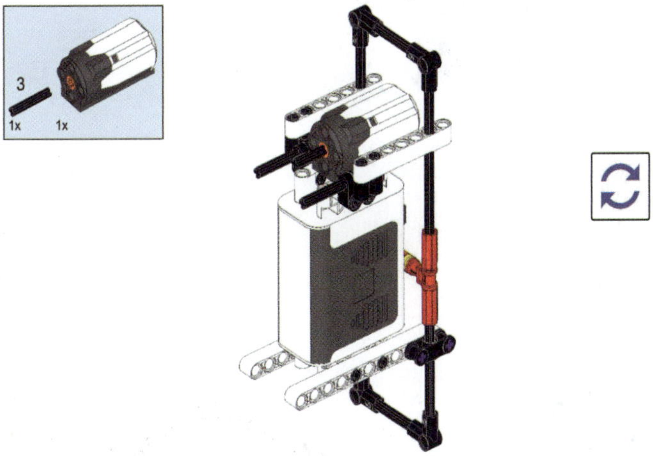

9

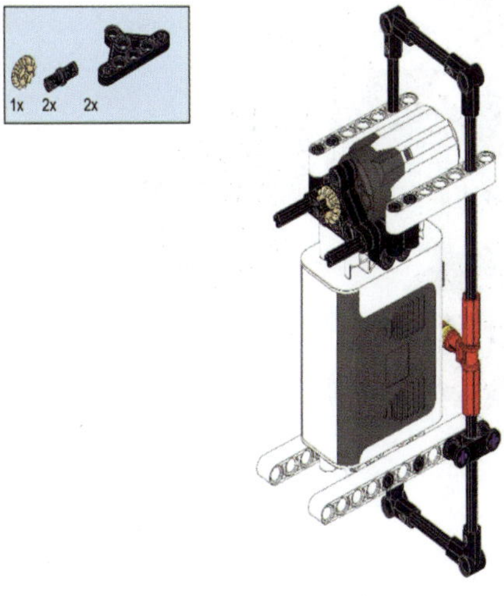

10

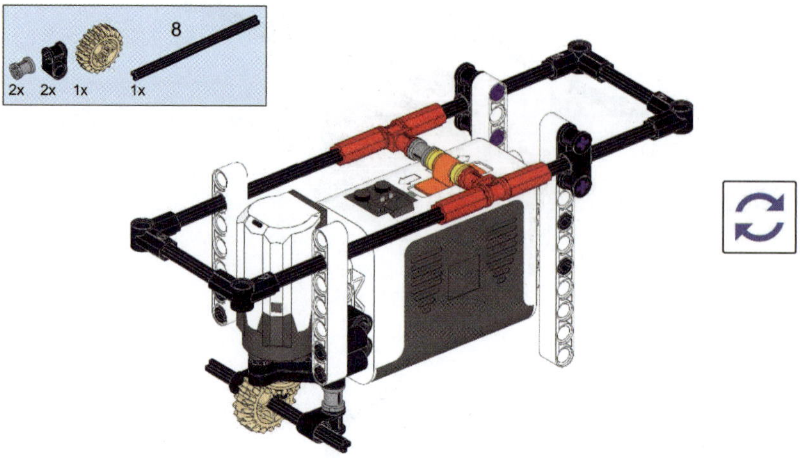

11

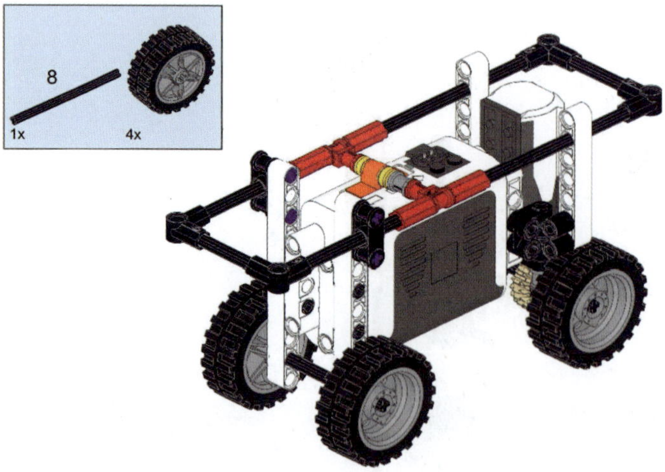

二、教学实践

课题名称	往复运动车
教学目标	**知识与技能目标：** 1. 能说出反复运动车与其他小车的区别。 2. 观察反复运动车，能说出复杂齿轮系统所起的作用。 3. 理解并应用复杂齿轮系统原理搭建往复运动车。 **过程与方法目标：** 1. 通过小组探究活动，掌握控制小车运动快慢的方法并完成相应作品搭建，培养学生合作探究和解决问题的能力。 2. 通过自我评价和他人评价，培养学生的思维能力、语言表达能力和比较分析能力。 **情感与价值观目标：** 1. 通过合作探究，激发和提高学生对动力机械科学的兴趣。 2. 通过完成搭建作品，体验成功的喜悦，提升学生对机器人学习的自信心
案例分析	本课题是综合训练案例，主要培养学生综合应用能力
教学 重、难点	运用复杂齿轮原理搭建往复运动车作品
教学方法	演示法、自主探究法、小组合作学习法
教学准备	提前准备好课件、教案、辅助教学资料及学生搭建作品需要的零件

教学过程				
环节	教学内容	教师活动	学生活动	设计意图
情景导入（5分钟）	1. 展示往复运动车的图片和视频。 2. 提出问题：往复运动车与之前搭建的小车有何不同？	1. 展示往复运动车的图片和视频。 2. 提出问题：往复运动车和之前搭建的小车有何不同？引导学生分组讨论	1. 观看往复运动车的图片和视频。 2. 围绕往复运动车和之前搭建的小车有何不同进行分组讨论，回答问题	引发学生思考，激起学生的学习兴趣

续表

环节	教学内容	教师活动	学生活动	设计意图
探究新知（20分钟）	往复运动原理：连杆运动的一种，将圆周运动转为直线来回运动	展示PPT，讲解齿轮传动原理在往复运动车的运用，使车前进	思考、讨论并回答问题	通过讲解使学生初步理解往复运动原理，为后面搭建齿轮转动带动车轮前进打下理论基础
实物搭建（30分钟）	演示往复运动车搭建步骤，回答学生疑惑	演示实物搭建步骤	学生倾听、观看，跟随教师进行搭建	通过演示和讲解学生能够自主完成成品，提高动手实践能力
拓展延伸（25分钟）	1. 展示往复运动车，让学生在观察的基础上分组进行搭建，并探究其中的原理。 2. 布置任务：在往复运动原理下，能否搭建外形不同的、不使用开关键改变方向的往复运动车	将学生分组，发放不同的零件，指导和答疑	相互讨论协作，完成小组作品	形成合作探究和实事求是的学习态度及自主学习思考的能力
总结评价（10分钟）	1. 小组展示与点评。 2. 教师点评，回顾往复运动原理	1. 对作品进行展示、评价，给予鼓励肯定。 2. 强化知识，回顾往复运动原理	小组展示作品以及点评其他小组作品	通过生生互评、教师评价，增强学生的自信心和表达能力
教学反思	（提示：授课教师根据实际教学情况填写）			

第五章

机器人教育教学模式的比较及重构

在机器人教育的教学模式中，常用的教学法有 PBL 教学法、4C 教学法和 5E 教学法。这三种教学法的核心理念都是一致的，它们的课堂教学特点都不同于以往事先由教师设计好的、高度结构化的讲授式，而是强调以学习者为中心的、重视科学探究与工程设计的、以实际问题为导向的开放式教学。在具体的教学实施过程中，这三种教学模式略有差异。PBL 教学法来源于项目式的学习和研究，强调项目的结果，这个结果可以是学习结束时学习者学会的知识或技能，也可以是为解决某问题设计出的方案或成果。4C 教学法的提出源于乐高教育，强调教学过程中的 4 个环节符合少年儿童的学习特点，使课堂“活”起来。5E 教学法的提出来源于科学课程的教育，强调以学生为主体，教师在教学过程中的充分引导与及时合理的评价。

第一节 教学案例重构——4C 教学法

课题名称	**道 闸**
教学目标	**知识与技能目标：** 1. 了解道闸的不同种类及作用，观察齿轮起到传动作用和省力作用的结构特点。 2. 通过搭建道闸，学习齿轮传动及省力的结构特点。 3. 运用齿轮传动、省力的结构特点，在单杆道闸的基础上，设计实现栅栏道闸。 **过程与方法目标：** 1. 通过观看不同道闸的图片，思考并讨论道闸的不同设计起到什么不同的作用，以及齿轮在道闸中起到什么作用，锻炼学生的观察能力和思考能力。 2. 实际搭建单杆道闸，在动手过程中锻炼学生的观察能力、模仿能力和动手能力。 3. 在单杆道闸的基础上，设计实现栅栏道闸，在探究解决问题的过程中锻炼解决问题的能力。 **情感与价值观目标：** 齿轮在现代机械系统中起着非常重要的作用，通对齿轮基本作用的学习，激发学生深入学习齿轮系统的热情
案例分析	在“齿轮组合”案例中，我们已经了解齿轮的作用，这节课将继续研究齿轮在实际生活中的运用，通过对道闸的学习、设计及搭建，深入了解齿轮的传动作用和省力作用
教学重、难点	1. 利用齿轮的传动作用和省力作用设计齿轮系统。 2. 利用平行四边形的易变形原理，设计栅栏道闸
教学方法	讲授法、讨论法、探究法、案例分析法、直观演示法、任务驱动法
教学准备	准备好栅栏道闸、直杆道闸、曲臂杆道闸的图片，道闸工作的视频，以及齿轮组的搭建组件

续表

教学过程				
环节	教学内容	教师活动	学生活动	设计意图
联系 (10 分钟)	1. 播放道闸工作的视频，展示栅栏道闸、直杆道闸、曲臂杆道闸的图片。 2. 讨论道闸为什么要用到齿轮，引导出结论	1. 播放视频，展示图片。 2. 提出问题：道闸中的齿轮起到什么作用?	1. 观看图片及视频。 2. 讨论并回答问题，得出齿轮能传动的结论	点明学习内容，引发学习兴趣，构建问题情境，锻炼观察能力和思考能力
建构 (40 分钟)	建构基本原理：教师引导学生选择不同大小比例的齿轮组，搭出简单的起重机，感受在抬起重物时是否有省力的作用。探究出结论：齿轮不仅有传动作用，还能省力，省力的程度由齿比决定。 建构作品过程：教师展示单杆道闸的关键搭建步骤，引导学生思考道闸为什么要用到齿轮结构。学生动手搭建，完成作品	1. 提出探究目标：制作简易起重机。比较抬起重物时耗费的手劲大小。得出齿轮省力的结论。 2. 分析并展示齿轮部分的搭建。指导学生完成搭建	1. 明确探究目标：探究完成简易起重机制作。体验不同齿比下的费力程度。理解齿轮省力的原理。 2. 理解、观察、模仿并动手实践完成搭建	锻炼观察思考，理解基本原理，动手解决问题，提高模仿能力
反思 (10 分钟)	师生交流讨论搭建过程中遇到的问题，引导学生深入思考道闸为什么要用到齿轮结构。思考道闸还能不能有其他的结构	1. 与学生交流搭建过程中遇到的问题。 2. 引发思考：道闸还能有什么结构	1. 与教师互动讨论并回答问题。 2. 提出自己的设计想法	交流讨论互动，思考深入应用
延续 (30 分钟)	1. 根据不同的场景需求，设计栅栏道闸、曲臂杆道闸。 2. 学生完成作品后，教师进行评价	1. 提出任务：设计制作栅栏道闸、曲臂杆道闸。 2. 引导学生查找资料，分析设计，完成搭建。 3. 对作品进行评价	1. 明确任务，并分小组讨论。 2. 查找资料，讨论设计，探究实践，搭建作品。 3. 反思作品的优缺点	对原理进行实践运用，提高解决问题的能力

第二节 教学案例重构——5E 教学法

本节以齿轮小车教学设计为例实现基于 5E 教学法的教学案例重构。

一、教学目标

知识与技能目标：

通过搭建齿轮小车，掌握齿轮组件的基本作用——传动与变向，培养学生的观察能力、联想能力和动手能力。

过程与方法目标：

在完成齿轮小车搭建的过程中，探寻齿轮小车的特征和原理，对齿轮小车进行思考与探索，思考其中的动力结构，并在搭建过程中合理使用组件设计结构。

情感与价值观目标：

激发学生对机械动力的思考，积极探索，提高学生对动力机械科学的兴趣。

二、教学过程

阶段	活动目标	设计思路	活动过程（参考设计）	评价
参与	1. 通过展示齿轮小车相关事物引发兴趣。 2. 提出马达、车轮、齿轮相关的原理，引发思考讨论	1. 以与齿轮小车相关的事物作为引入，如玩具小车、水力磨坊等，引出与齿轮小车的工作原理相关的问题，如车轮的滚动、动力的传递，齿轮的变向作用等。 2. 展示一些原理性的基础架构件，如滚动的车轮、马达小风扇、齿轮的变向组件等	1. 向学生展示玩具小车及一段磨坊工作的动画。 2. 讨论为什么小车能够跑起来，以及相关的子问题。 3. 根据学生的基础，展示一些简单的原理性架构件，引发学生的观察与思考	对学生的投入态度进行鼓励，对学生的答题情况进行评价
探究	1. 展示齿轮小车，让学生在观察的基础上搭建实现，并探究其中的原理。	1. 展示齿轮小车，让学生观察它的架构及动力原理。通过模仿、思考、实践、合作的方式完成齿轮小车的搭建。在完成小车的基础上，改变结构。	1. 用图片、实物、交互活动，展示齿轮小车的最终效果、组成及细节。引导学生完成小车的搭建。	1. 对探究过程中学生的态度、方法、协作、实践进行评价。

续表

阶段	活动目标	设计思路	活动过程（参考设计）	评价
探究	2. 进行比赛，探究小车在结构、轮胎、齿轮、马达改变的情况下是否跑得更快	2. 设计比赛，让学生探索改变小车的组成结构、轮胎、齿轮、马达，使小车能跑得更快	2. 宣布小车比赛规则，并引导学生的探索方向，对结构、轮胎、齿轮、马达中的一项或几项进行改变，使小车跑得更快	2. 对比赛过程及结果中学生的表现进行评价
解释	根据齿轮小车组装实践及小车比赛的成果，讨论分析其中所包含的原理，并形成一定的结论	1. 对齿轮小车的工作原理作进一步的全面解释，印证学生们的实践体验。 2. 对小车比赛中，在探研小车速度变化时产生的一些改变，进行讨论并分析其中的原因	1. 对小车的工作原理作出阐述性的结论。 2. 对小车比赛中的一些改造进行讨论，分析其特性及原因，并得到一些结论，如齿比的作用	对学生回答理论性问题的结果进行评价
拓展	在齿轮小车原理的基础上，还能做出什么样的机械动力物品	对在齿轮小车的学习中所形成的知识原理进行应用，拓展这些知识原理的应用场景。在这样的场景下，如何运用这些知识原理来解决问题，如旋转木马、风车磨坊等	引导学生们思考在什么样的场景下可以应用这节课学到的知识原理，围绕最核心的内容——齿轮变向，设计、实践探究一些机械动力物品，如旋转木马、风车磨坊等	对学生的设计或拓展实践成果进行评价
总结	对学生在学习过程中的表现进行总结	在形成性评价的基础上进行总结，提升学生的自我认可感及积极性	结合整个学习过程中的表现，以“答题之星”“讨论之星”“速度之星”“比赛之星”等称号授予学生，并给予相应的鼓励和奖励，使学生在知识有所收获的同时，提高自我认同感	进行总结性评价

附 录　机器人教学典型搭建案例

附录 A　桁架桥

1. 需要的零件

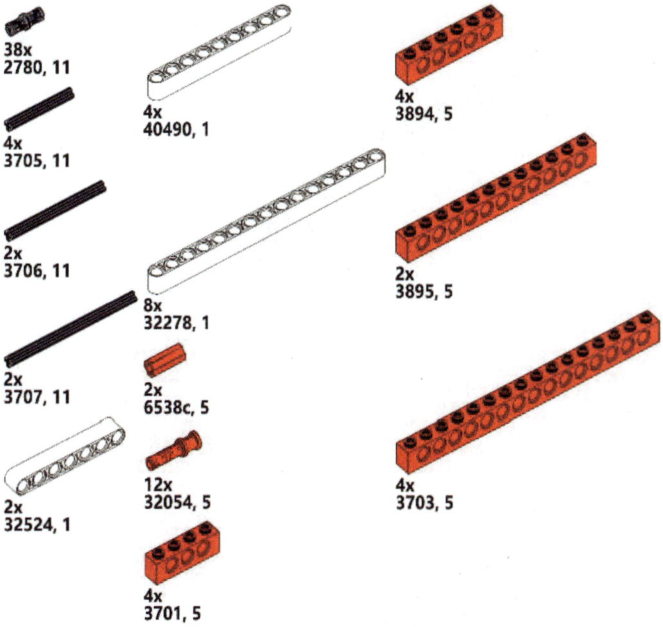

2. 搭建步骤

1

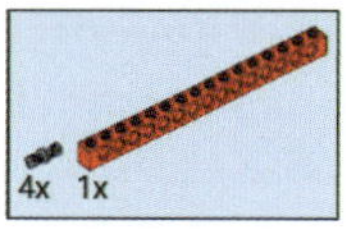

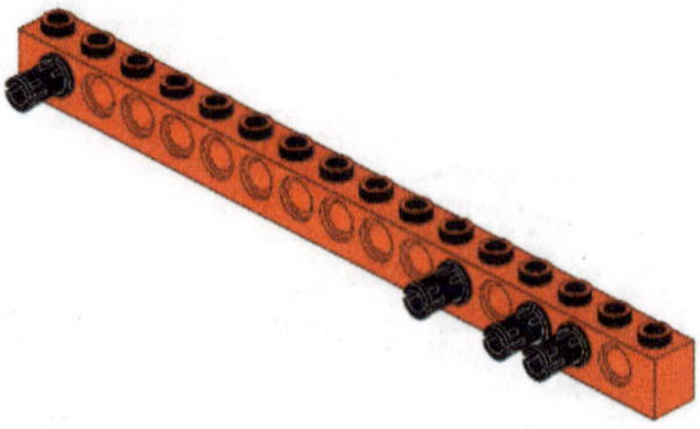

2

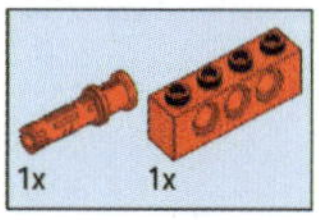

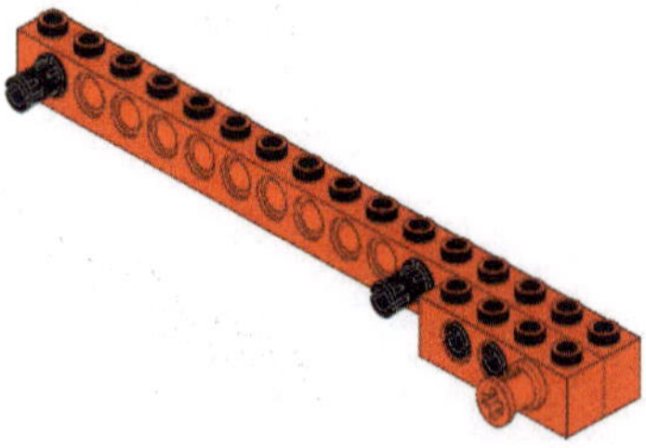

3

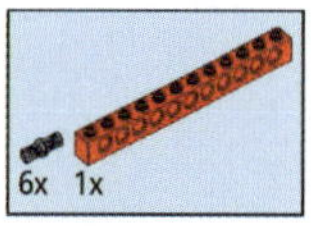

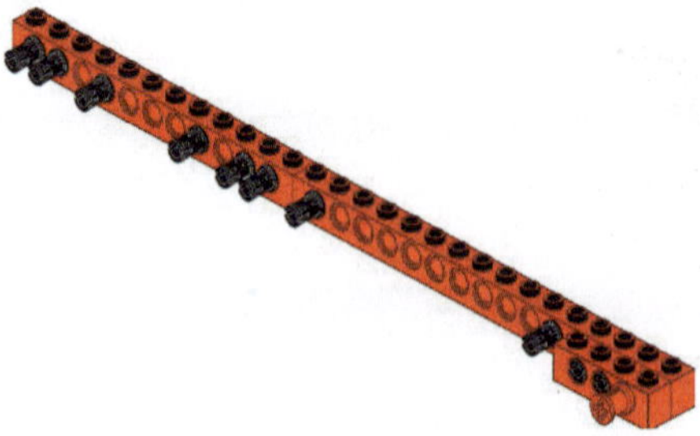

4

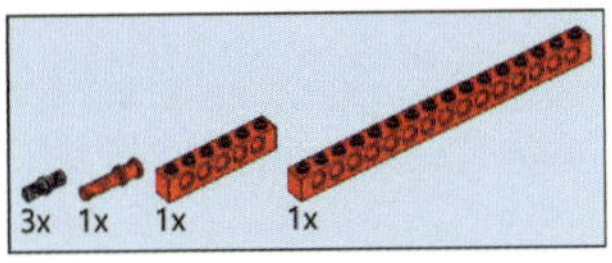

5

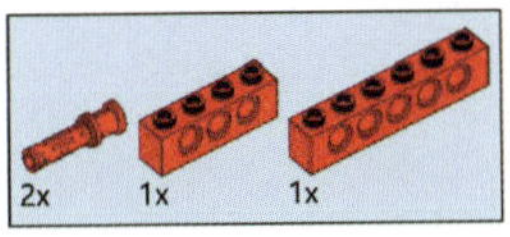

6

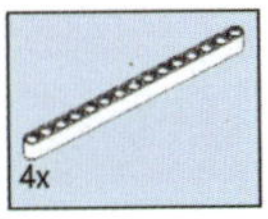

7

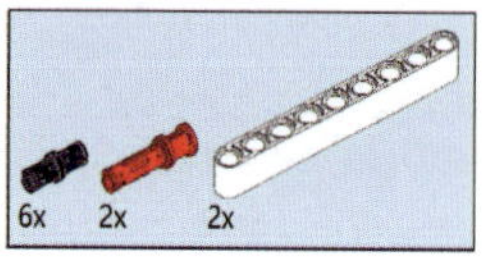

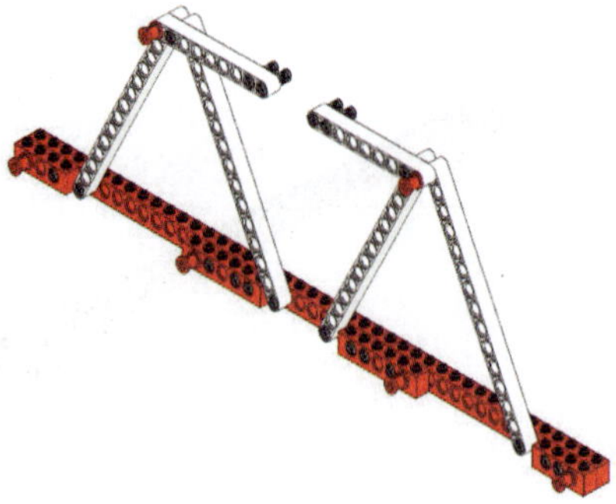

8

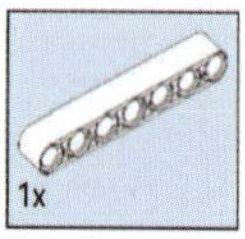

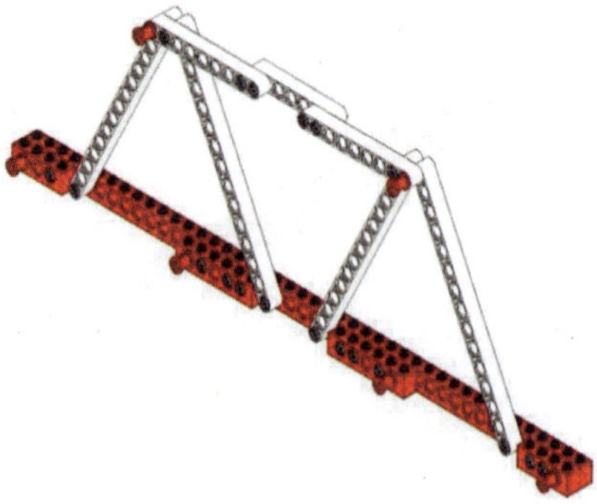

9

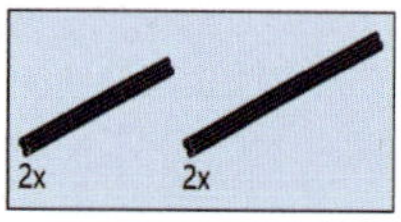

10

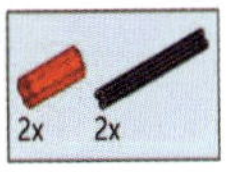

11

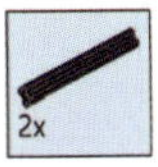

12

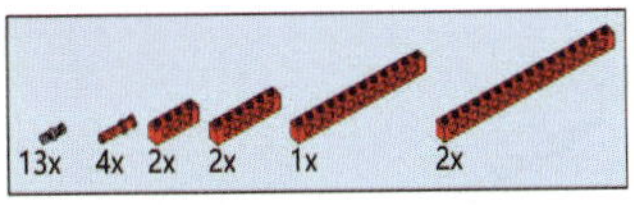

13

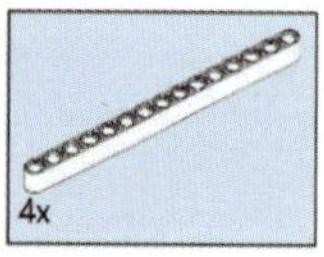

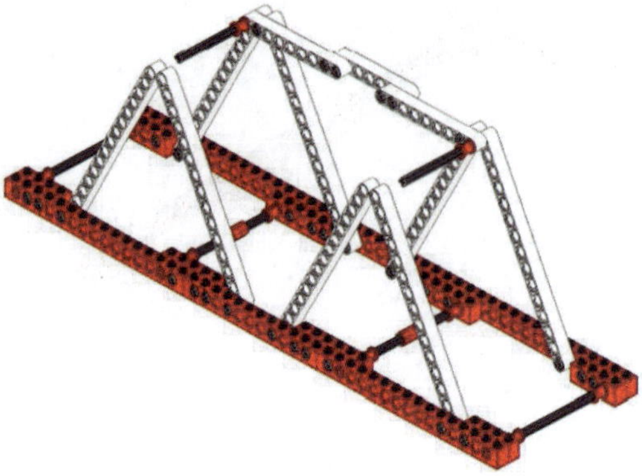

14

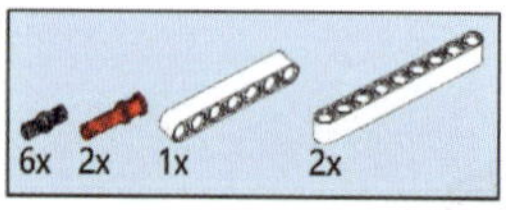

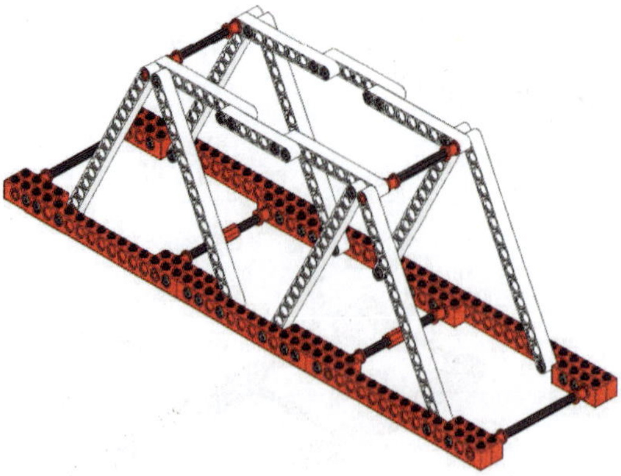

附录 B 越野车

1. 需要的零件

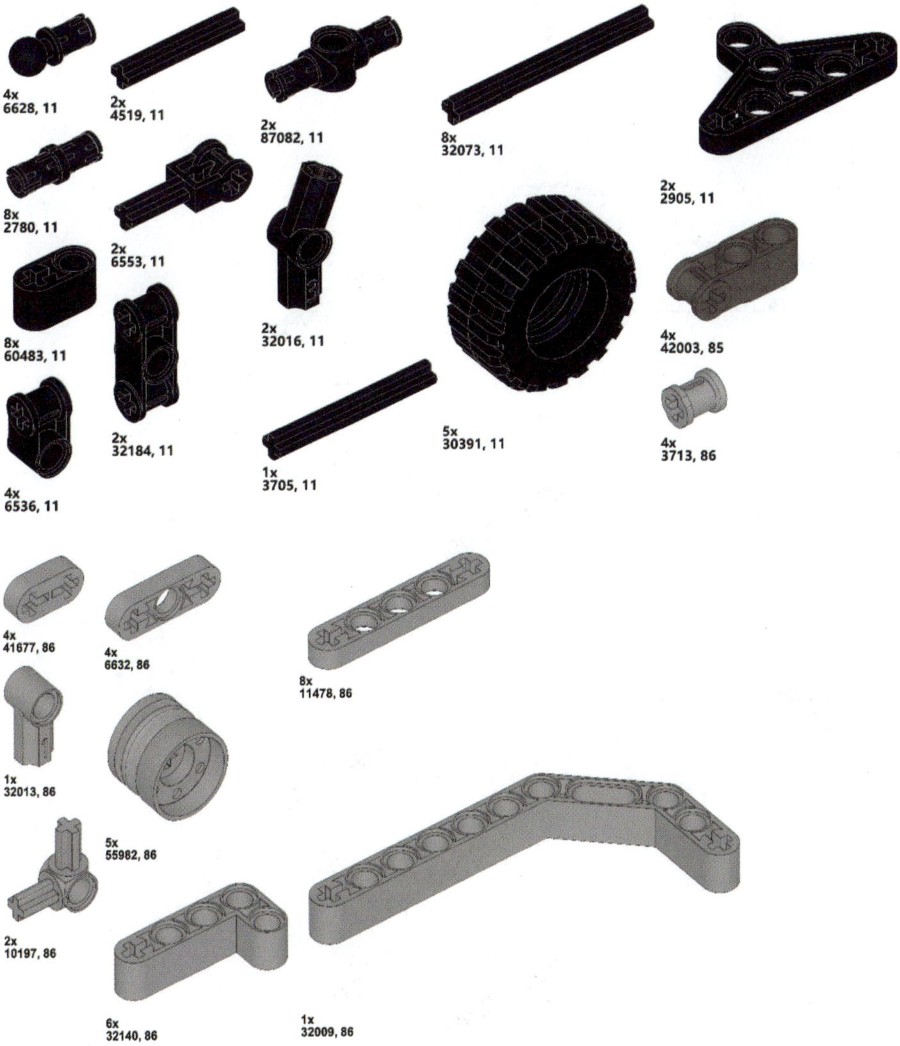

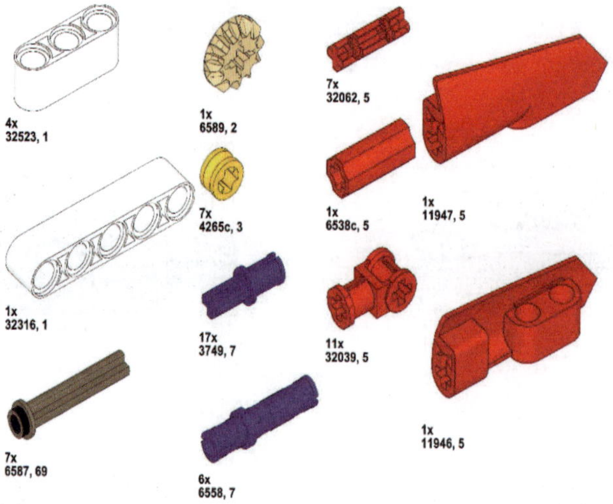
4x
32523, 1
1x
6589, 2
7x
32062, 5
1x
11947, 5
1x
32316, 1
7x
4265c, 3
1x
6538c, 5
17x
3749, 7
11x
32039, 5
1x
11946, 5
7x
6587, 69
6x
6558, 7

2. 搭建步骤

1

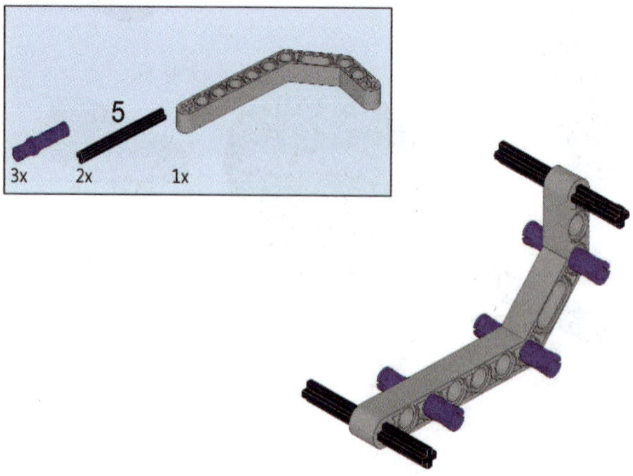
5
3x
2x
1x

2

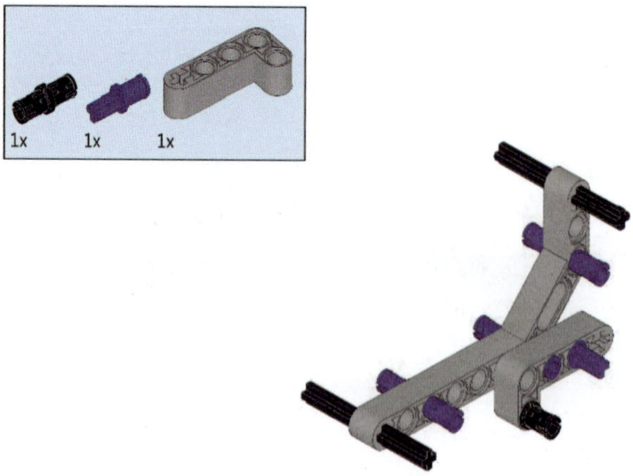
1x
1x
1x

3

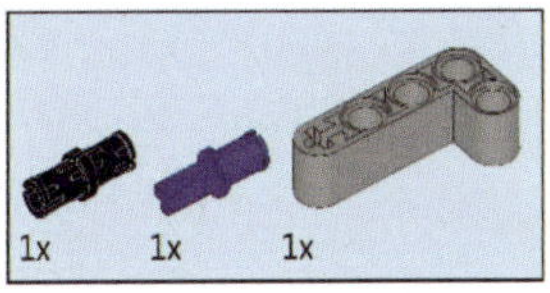

4

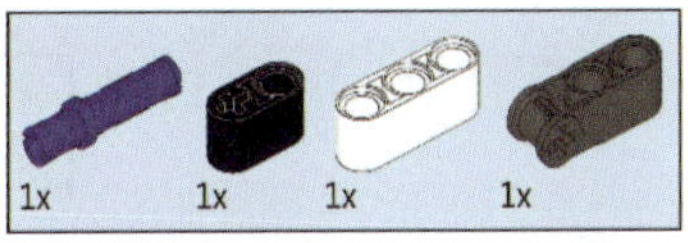

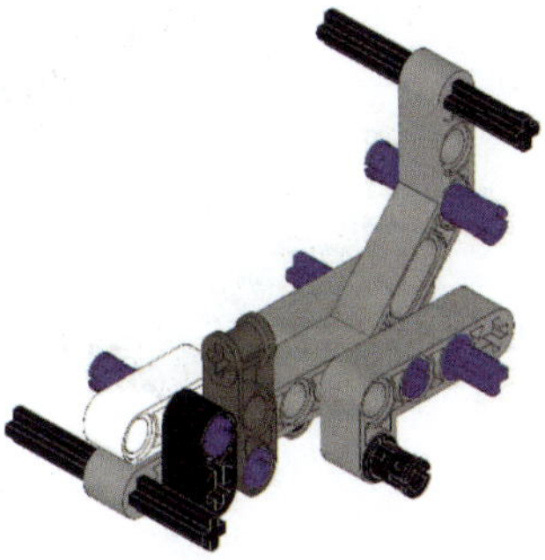

5

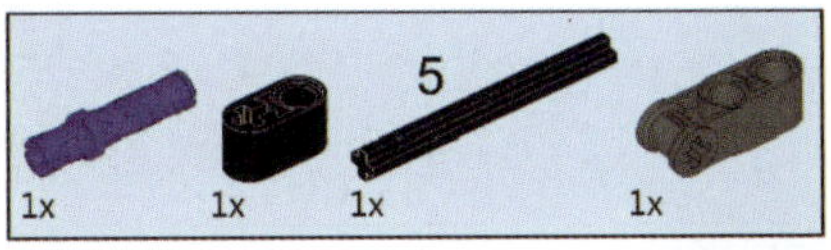

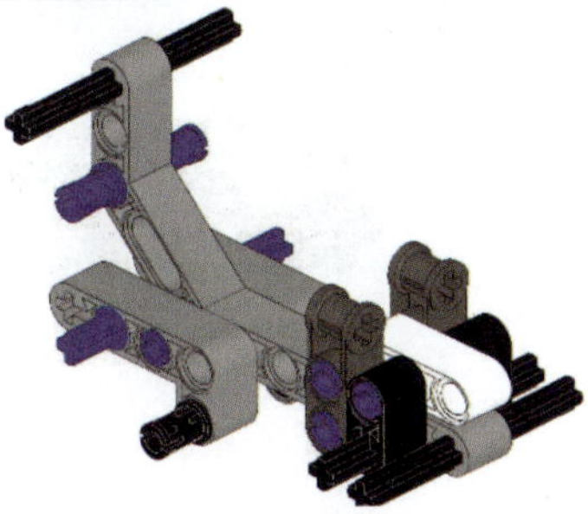

6

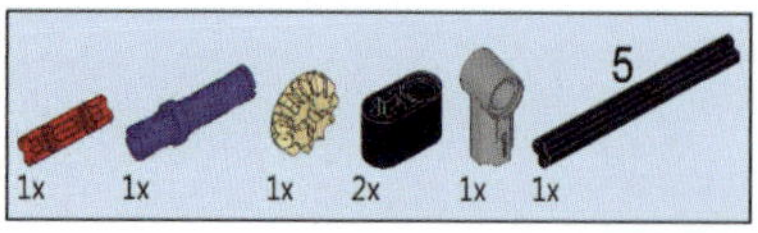

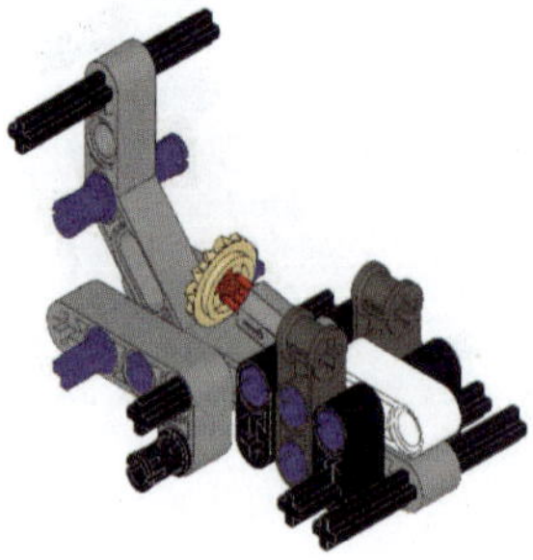

7

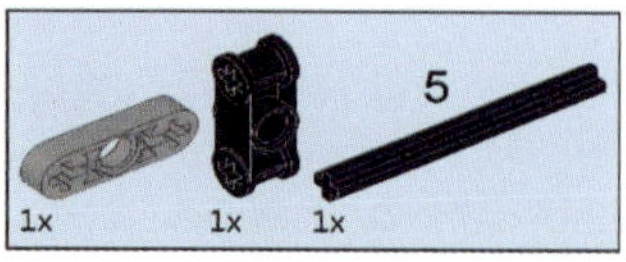

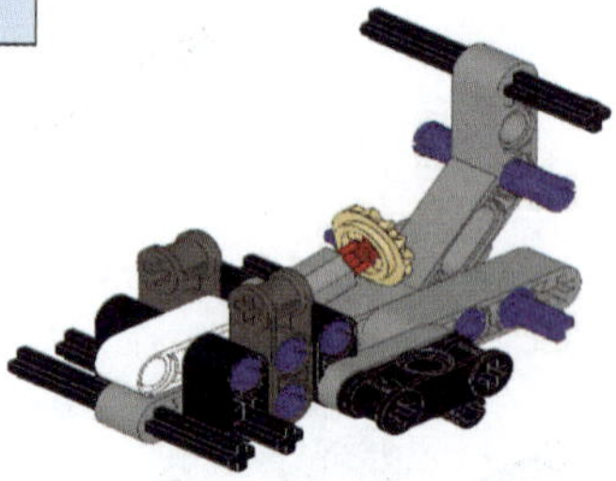

8

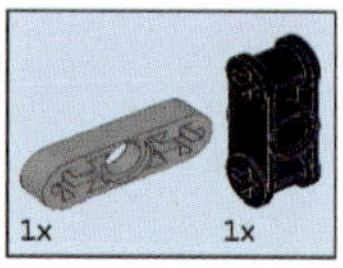

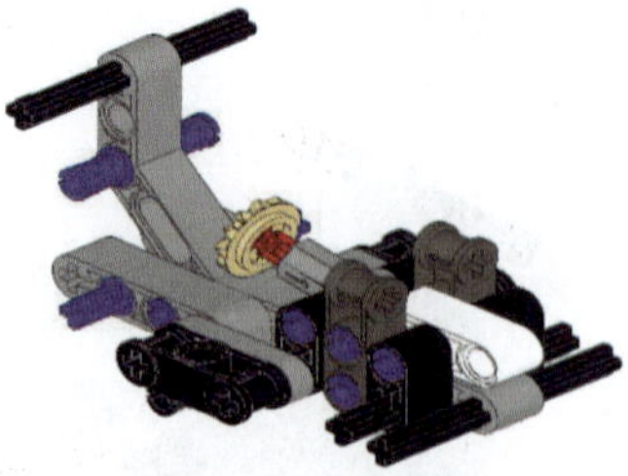

9

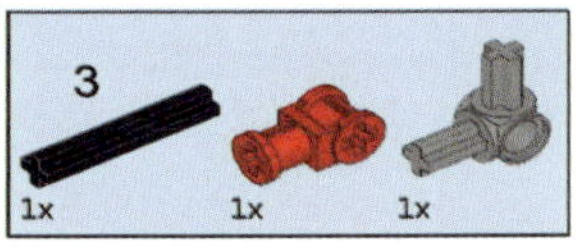

10

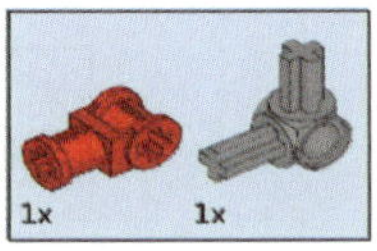

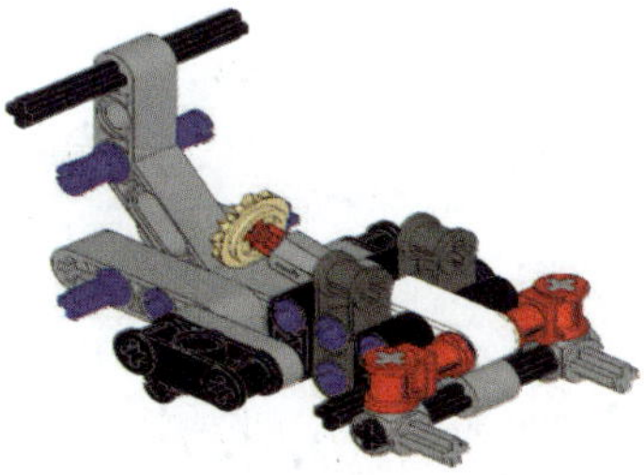

11

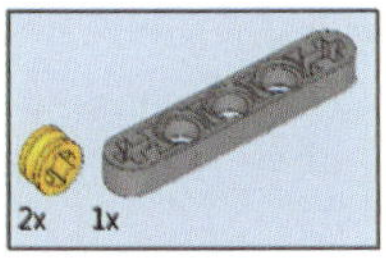

12

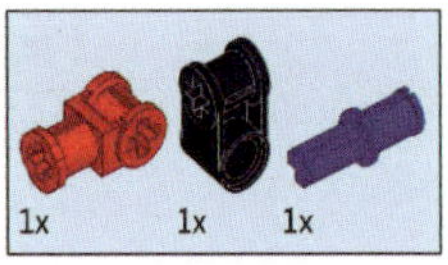

13

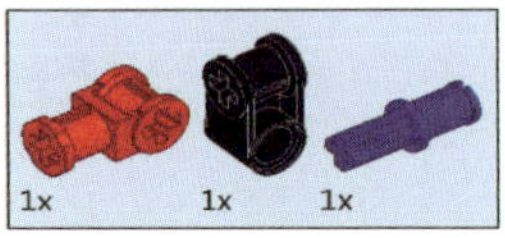

14

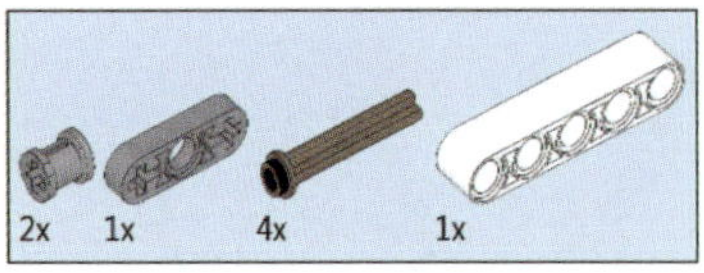

15

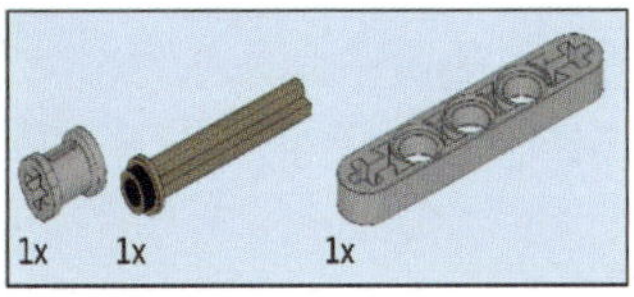

16

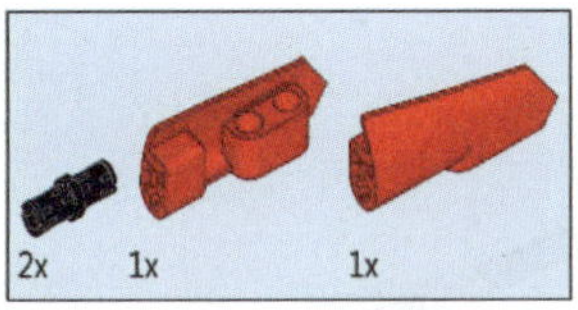

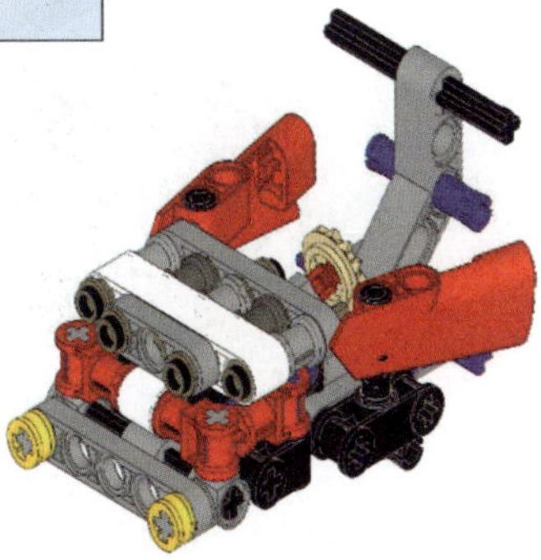

17

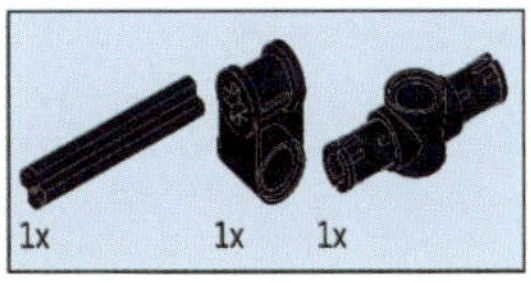

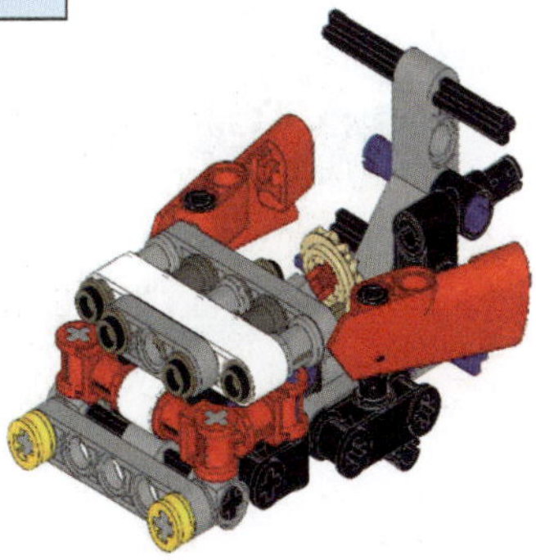

18

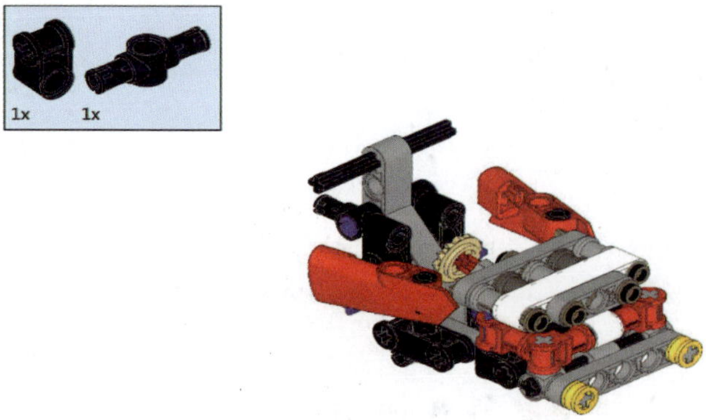

19

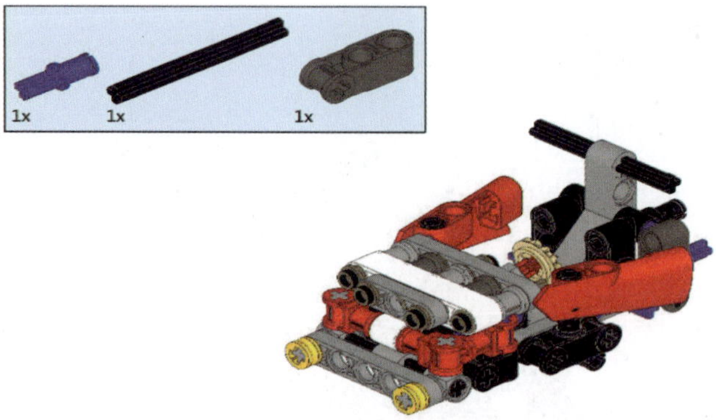

20

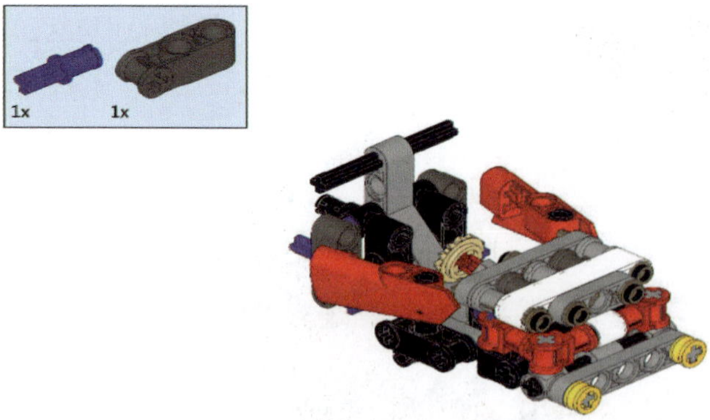

21

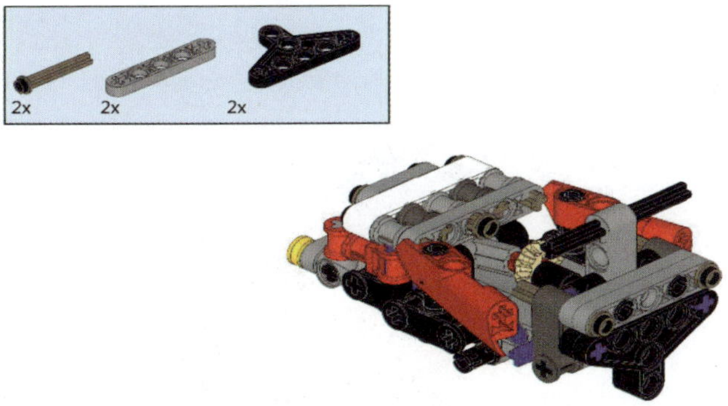

22

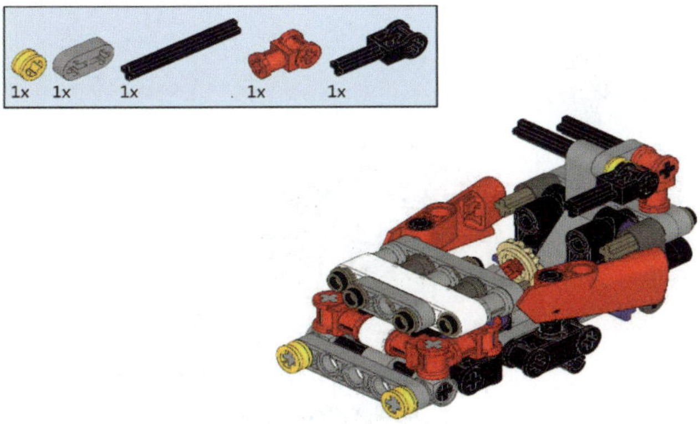

23

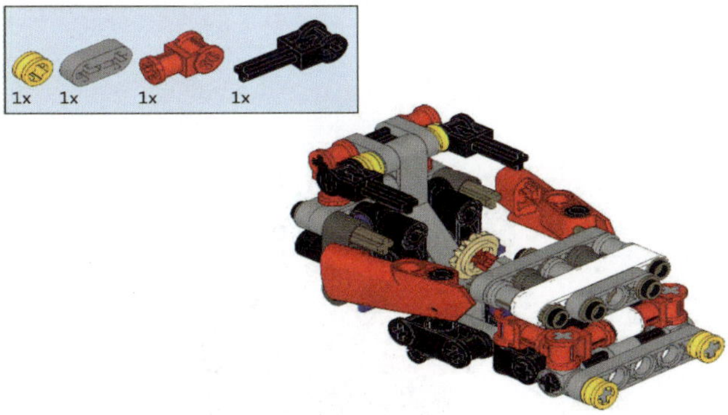

24

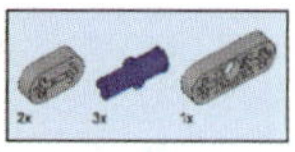

25

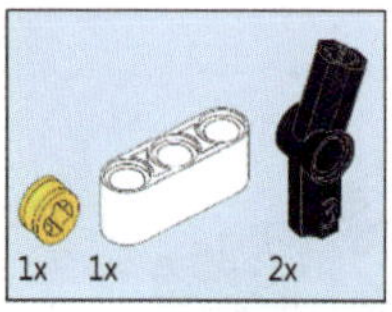

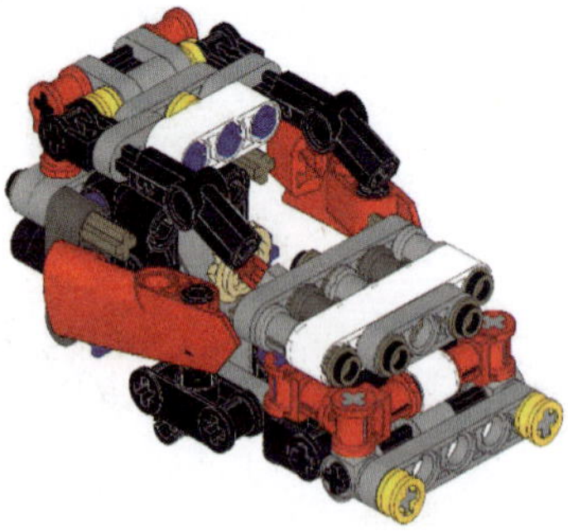

26

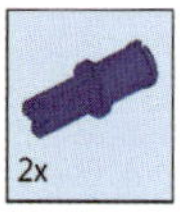

27

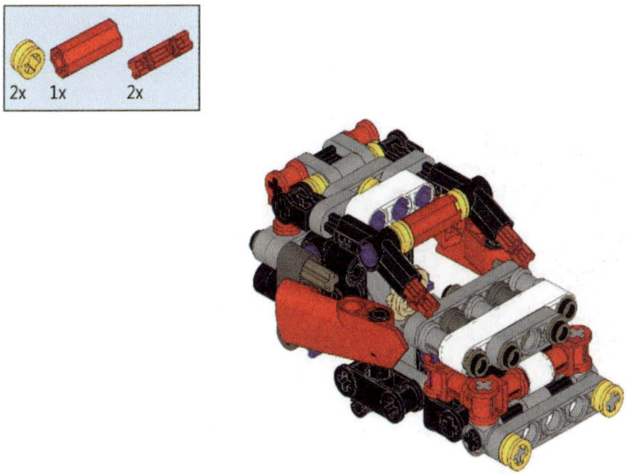

28

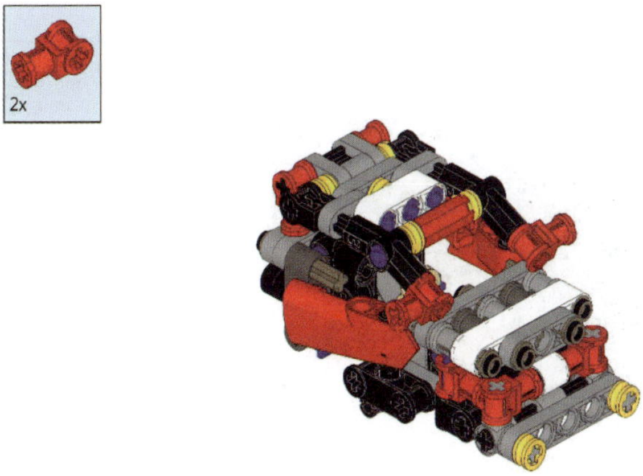

29

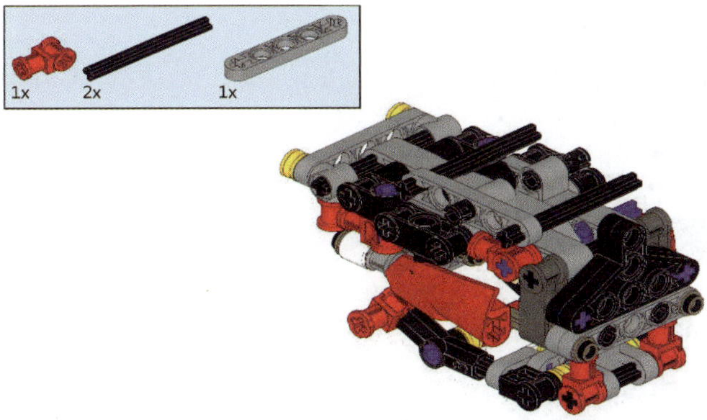

30

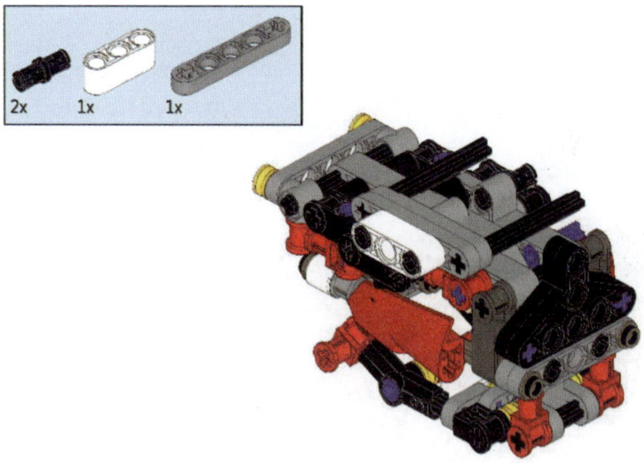

31

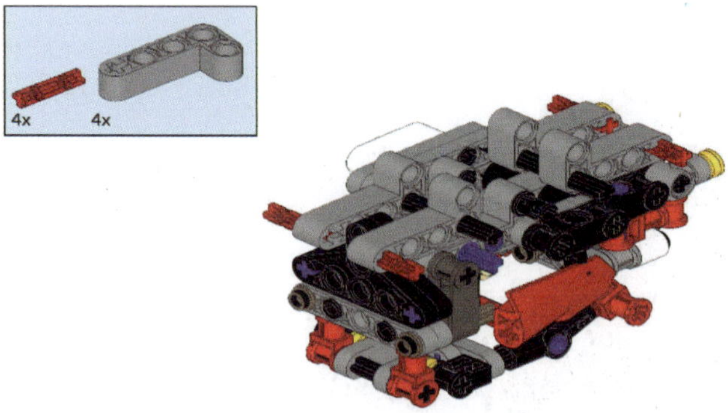

32

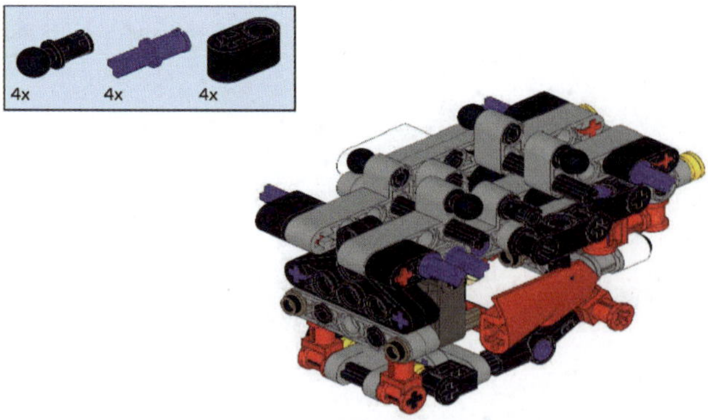

33

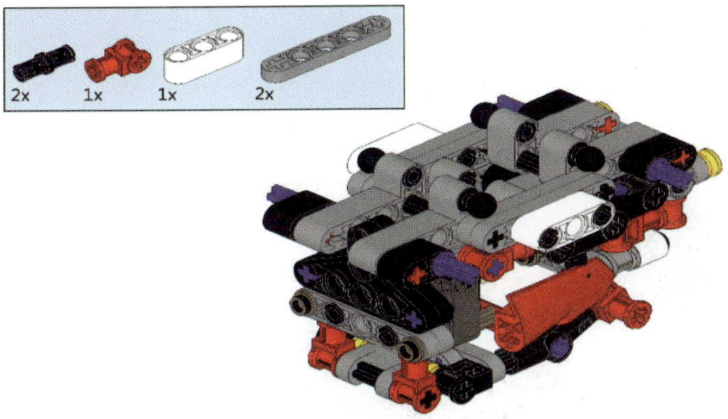

34

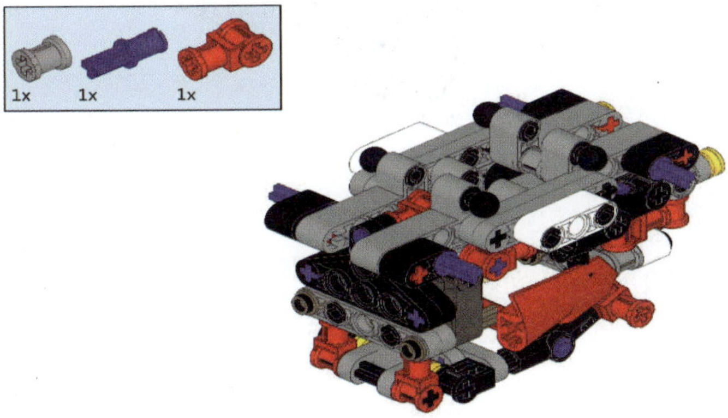

35

36

37

附录C　天 平

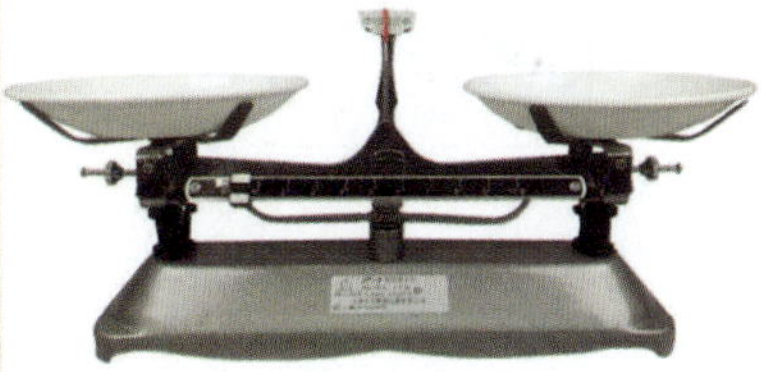

1. 需要的零件

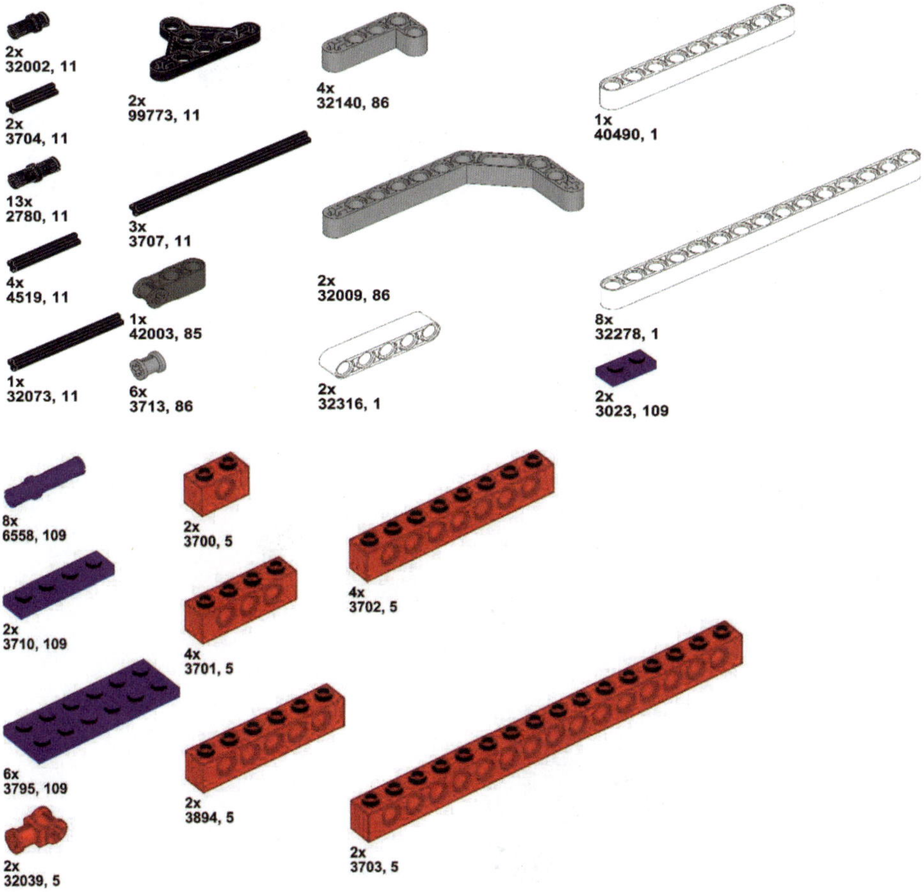

2. 搭建步骤

（1）托盘搭建步骤。

1

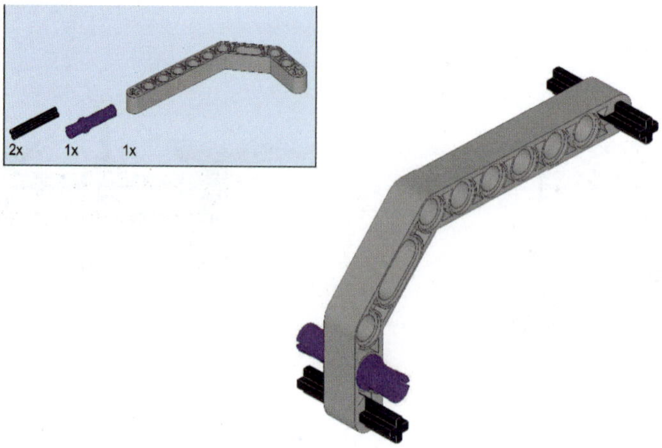

2

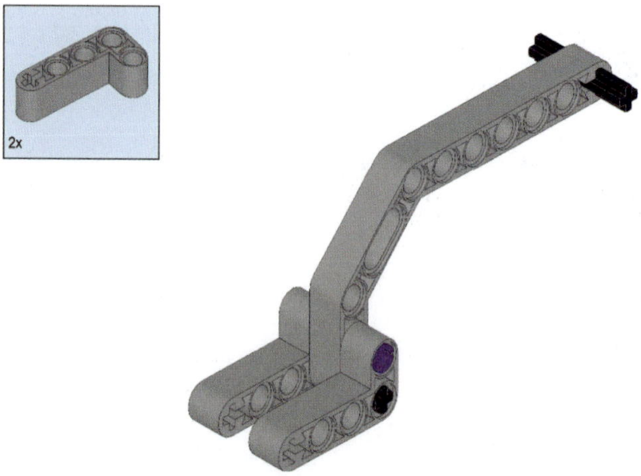

3

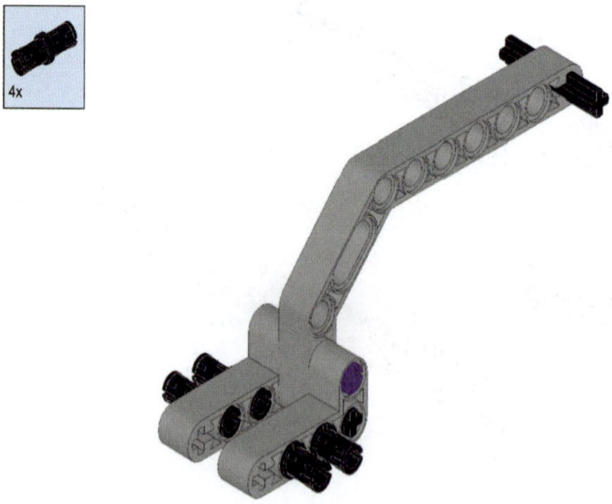

4

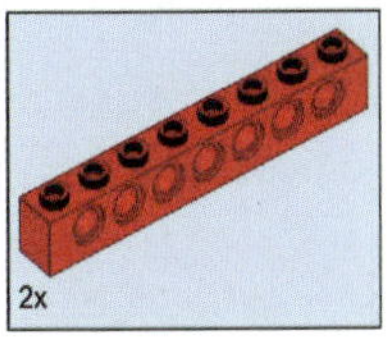

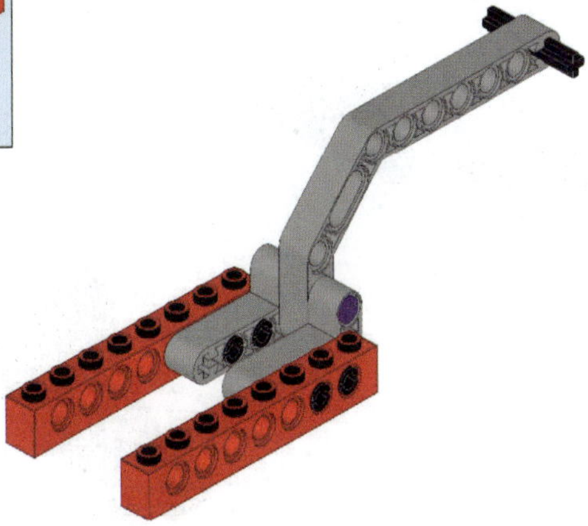

5

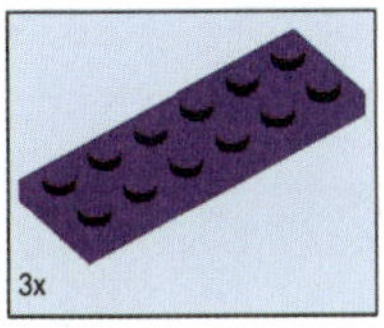

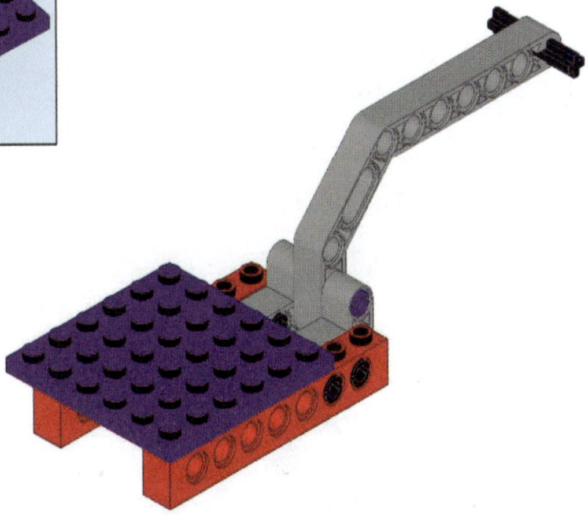

6

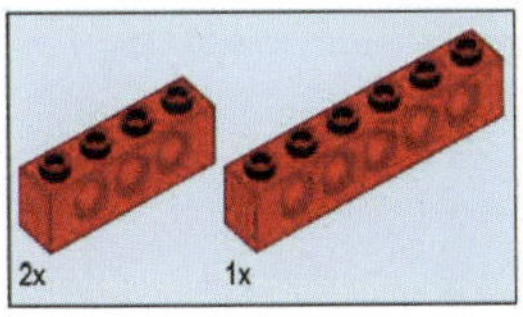

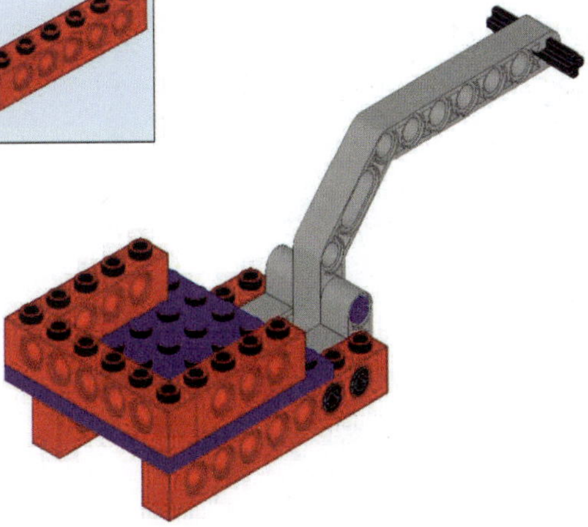

（2）横梁搭建步骤。

1

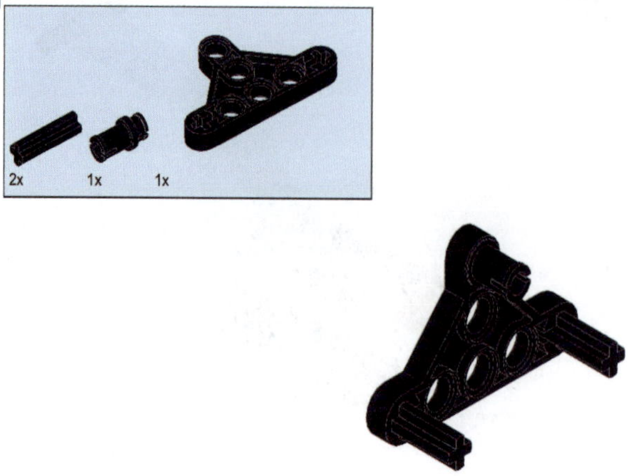

2

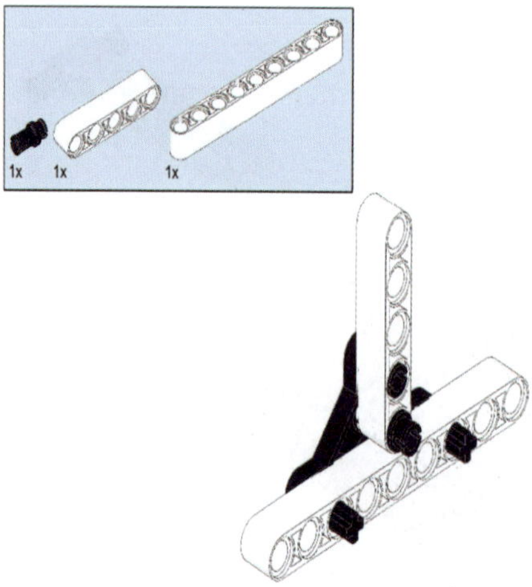

3

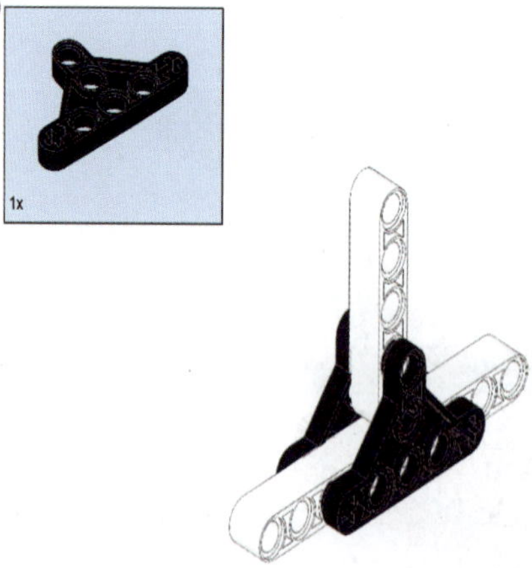

4

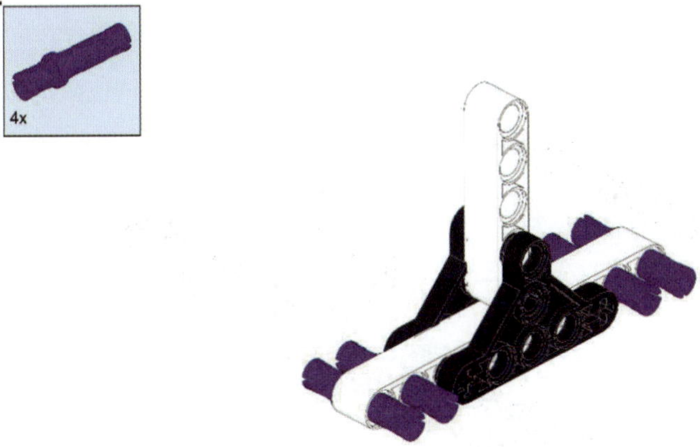

5

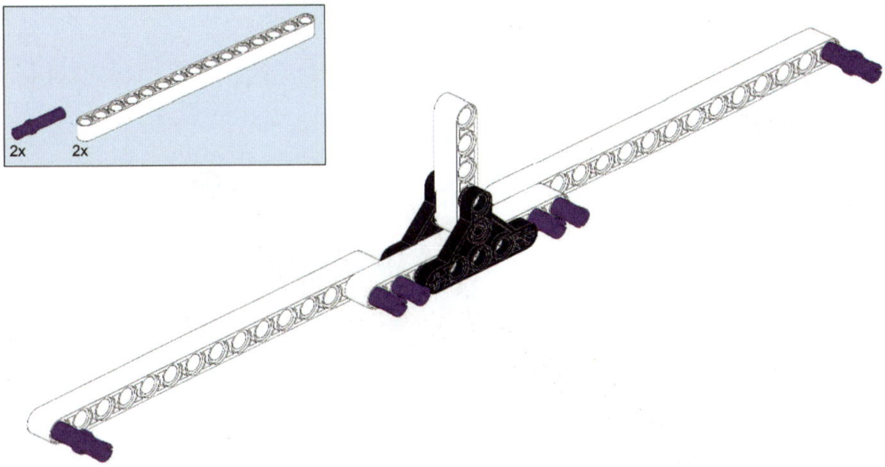

6

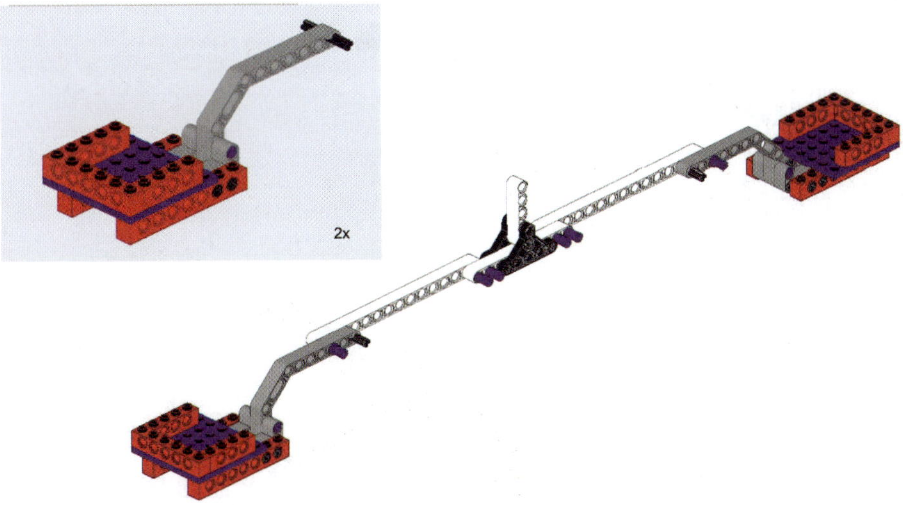

（3）底座搭建步骤。

1

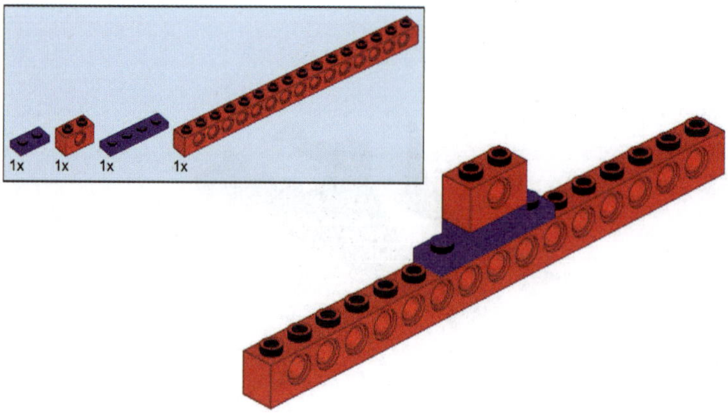

2

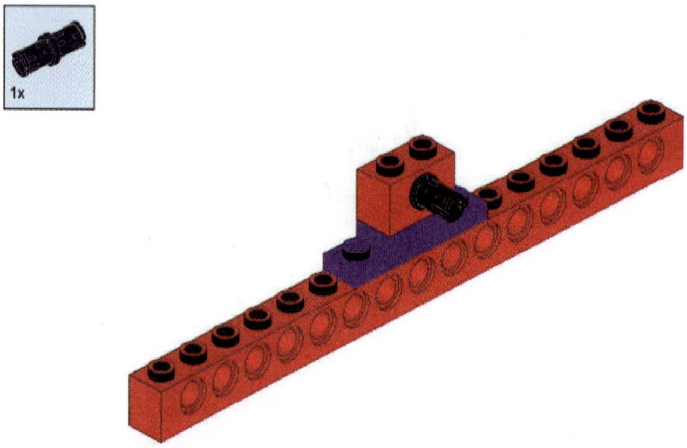

3

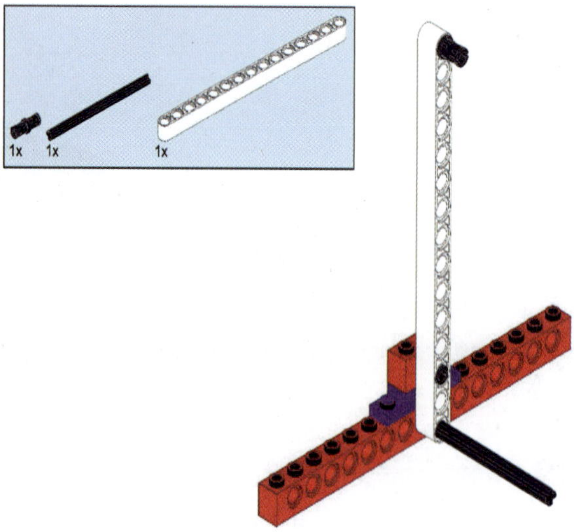

4

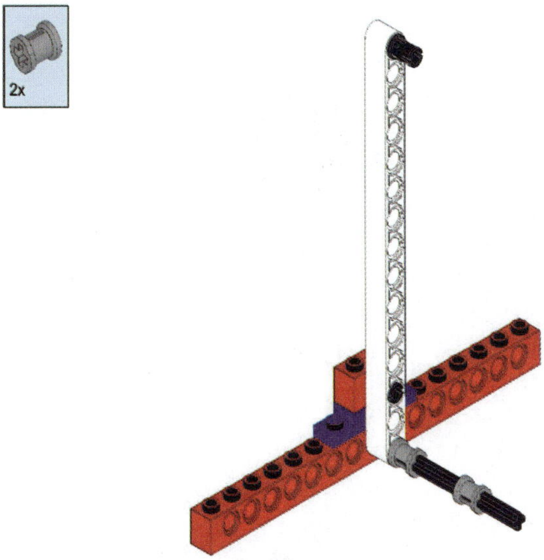

5

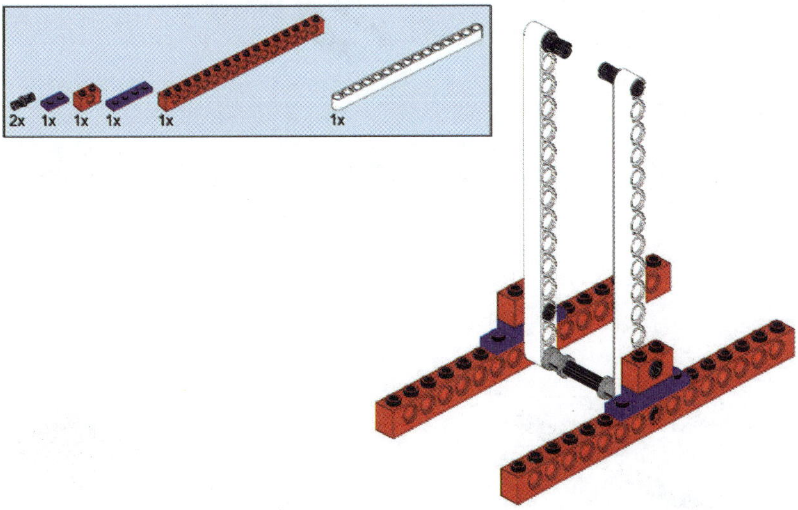

6

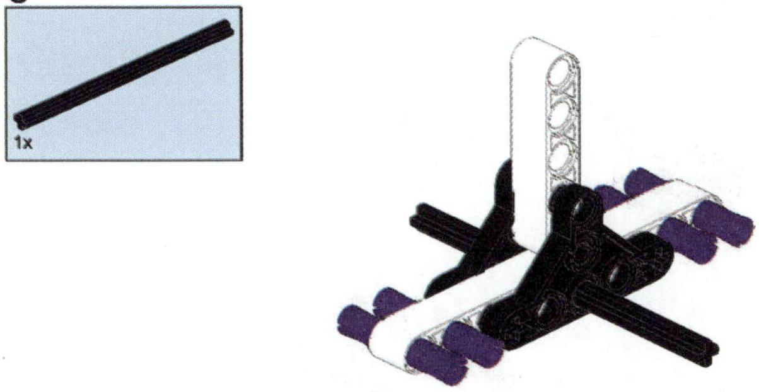

7

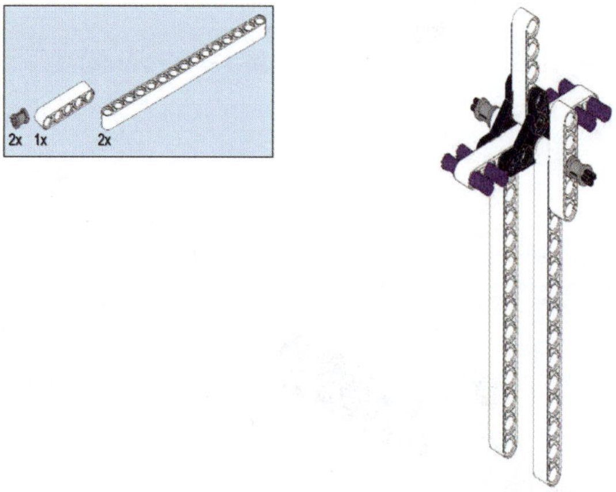

8

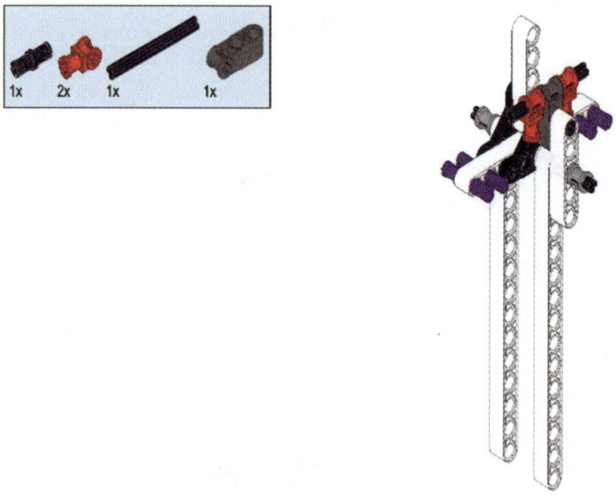

（4）组合。

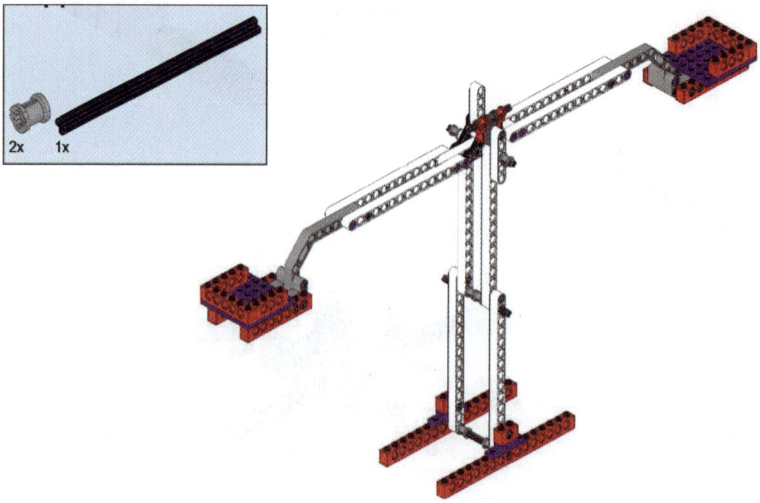

附录D 手钻

1. 需要的零件

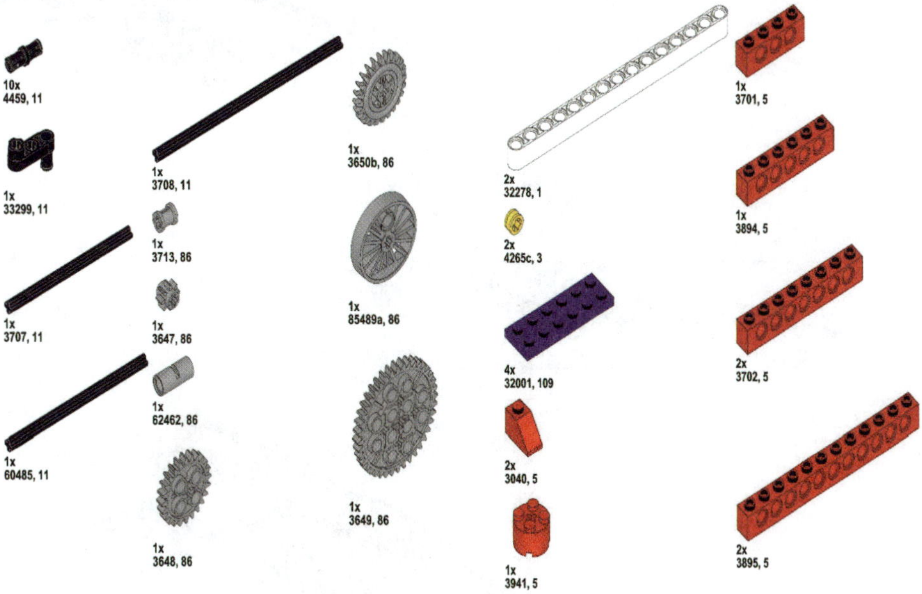

2. 搭建步骤

1

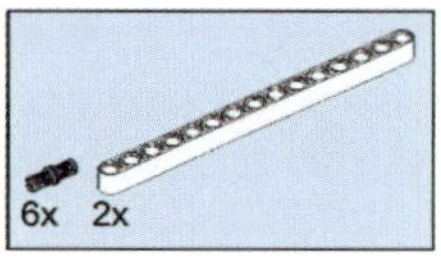

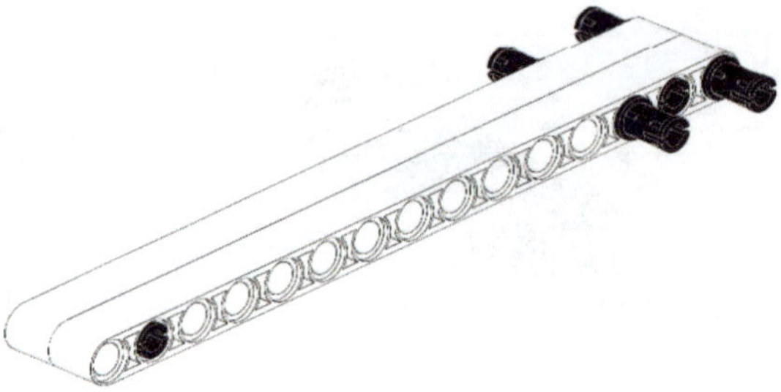

2

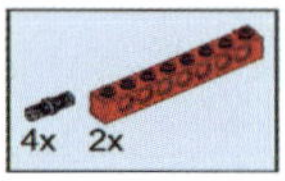

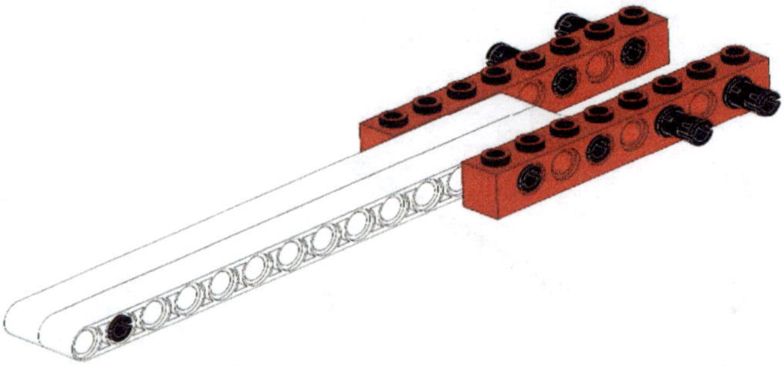

3

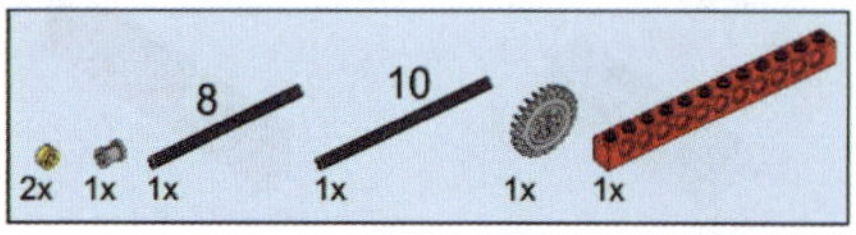

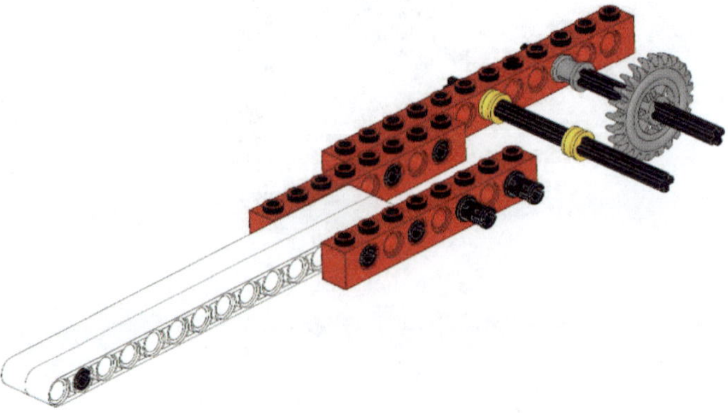

4

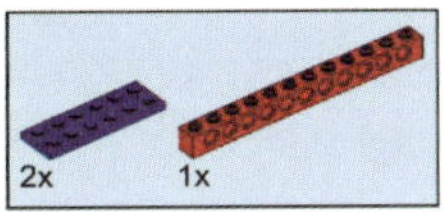

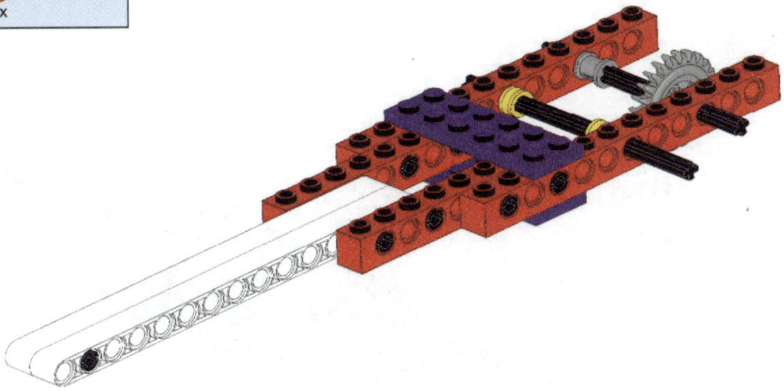

5

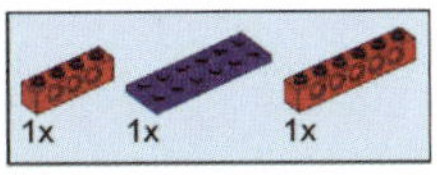

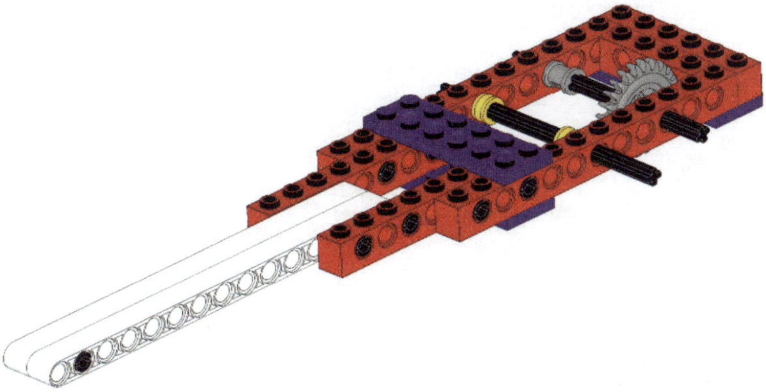

6

7

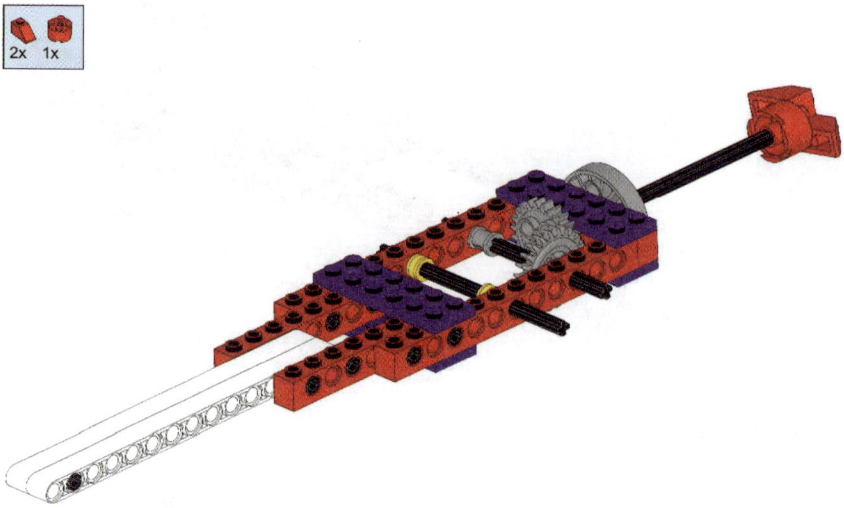

8

附录 E　千斤顶

1. 需要的零件

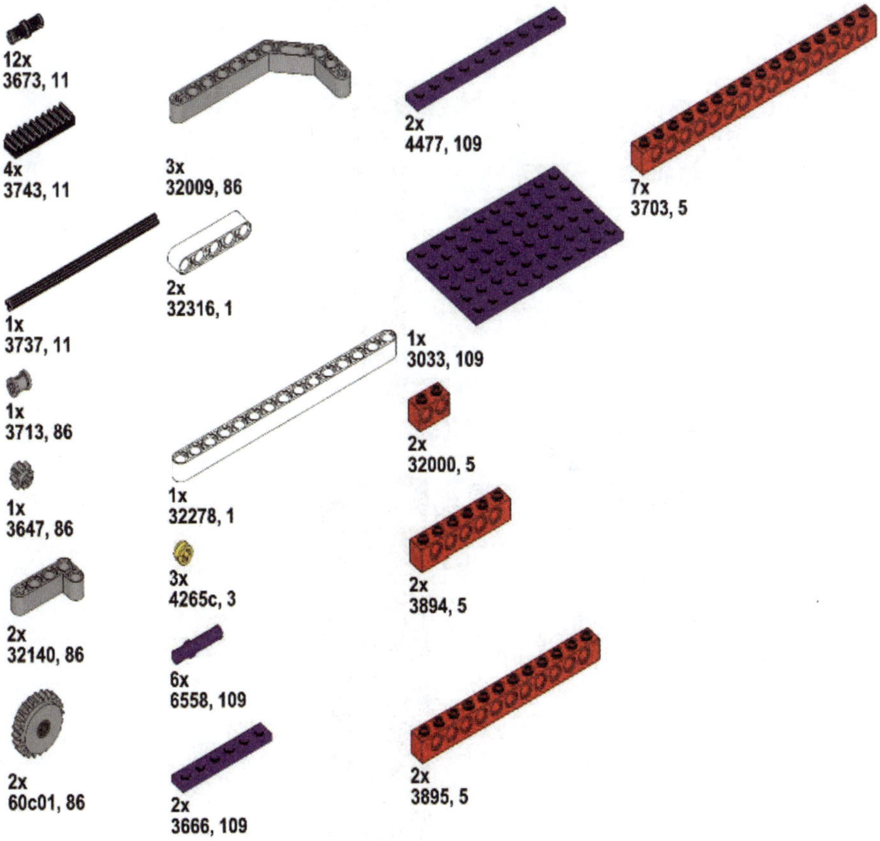

2. 搭建步骤

1

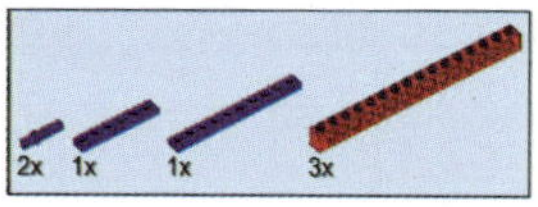

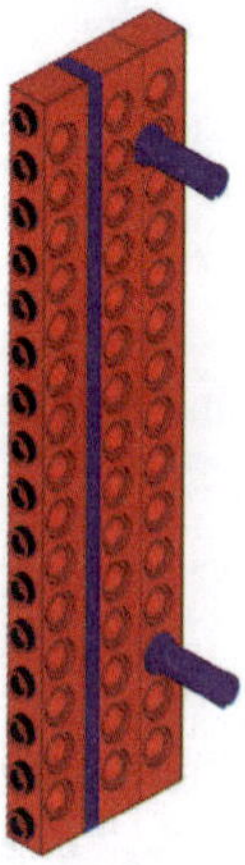

2

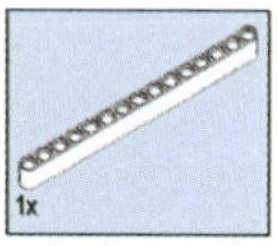

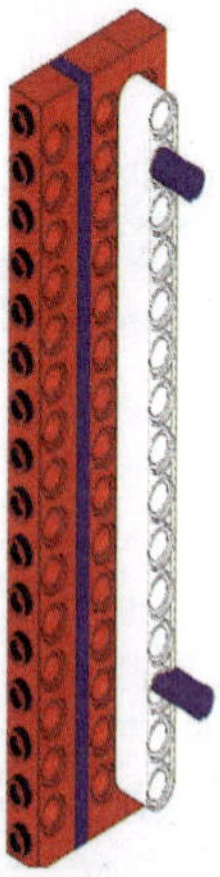

3

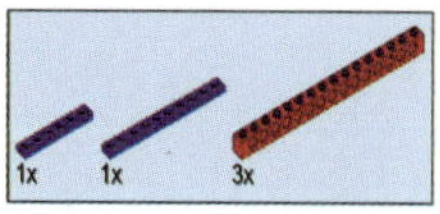

4

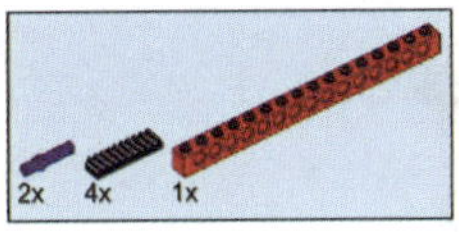

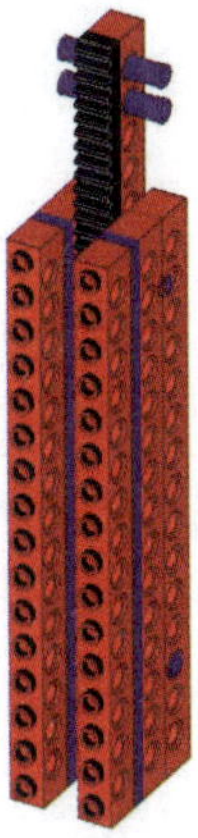

5

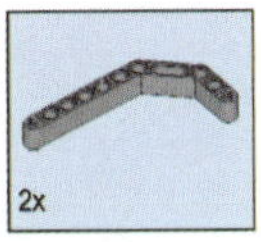

6

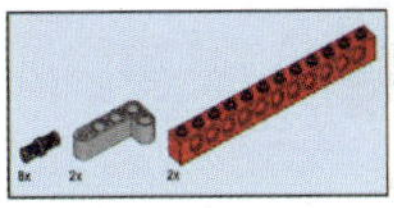

7

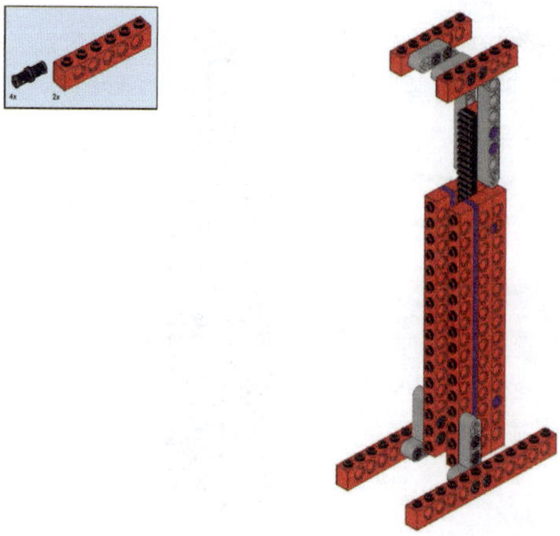

8

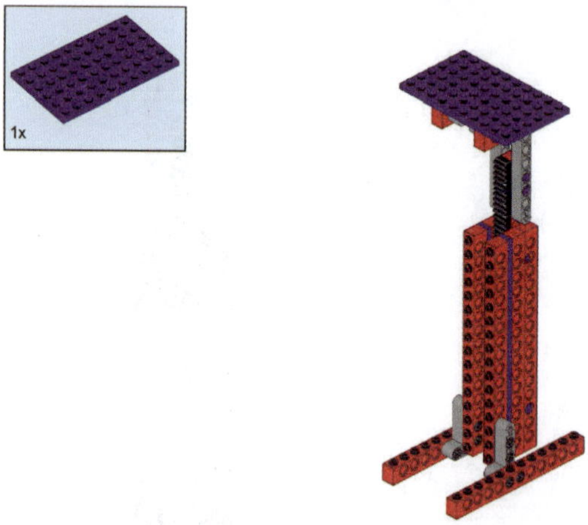

9

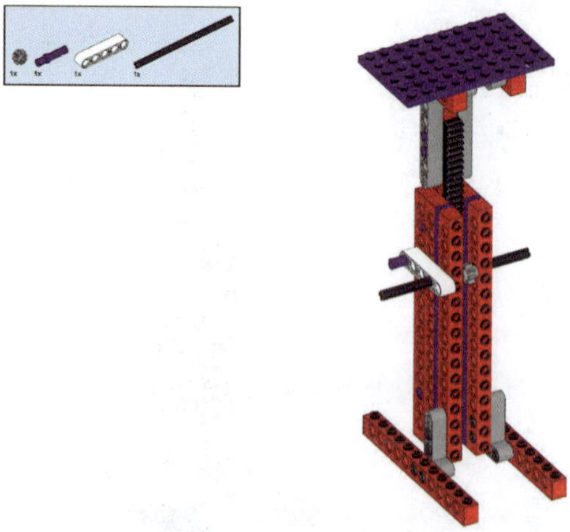

10

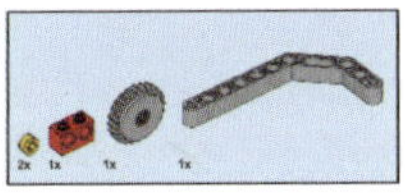

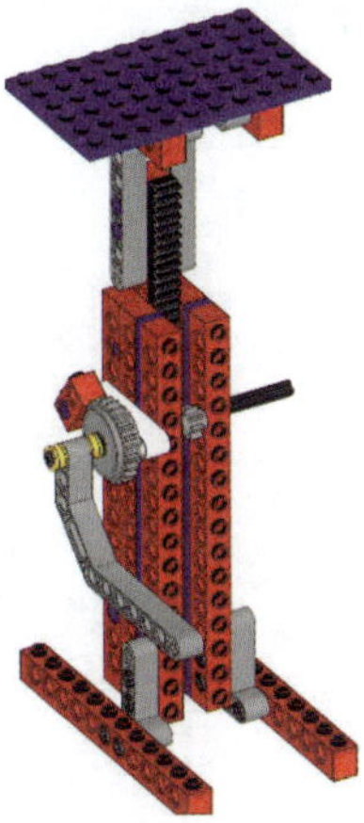

11

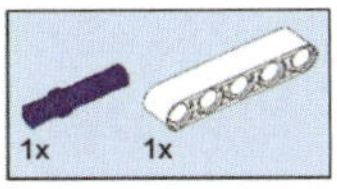

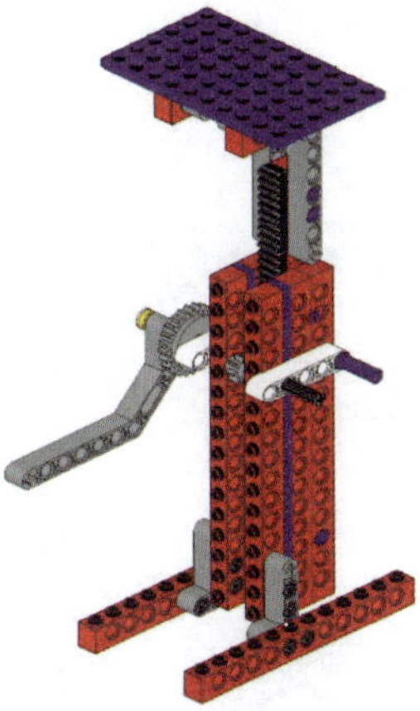

12

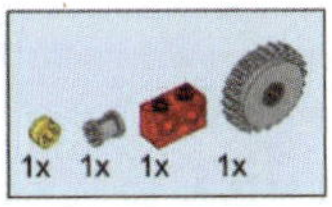

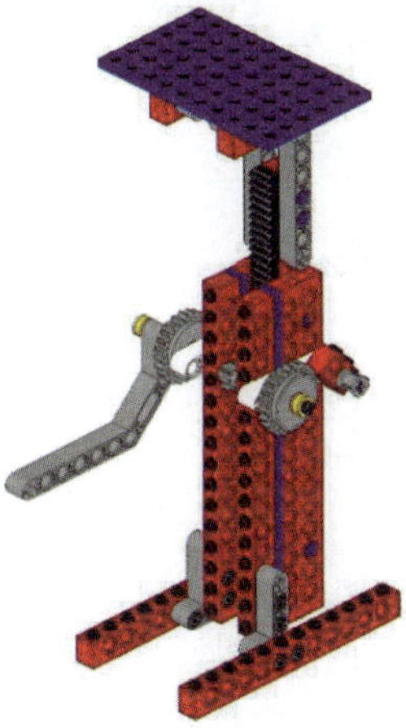

附录 F　手指弩

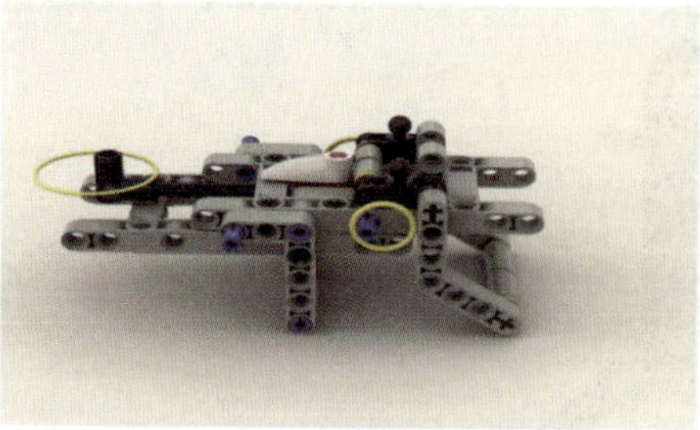

1. 需要的零件

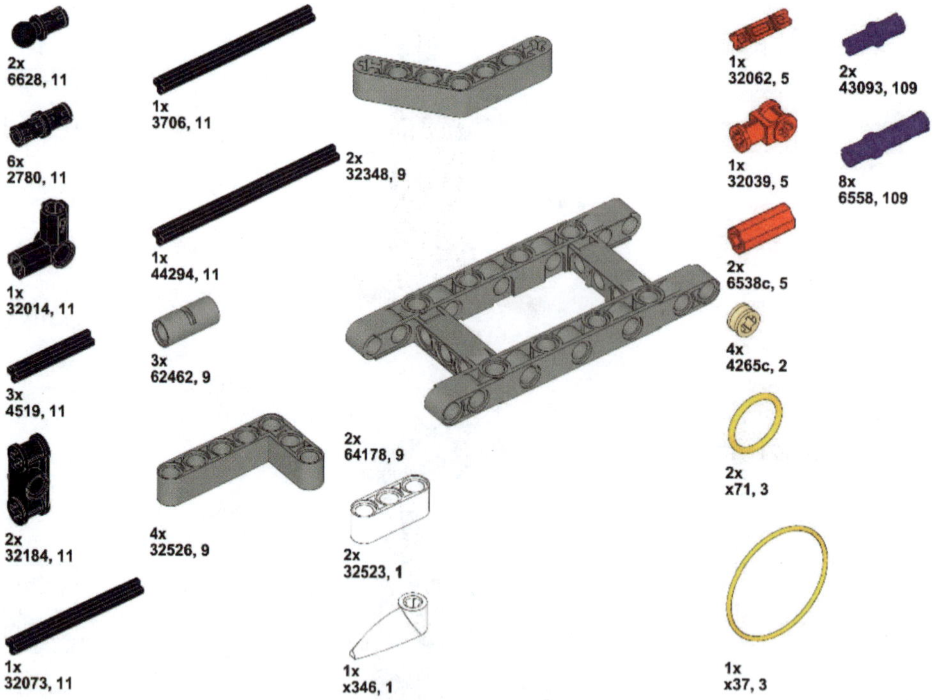

2. 搭建步骤

1

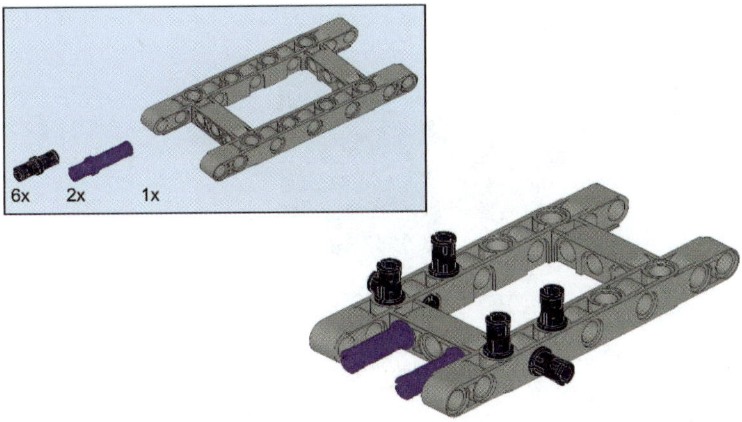

2

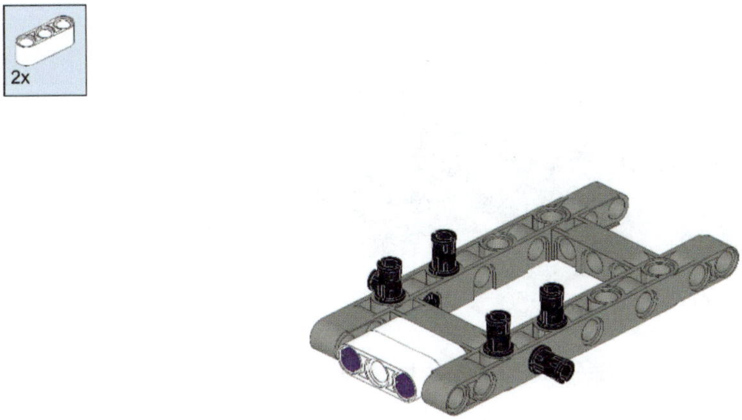

3

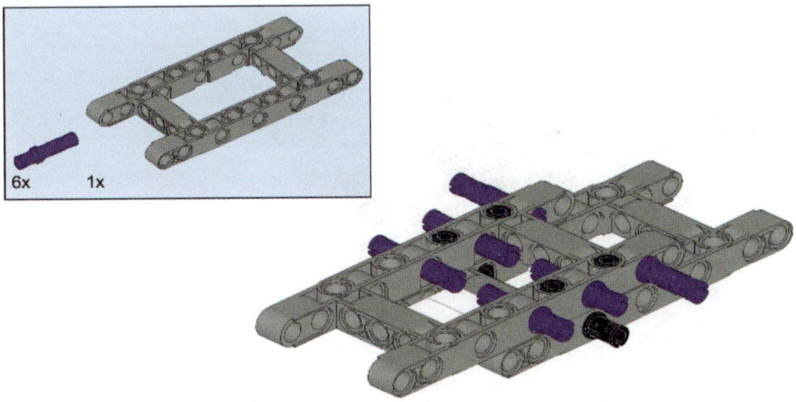

4

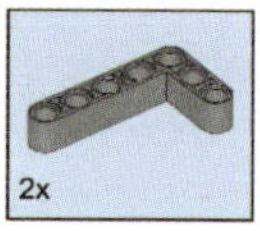

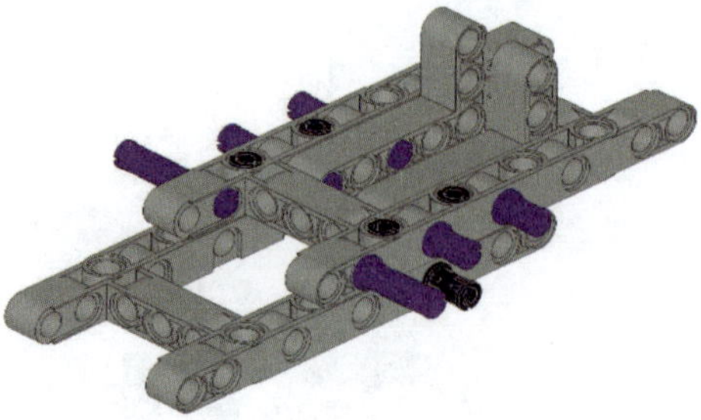

5

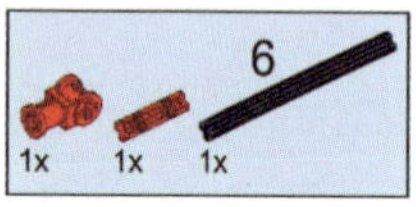

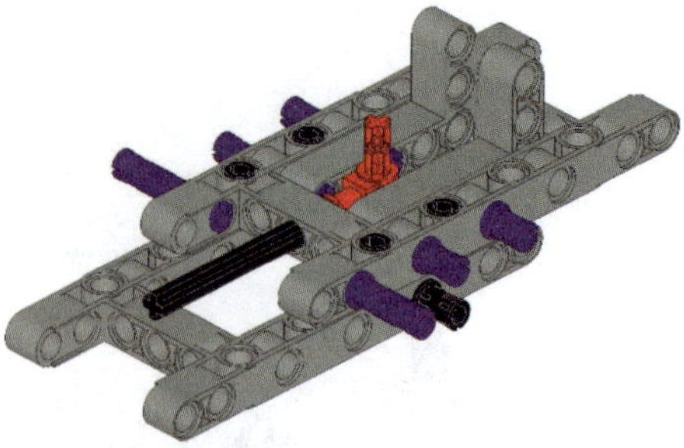

6

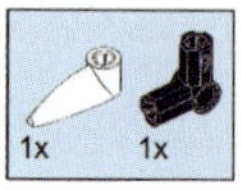

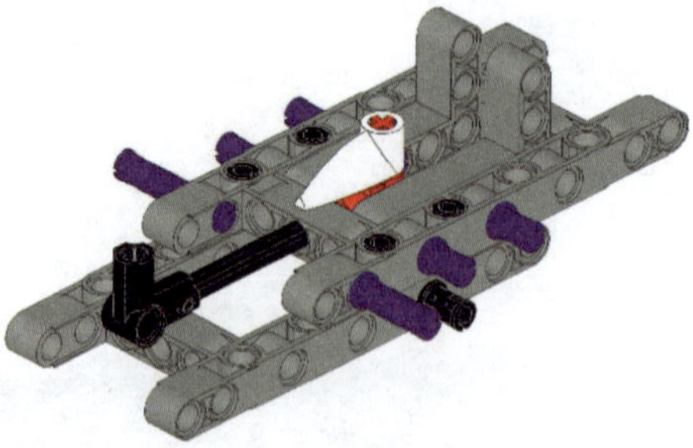

7

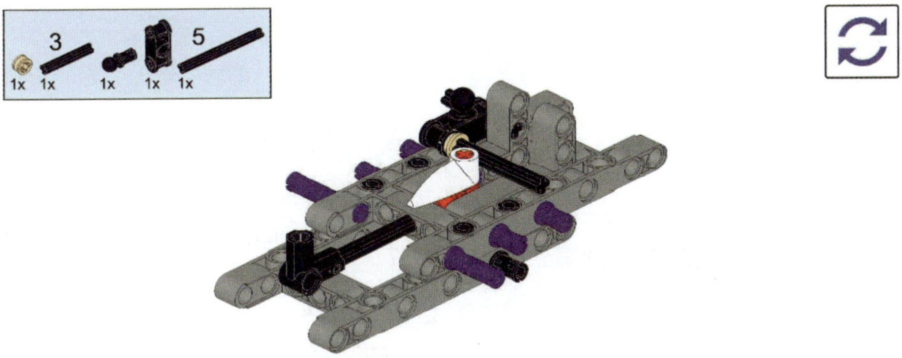

8

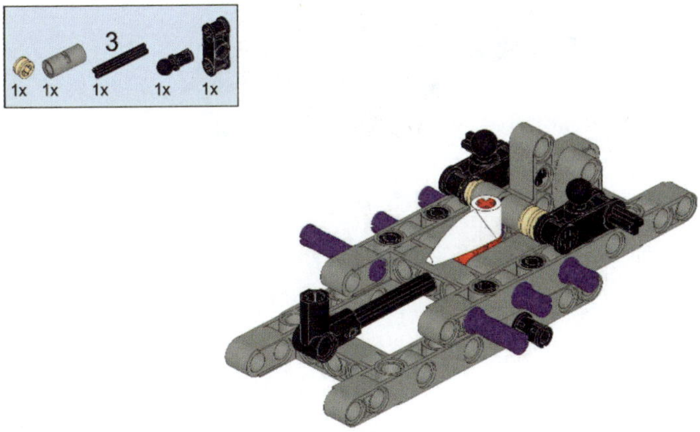

9

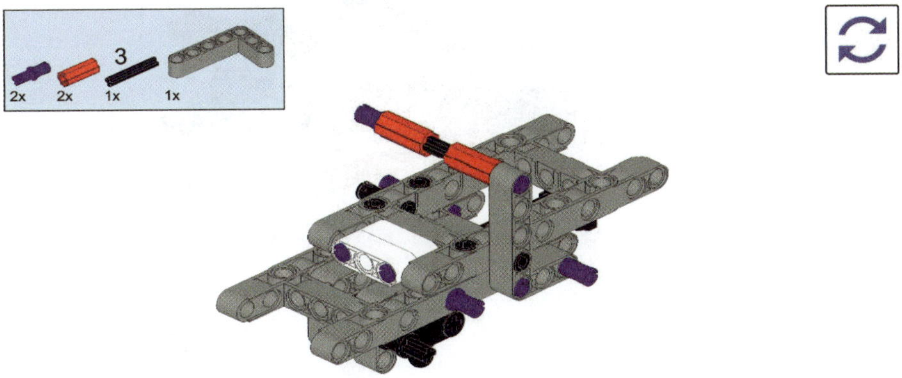

10

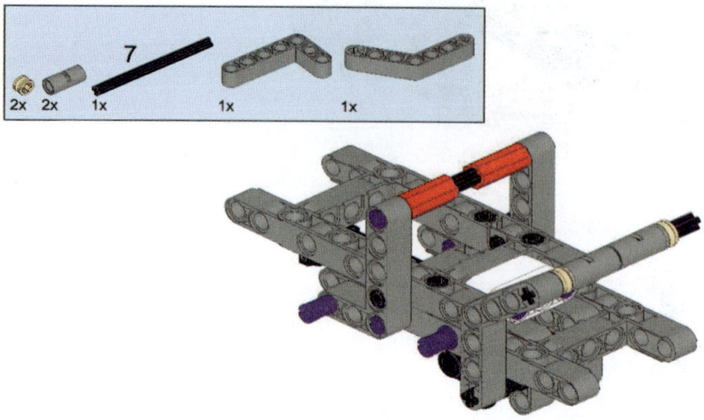

11

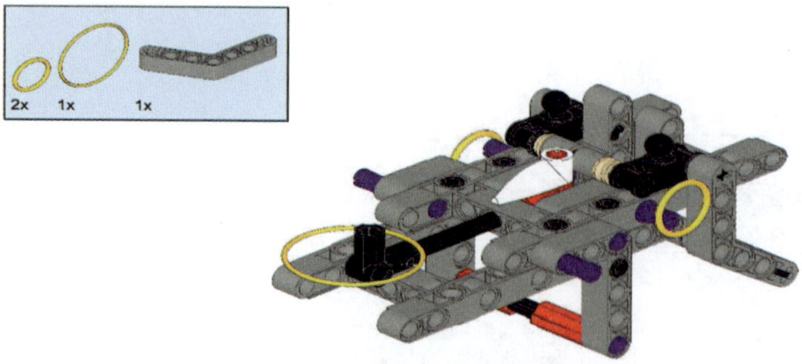